O social
em tempos
de
incerteza

SERVIÇO SOCIAL DO COMÉRCIO
Administração Regional no Estado de São Paulo

Presidente do Conselho Regional
Abram Szajman
Diretor Regional
Danilo Santos de Miranda

Conselho Editorial
Ivan Giannini
Joel Naimayer Padula
Luiz Deoclécio Massaro Galina
Sérgio José Battistelli

Edições Sesc São Paulo
Gerente Iã Paulo Ribeiro
Gerente adjunta Isabel M. M. Alexandre
Coordenação editorial Cristianne Lameirinha, Clívia Ramiro, Francis Manzoni
Produção editorial Maria Elaine Andreoti
Coordenação gráfica Katia Verissimo
Produção gráfica Fabio Pinotti
Coordenação de comunicação Bruna Zarnoviec Daniel

Georges Balandier
O social em tempos de incerteza

TRADUÇÃO André Telles

edições
sesc

Título original: *Du social par temps incertain*
© Presses Universitaires de France/Humensis, 2013
© Edições Sesc São Paulo, 2019
Todos os direitos reservados

Tradução André Telles
Preparação José Ignacio Mendes
Revisão Edgard de Assis Carvalho, André Albert
Projeto gráfico, capa e diagramação Bloco Gráfico

Dados Internacionais de Catalogação na Publicação (CIP)

B182s

Balandier, Georges
   O social em tempos de incerteza: Georges Balandier;
Tradução de André Telles. São Paulo: Edições Sesc
São Paulo, 2019, 352 p.

ISBN 978-85-9493-106-1

1. Ciências sociais. 2. Antropologia. 3. Crítica social.
4. Epistemologia. I. Título. II. Telles, André.

CDD-301

Edições Sesc São Paulo
Rua Serra da Bocaina, 570 – 11º andar
03174-000 – São Paulo SP Brasil
Tel. 55 11 2607-9400
edicoes@edicoes.sescsp.org.br
sescsp.org.br/edicoes
🗗🐦🅾️▶️/edicoessescsp

I. O SOCIAL EM TEMPOS DE INCERTEZA

O caminho da ciência 10
Ciências do social, crítica social 18
A trilogia fundadora 23
Herdeiros e dissidentes 29
Origem sociológica da antropologia 41
Clássicos, menos clássicos 58
Tempo e imaginário 69
Em torno do sagrado 81
Figurações do político 96
Desafios e riscos 115
Fim do percurso 135

II. CRÔNICAS

Ciências do social, crítica social 140
Gabriel Tarde, o sociólogo redescoberto 141
Dura, dura, a crítica social 145
A trilogia fundadora 148
Max Weber ou o desencantamento em ação 149
Max Weber faz o contorno pela China 153
A sociologia subversiva de Georg Simmel 157
Herdeiros e dissidentes 162
A renovação sociológica 163
Peritos do social 167
O desafio de Bourdieu 171
Norbert Elias caçador de mitos 175
O testamento de Norbert Elias 179
A obra revisitada 183
A visão paradoxal de Yves Barel 186
Origem sociológica da antropologia 191
O sobrinho de Durkheim 192
Margaret Mead e Gregory Bateson: a antropologia como paixão 196
Bastide e Devereux, na fronteira dos saberes 200
O antropólogo confesso 202
À flor das palavras 205
O rito e a festa segundo Turner 210
A provocação do barroco 213
Alhures, longe da modernidade 217
A antropologia como gaio saber 220

Clássicos, menos clássicos 224
A natureza em todos os seus estados 225
O imaginário extramuros 228
Um antropólogo em busca do tempo perdido 232
Ernesto de Martino, um decifrador de crises 236
A última aventura do capitão Cook 240
Falas indígenas, narrativas de vida 243
Tempo e imaginário 247
A lentidão perdida 248
Sensual e sonhadora sociologia 251
O romance *noir* de Los Angeles 254
Lugares e não lugares 258
Ficções de crise 261
A era dos aniversários 265
Em torno do sagrado 269
A sombra de Deus? 270
O preço da transcendência 273
As Andaluzias de ontem e de amanhã 276
Os arredores do sagrado 279
Os veiculadores do sobrenatural 282
Profetas como "antropólogos" 287
Figurações do político 291
O pensamento político encadeado 292
O incômodo sr. Strauss 295
O Estado esclarecido pela Razão 300
A democracia, precisamente 303
O uso político das paixões 307
As recomposições da memória 310
Visões dos desfavorecidos 314
Desafios e riscos 319
O poder domesticado 320
Pensar a aids 324
O explorador de rostos 327
Palavras de disputa e palavras de amor 330
Um drama sociológico com múltiplos personagens 334
O indivíduo como produto social 337

Bibliografia 341
Índice onomástico 347

Nota à edição brasileira

Especialista nos estudos sobre a África negra, o antropólogo e sociólogo francês Georges Balandier é também um dos primeiros estudiosos a pensar a temporalidade social nas sociedades modernas. Este livro, concebido em sua homenagem, reúne reflexões somadas a crônicas publicadas na imprensa francesa ao longo dos anos 1990.

Balandier dialoga com grandes mestres das ciências sociais, como Jean-Jacques Rousseau, Karl Marx, Émile Durkheim, Max Weber, entre outros fundadores, herdeiros e dissidentes desse campo de conhecimento. Observa as relações sociologia-antropologia, o tempo e o imaginário, o sagrado, as figuras do político, os riscos e desafios em uma sociedade em constante ebulição. Ao falar das incertezas na virada do milênio, observa a sujeição dos indivíduos ao regime de urgência, à vida regida pela velocidade em contraponto à permanência e à reflexão.

Caberia pensar de que forma o cenário posto pelo autor se transformou diante do hipercontrole produzido pelas mídias sociais e da submissão do homem aos avanços tecnológicos, que, à medida em que se autodepreciam, exigem substituição imediata, tornando impossível não só a ideia de satisfação, como também a de completude.

Apesar da distância temporal que separa esta publicação de seu contexto original, não se pode ignorar que O social em tempos de incerteza permite melhor compreensão das dinâmicas sociais do tempo presente. Este é o intuito das Edições Sesc ao publicar estas reflexões de Georges Balandier.

I. O social em tempos de incerteza

O caminho
da
ciência

Com origens remotas, quase imemoriais, a ciência social floresce, na era moderna, nos séculos da ciência triunfante: fim do século XVIII e, sobretudo, ao longo do XIX. As raízes crescem robustamente no solo e sob o sol das filosofias. As da antiguidade, a grega em primeiro lugar: Platão engendra Aristóteles, fundador tardio do Liceu, onde exibe sua cultura enciclopédica; Sócrates fustiga os sofistas, dedicando-se à educação filosófica dos jovens e estabelecendo uma moral "liberada"; Heráclito, o Obscuro, ao conceber o eterno devir, submete as temporalidades humanas ao fogo da dialética. A capacidade de pensar o homem e seu lugar, os poderes e o nascimento da democracia, é conquistada por etapas na sucessão das escolas filosóficas.

Cada período da história da filosofia provê referências de que irão alimentar-se, no começo, o pensamento e, depois, a ciência do social. De Montaigne e Maquiavel até o período do Iluminismo, quando os *philosophes* analisam os progressos do espírito humano e reúnem os saberes e técnicas na *Enciclopédia*, tornando-se dinâmicos reveladores do novo curso da História. Com eles, conduz-se a reviravolta das revoluções de todas as ordens. Tem início o recenseamento dos povos descobertos e dos países explorados, abrindo o acesso a outras realizações da sociedade humana. Os ofícios e as artes se casam por vizinhança na *Enciclopédia*. As figuras do homem não "teológico" formam-se nas práticas revolucionárias, depois democráticas.

Dois séculos, o XVII e o XVIII, atravessam igualmente a filosofia inglesa. Hobbes identifica a sociedade civil, as formas da autoridade, nomeia as questões da violência. Hume, que Rousseau acompanha na Inglaterra, propõe uma epistemologia social, uma ética das ciências humanas, uma teoria das normas e dos valores. Locke elabora uma concepção empirista do conhecimento, identifica processos do entendimento humano, sacode o contrato social contrapondo-lhe os direitos naturais do indivíduo.

É, no entanto, via Montesquieu, após sua viagem à Inglaterra e sua adesão a Locke, inspirador de uma teoria da separação dos poderes, que a conexão francesa se manifesta plenamente. Ele é visto como um dos fundadores da sociologia, antes de a disciplina ser batizada. Inspira especialistas em direito constitucional e dos profissionais que se reportam a *O espírito das leis*, inaugurador das teorias da equidade e defensor rigoroso do respeito aos direitos individuais, vem a ser o precursor de uma sociologia não nomeada – o que Durkheim reconhece desde o começo de suas próprias pesquisas. O "ilustre Montesquieu" analisa as leis que regulam os fenômenos sociais, abrindo ao mesmo tempo canteiros de obras então menos reconhecidos, mas que voltariam à atividade. Uma sociologia das paixões, dos afetos, do prazer, que alia a tipologia dos "regimes" à da paixão. Uma reflexão sobre a decadência, constituindo-se no historiador que considera as "causas da grandeza dos romanos e de sua decadência". Uma demonstração dos elos necessários entre a filosofia e a análise social, entre o trabalho de escritor e o pensamento da sociedade. A obra de Montesquieu não evita a força das fórmulas expressivas, por meio de uma exigência de escrita às vezes abrupta.

Dois *"philosophes"* – segundo a denominação da época – assumem igualmente o ofício de escritor: Rousseau e Diderot. Os sociólogos iniciadores clássicos fazem do primeiro o pai real de sua disciplina; o segundo os desconcerta. *O contrato social* inspira, o *Suplemento à viagem de Bougainville* desorienta, como uma espécie de exotismo. As filiações permanecem incertas, às vezes desconcertantes. Não admira o estudo que coloca Segalen, autor do *Ensaio sobre o exotismo*, na companhia de Diderot; a coleção Terre Humaine, aliás, acolheu o primeiro em seu seio. Em contrapartida, Lévi-Strauss, etnólogo e antropólogo, reconhece uma dívida total para com Rousseau. Uma relação estabelecida na conivência filosófica, na solidariedade pela escrita, na partilha de uma teoria do homem em geral (não de todos os homens em sua diversidade) e do social. A lógica rousseauísta alimenta com sua seiva a lógica formal e certos conceitos do estruturalismo antropológico, como a paixão musical compartilhada, engendra afinidades pessoais reforçando-as.

Rousseau promove duas das aberturas que dão acesso à modernidade. De um lado, ao descobrir que tudo está "radicalmente ligado" à política, essa governanta da História até as últimas décadas do século XX. A política em sua tradução econômica, mediante a qual se desvela "a fonte da desigualdade entre os homens" (tema do segundo *Discurso*). De outro lado, a crítica do progresso das ciências e das artes, em suas traduções práticas e aparentes que engendram o mal social, uma forma de "depravação" (tema do primeiro *Discurso*). Trata-se de desconstruir as aparências, fontes do mal social, e traçar o caminho da verdade, que é o da virtude. Nesse embate, a exigência filosófica desvia do erro, dos fingimentos, das aparências, ajuda a alcançar a verdade. É essa a condição em que *O contrato social* se inspira para pensar o "homem civil" *tal como pode ser*, considerando o homem *tal como é*.

O movimento científico, com seus avanços rápidos, é reconhecido, mas sua potência negativa continua, mesmo assim, em debate. A ciência forma-se num contexto em que as técnicas em expansão começam a se estabelecer, entre a confiança dos enciclopedistas e a dúvida dos filósofos, para quem a fascinação do "progresso" já presente cega para o mal social. A transmissão do saber e do conhecimento e a educação em geral tornam-se o foco de paixões contrárias e violentas. O *Emílio*, de Rousseau, que o constitui em origem de uma futura ciência da educação, a qual deveria engajar-se radicalmente no plano político, é denunciado pela Sorbonne, condenado pelo Parlamento e pelo arcebispo de Paris. Decretada sua prisão, Rousseau é obrigado a fugir para o principado de Neuchâtel. A revolução pela educação é combatida pelos dois poderes (eclesiástico e político) como causa de subversão, revolução dos espíritos e, mais além, da sociedade. Esses poderes sabem que a filosofia pode desestabilizá-los e que a ciência pode contribuir para a emancipação dos indivíduos. Destroem a dupla ameaça com a violência do fogo, espetacularizada com fogueiras: em Genebra, primeiro, onde o *Contrato* e o *Emílio* são queimados pelo carrasco assim que publicados; depois, em diversas capitais europeias, onde os autos de fé suprimem os exemplares de *O contrato social*, enquanto Rousseau, em sua correspondência, finge a satisfação de saber que aqueles fogos "brilham em sua homenagem".

O século XVIII francês é um desfecho e, ao mesmo tempo, a aurora da modernidade e do exercício democrático. Não é redutível ao recenseamento dos saberes e práticas por parte dos enciclopedistas, a essa recapitulação exaustiva condenada pelo poder após ter buscado encarcerar Diderot em Vincennes. A atmosfera intelectual prepara a era das revoluções, cuja consumação interminável-inacabada, não obstante passível de ser imitada no exterior, a Revolução Francesa mostrará. É a ilustração do "tudo está ligado à política", até o rompimento que derruba o Regime ainda estabelecido. A revolução, generalizada metaforicamente pelo jogo de linguagem, estende-se ao movimento dos saberes, das técnicas e de seus instrumentos, dos costumes e das instituições. O progresso é visto sob o aspecto das conquistas reconhecidas como um conjunto, o das batalhas levadas às fronteiras do impossível a fim de nelas provocar um recuo. Ele aponta para o fim de uma era teológica, o nascimento de uma era da razão governada pela filosofia e sua reivindicação da verdade, pelo conhecimento técnico e sua busca de eficácia. É o pensamento objetivo que permite denunciar as aparências "mundanas", é a ciência que fornece a dupla capacidade do conhecer e do fazer, o que D'Alembert assinala no "Discurso preliminar" escrito para a *Enciclopédia*. Esse poder, negado e combatido pelo pensamento teológico, tampouco é reconhecido fora dele sem debate ou contestação. Uma questão atormenta, a questão das formas e dos meios do ato de conhecimento: o que é conhecer? É nas imediações dos enciclopedistas, principalmente de

Rousseau e Diderot, que Condillac escreve seu *Ensaio sobre a origem dos conhecimentos humanos* e seu tratado das sensações. É um estudo renovado não só dos procedimentos elementares como também das ideias, a partir das quais o conhecimento se forma graças às operações mentais complexas cuja causa são as sensações. Ele não esboça apenas a antecipação do método experimental. A linguagem intervém. Ela serve de fundamento, de suporte ao pensamento abstrato e reflexivo. A lógica linguística ainda está incipiente na procura dos significantes linguísticos, no reconhecimento da necessidade de uma "língua benfeita".

Essas breves incursões no século ajudam a revelar o que está em jogo sob as Luzes. A função da filosofia, parteira dos pensamentos novos e da autonomia, libertadora da ação política. A filosofia, fértil como nunca o foi o trabalho do espírito humano, engendra o que vai advir das ciências no século seguinte. Muita coisa nasce desses germes: a ideia de sociedade e o saber que a dissocia da dependência teológica e, depois, do psicologismo; a economia como ciência da natureza e da causa das riquezas; o conhecimento político que diferencia a soberania (princípio do Estado) do governo (forma da administração do Estado). A questão das línguas leva a tratar do que mais tarde se forma como conhecimento linguístico conceitualizado e organizado. A instrução, transmissão dos saberes sobre as coisas e sobre o homem, é subordinada à educação, aquisição dos meios do estar-junto e preparação para o estado de cidadão. Donde resulta a iniciação democrática, regularmente retomada, assim como a "transmissão", passagem ao saber e ao conhecimento. Por exemplo, a ciência da educação vindoura será política por natureza e, por conseguinte, vigiada pelos poderes. O fim político do Antigo Regime é acompanhado por uma ruptura total, da qual as ciências extrairão todo seu impulso no século seguinte.

É Voltaire que, num modo a princípio menor, aponta essa passagem de uma era a outra, confere-lhe um rosto e ganha popularidade por isso. É quem melhor resume, após sua estada na Inglaterra e o convívio com Locke, a força de criatividade da época, manifestando seu apreço pelos princípios do liberalismo inglês. A variedade de seus talentos se impõe, a começar pelo de historiador e observador dos costumes. Designam-no "o homem universal", mas ele se pretende acima de tudo escritor, divulgador de suas próprias ideias filosóficas por meio de "contos", bem como comentador dos fatos da época – entre os quais o terremoto que devastou Lisboa em 1755. Dos poemas aos relatos, às obras dramáticas, dos escritos críticos aos panfletos, nenhum gênero resiste à sua paixão de escrever, de desconstruir pela ironia e o humor, pelo culto da tolerância, o que faz dele uma grande figura do engajamento de alto risco. Voltaire é para nós o mais contemporâneo dos filósofos do século XVIII francês, a despeito de uma parcela de concessões mundanas e cinismo cúmplice com seu "século de ferro". Foi quem soube denunciar, testemunhar, rechaçar, atacar e explorar o que seu tempo concebe e o que se anuncia.

Nesse sentido, é quem revela melhor o que é comum ao seu século e ao nosso. Em primeiro lugar, a mudança de era, a série de rupturas e abolições, a sucessão dos começos, que fará alguém dizer que a Revolução nunca "termina". Ela não é a única a manifestar a generalização desse estado de inacabamento, de canteiro de obras onde se pensam novas formas de vida e instituições. O século seguinte se anuncia, será o do movimento permanente em busca de outro regime político por meio das revoluções, de uma expansão do poder sobre o mundo, da materialidade via as técnicas, do progresso do espírito humano mediante o advento das ciências e a propagação dos saberes. Esse movimento alimenta a exaltação da *civilização*, dá razão a Voltaire, não a Rousseau, crítico do progresso e da "depravação" que ele engendra. Uma civilização que, não obstante, logo inverterá suas aparências, simulando justificar as dominações coloniais modernas.

As semelhanças com a época contemporânea inauguram-se então com a *mudança de era*, não mais sob o efeito do "tudo político" e sim do "tudo tecnocientífico", novo esteio da economia financeira. Um movimento que conduziu a outra mundialização graças à desmaterialização "digital" do mundo, propícia a outra forma de expansão das violências desigualitárias. É um mundo onde as incertezas se reforçam ao se acumularem, onde nada parece resistir. Toda possibilidade de fazer parece dissolver-se pela incapacidade de ter controle suficiente sobre o curso das coisas, experimentadas em estado de contínua desconstrução-reconstrução. Todos os controles revelam-se imperfeitos: a natureza se desnatura, as técnicas escapam frequentemente ao domínio de seus idealizadores, o poder político torna-se incapaz de governar sem ser por "governança" e a economia em crise regride em violências concorrentes e sem regulação; a instrução difunde novos instrumentos, mas ainda procura seu conteúdo, enquanto a crença desmorona, entregue a emoções oportunistas. O aturdimento no século traduz-se numa profusão de imagens, falas, discursos e informações, numa dominação por máquinas inteligentes e seus saberes conjugados.

Ciências
do social,
crítica social

As últimas décadas do século XIX promovem a passagem do pensamento inteiramente político ao pensamento já científico, empreendendo ao mesmo tempo a manutenção do primeiro por meio do projeto revolucionário e da legitimação da contestação democrática. O estabelecimento duradouro da república na França, unitária e centralizadora, faz da sociedade – conjunto das relações instituídas entre coletivos e praticadas pelos indivíduos – o objeto do pensamento em substituição ao estudo dos "regimes" (política), dos *países* (territorialidade e inscrições da história), dos costumes (formas das relações interpessoais). É uma "quase revolução" científica na identificação dos objetos de estudo.

Émile Durkheim, adolescente por ocasião do desastroso declínio do Segundo Império, assiste ao advento turbulento da Terceira República. É "produzido" por ela, por suas escolas, em especial a École Normale Supérieure (Rue d'Ulm), pelas cátedras em que ele ensina filosofia, até chegar à Sorbonne, onde o comentário do social é inaugurado com o ensino da pedagogia e das ciências da educação. A república em vias de consolidação, ao assegurar e orientar a formação do filósofo, deve colocar o pensamento a serviço de sua própria construção, da edificação da moral cívica que lhe dá seu ideal e sua armadura. Nos combates que consumam o fim definitivo das esperanças de retorno ao passado, nos novos começos do regime democrático republicano, no confronto com as incertezas de uma mudança de era, acentuadas pelas consequências de uma derrota militar, a necessidade de reconhecer a sociedade e ter acesso ao seu real conhecimento científico impõe-se resolutamente. É a esse objetivo que Durkheim visa com a criação de *L'Année Sociologique* (1897), revista que constrói a sociologia recenseando a produção sociológica mundial, efetuando sua análise crítica, a fim de delimitar o campo da disciplina. Nessa época são publicados, em poucos anos, os livros fundadores, entre os quais *As regras do método sociológico*, que definem os "fatos sociais" e reivindicam que estes sejam "tratados como coisas". A concepção unitária da ciência induz a uma atitude mental idêntica para todos os fenômenos. O tratado de Durkheim é visto então, para o espaço social, como o equivalente do que *Introdução ao estudo da medicina experimental*, de Claude Bernard, era para a biologia. Atualmente, os positivistas durkheimianos não desempenham mais papel de protagonistas, mas os embates iniciais retornam periodicamente sob outras formas.

O conflito entre indivíduo e sociedade é central desde a origem, e assim permanece. Adquire grande visibilidade pela rivalidade entre dois homens – Tarde e Durkheim – e duas instituições – o Collège de France, onde o primeiro será "encaixado", para regozijo do segundo, e a ilustre Sorbonne. É a rivalidade entre um primogênito e um caçula, em que este toma a dianteira, às vezes com violência, apesar da notoriedade conquistada por Tarde com a publicação, em 1890, de seu livro *As leis da imitação*. Durkheim goza de um privilégio inicial proporcionado pela Rue d'Ulm e a *agrégation* em filosofia, ao passo que Tarde vem do direito e alcança o posto de juiz de instrução provincial, depois diretor do departamento de estatística judiciária. A autoridade intelectual e moral de Durkheim o faz ser considerado o *grande educador* da República. A oposição irredutível se estabelece entre dois domínios: o sociologismo unificante, que afirma a existência de um universo onde tudo constitui sociedade, e o psicologismo, que ilustra os princípios de repetição, oposição e adaptação. Ali onde Durkheim identifica *coisas* sociais, Tarde identifica *atores* individuais. Com o primado do social levando a um socialismo e o do ator determinando um livre jogo dos indivíduos, o confronto se politiza[1].

A recente reedição das obras de Tarde marca ao mesmo tempo a distância tomada com relação ao positivismo durkheimiano e à pesquisa teórica que valida

---

1   "Gabriel Tarde, o sociólogo redescoberto" (p. 139).

uma escolha política. A cena montada depois da Segunda Guerra Mundial muda as personagens – o esquecimento progressivo de Durkheim e do "socialismo" carregado pela sociologia entrega a sucessão ao marxismo reavivado e ao marxismo estruturalista de Althusser –, mas muda pouco o drama encenado. Em face dessas outras figuras de "esquerda", situam-se as que encarnam o indivíduo "empreendedor" e o liberalismo do qual Tocqueville foi o inaugurador, tributário de Montesquieu. Mais recentemente, o enfraquecimento do laço social reforçou o interesse pelo individualismo, outra forma da relação estabelecida entre a complexidade crescente da sociedade e os impulsos individualistas. A teoria mais centrada em certos aspectos contraditórios da modernidade contemporânea passa a ser o "individualismo metodológico". Este é apresentado como o próprio princípio de todas as ciências sociais, tendo como dupla função associar (em referência a Weber) explicação e compreensão, e, como método, submeter a ação individual à avaliação por cálculo, à luz das novas lógicas. O indivíduo e o ator veem-se no centro do jogo social, seus cálculos do possível libertam-nos das duras obrigações postas pela coerção exclusiva do social. Eis por que essa concepção obtém acolhida mais favorável dos economistas, dos que constroem sua disciplina em função do "mercado", da empresa e do empresário. A sociedade diminuída deixa o lugar vazio, ocupado então pelo economicismo, dotado das novas máquinas inteligentes e das práticas do liberalismo concorrencial.

Em seguida, vêm as reações a esses arroubos. Dentre os filósofos, John Rawls busca conciliar o aumento da riqueza com a proteção das liberdades individuais, com a defesa dos desfavorecidos. A vontade de ligar essas exigências, constantemente ativa, substitui uma pretensa harmonização via mercado, via liberalismo implacável. Trata-se de resolver o antagonismo entre autonomia privada e pertencimento a uma "comunidade" política e econômica. A equidade, a igualdade de oportunidades e a justiça devem prevalecer sobre a relegação dos problemas à sua simples reprodução.

Atores da crítica social custam a assumir a renovação do pensamento buscado por alguns filósofos que haviam permanecido livres e raros. Michael Walzer os designa e aponta, durante o século XX, dilacerados entre solidão e solidariedade. Num livro perturbador, estuda o que advém da "honrosa companhia dos críticos sociais", começando por Julien Benda, que denuncia a "traição dos intelectuais" e pretende-se exemplar, e terminando, ou quase, com Michel Foucault, que dispersa a crítica social e dissolve assim sua finalidade. O percurso não se efetua sem tropeços, por capitulação crítica ou, inversamente, sobranceira crítica universal, o mais das vezes por cegueira voluntária. O que se assume, ao contrário, é a intenção de exprimir em voz alta o que permanece "inarticulado na *queixa* ordinária", sem poupar nem os poderosos nem os outros, mantendo uma distância crítica e o pluralismo. Embora a recusa a "prestar homenagem" aos poderes acarrete a aceitação de uma relativa solidão, ao mesmo tempo o fardo das queixas não ditas gera solidariedades[2].

---

2 "Dura, dura, a crítica social" (p. 145).

A trilogia
fundadora

A fundação científica do pensamento social não foi uma empreitada solitária, resultando de uma longa história e formando-se na concorrência entre rivais. A obra de Durkheim rivaliza com a de duas personalidades, contemporânea dele, oriundas da cultura e da tradição filosófica alemãs: Weber e Simmel. A rivalidade é aparente, tardiamente revelada por críticos do mestre francês, mas, enquanto os durkheimianos perdem sua influência dominante, os weberianos a tomam para si e, mais tarde, os discípulos de Simmel, anos depois da última guerra mundial.

A princípio a inversão dá vantagem a Weber, que se torna célebre graças ao seu livro mais comentado, dedicado à ética protestante e ao nascimento do capitalismo. A partir desse momento, revela uma dupla obsessão: definir a particularidade econômica e social do Ocidente e examinar as condições de seu nascimento e desenvolvimento em relação com a ética religiosa. Para se exprimir, esse estudo conta com uma revista na qual é publicada a *Ética protestante* – os "Archiv für Sozialwissenschaft" –, assim como Durkheim fundou a ciência social criando *L'Année Sociologique* e Gurvitch revigorou a disciplina após a última guerra mundial criando os *Cahiers Internationaux de Sociologie*. É a época das revistas, veículos da informação científica e oficinas em que se formam as ideias novas, em que o método novo se exprime e se experimenta.

Weber recorre ao método comparativo, restrito e, depois, generalizado, em seus estudos de sociologia religiosa, para afirmar que a racionalização religiosa está na origem da racionalidade em todas as civilizações. Por exemplo, a comparação feita ao confrontar a China confucionista e taoista e o Ocidente cristianizado. Ela traz à luz dois racionalismos com efeitos divergentes: um significando a adaptação racional ao mundo (o chinês confucionista), o outro, a dominação racional do mundo (o ocidental puritano).

Um permanece alheio ao capitalismo, o outro o engendra³. Essa investigação, embora precocemente interrompida pela morte, não se limita a essa única confrontação, operando um vaivém permanente entre religiões da China e da Índia, religiões antigas do judaísmo e da Grécia, entre Ocidente cristão dissidente e islã. O que é assim assumido: o projeto de estudo comparativo da "ética econômica das religiões mundiais" conduz, ao mesmo tempo que explora, os "fundamentos sociológicos".

De um lado, o dos durkheimianos, o estudo da sociedade, de suas regras e da coerção social exige da pesquisa empírica que construa o saber científico; do outro, o de Weber, a ênfase colocada no estudo comparado dos modos de racionalização nas civilizações (da sociedade material às crenças, à base burocrática do poder) conduz a um método diferente, a um procedimento de *interpretação-explicação*. Isso permitiu ao círculo de Durkheim, a Mauss sobretudo, acusar Weber de "decalcar" sua empreitada científica comparativista, limitando-se ao mesmo tempo a "emitir opiniões". Além da concorrência intelectual, convém recordar os efeitos de linguagem, a começar pela passagem do alemão para o francês: as traduções foram tardias, a maioria deixando a desejar ou desvirtuada por deslizamento oportunista de seu sentido.

Quando é reconhecido, depois celebrado, quando remete às suas próprias controvérsias com Marx e Nietzsche, quando seu engajamento político se pretende respeitoso às suas ideias *e* à objetividade do cientista, quando sua erudição alimenta novos conceitos e fórmulas, Weber se torna objeto de apropriações concorrentes ou antagônicas. Os planejadores políticos recorrem a seus livros ou os deturpam, filósofos, sociólogos e historiadores travam batalhas em que uns e outros se renovam por intermédio de Weber. Este, com sua obra (produzida em meio às turbulências de seu país e a tormentos pessoais), passa a

---

3   "Max Weber ou o desencantamento em ação" (p. 148).

exigir novos argumentos e palavras dos contemporâneos. O reconhecimento vem primeiramente pelo vocabulário renovado: desencantamento do mundo, individualismo metodológico, tipo ideal, compreensão etc.

A controvérsia – vinculando Weber a seu divulgador francês, Raymond Aron – oculta não só o "desencantamento" em relação ao engajamento do sociólogo alemão, como a força de sua erudição, que estabelece uma distância do meramente atual e da modernidade, o método de vaivém entre constatações empíricas e interpretações, a busca das regularidades sociais. O perfil francês atribuído a Weber é bastante revelador das variações do percurso do pensamento social. Após a barragem dos durkheimianos, o esquecimento quase total, depois a utilização polêmica no pós-guerra durante as confrontações com o stalinismo leninista e o comunismo marxista, em seguida o retorno mais apaziguado à condição de alhures do positivismo, à formação de novas teorias do social diante do pouco sentido do devir atual[4].

O terceiro termo da trindade fundadora é Simmel. Seu trajeto de vida corresponde ao de Durkheim, mas, enquanto um obteve cedo o reconhecimento universitário, o outro só alcançou o feito tardiamente, na Universidade de Estrasburgo, então alemã. Durkheim pretende-se criador de uma ciência, do "sistema das ciências sociológicas"; Simmel realiza uma obra – cuja "unidade profunda" ele afirma – de filósofo que mergulha em seu tempo, produzindo o comentário a respeito dele em uma bibliografia abundante. É o cientista diante do ensaísta, pelo menos segundo Durkheim, que critica Simmel por misturar os pontos de vista e ceder às tentações contrárias do formalismo e do esteticismo.

Filósofo, Simmel é classificado como vinculado a uma corrente: a do neokantismo relativista, depois a do "conceito", de que Husserl dá o exemplo a fim de retornar

---

4   "Max Weber faz o contorno pela China" (p. 152).

às "coisas mesmas", enfim, a dos filósofos vitalistas próximos de Bergson. Sua mobilidade e sua recusa a "enclausurar a plenitude da vida" levarão Lukács – filósofo do realismo crítico, teórico de uma estética marxista, efêmero comunista de governo – a apelidá-lo de "Monet da filosofia" por introduzir a sensibilidade impressionista na reflexão filosófica.

O Simmel sociólogo dá prioridade à sua interrogação sobre a "noção mesma de sociedade". Ela não pode ser uma unidade que exerça duradouramente a coerção, mas efeito de indivíduos em interações contínuas. Nesse sentido, ele é o mais próximo de Weber, e o mais distante dos durkheimianos. Enquanto Durkheim define a sociologia atribuindo-lhe a ambição de se tornar a súmula de todas as ciências sociais particulares, Simmel concebe a sociologia em sua autonomia, definindo-a como método que dá acesso ao movimento oriundo da interação entre indivíduos, bem como à mobilidade dos modelos de associação social. Empenha-se em identificar os conteúdos e as formas do social partindo da realidade social concreta, apreendendo-a por intuição, compreensão, comparativismo. A profusão do social alimenta a profusão da obra que a crítica denuncia – transformando a recusa de constituir sistema em produção de uma obra "ligeira e subversiva".

Simmel funda uma sociologia dos afetos, das emoções e dos sentimentos, parte da obra que recebe hoje uma acolhida oportuna. Sua atenção volta-se para as interações entre indivíduos e para seus deflagradores: sentimentos, interesses, visadas com fins variáveis. São eles que engendram continuamente o processo de socialização, sem que a vontade dos indivíduos seja totalmente requisitada, sem que o movimento elimine toda regularidade de comportamento. Simmel pretende alcançar uma "sociologia pura", em especial pela distinção estabelecida entre conteúdo e forma da socialização. O primeiro refere aos processos psicológicos dos indivíduos em interação, o segundo aos modelos segundo os quais a socialização é efetuada. Suas relações são complexas, o concreto vivido é a matéria da qual é preciso abstrair as *formas sociais*. Essa concepção enseja dois ataques da crítica: a acusação de um psicologismo que apaga a sociedade real e a acusação de formalismo gerador de uma "geometria" do mundo social.

De maneira aparentemente paradoxal, a dupla crítica incide sobre o que restitui à obra sua atualidade: em especial o formalismo modelista atribuível à sociedade da digitalização generalizada. De fato, a fecundidade de Simmel leva-o ao estudo de problemas que se tornaram os de nossa época, os da sociedade vinculada à Grande Transformação continuada. A "filosofia do dinheiro" ressuscita, na esteira do capitalismo financeiro. O ensaio sobre o "estrangeiro" anuncia os debates e as lutas envolvendo imigrantes. Os escritos sobre a cidade acompanham uma primeira análise do conteúdo da modernidade nascente, das desconstruções que liberam outro individualismo e testam as socializações. Além disso, a dimensão trágica é restituída à cultura viva. Os textos de Simmel, redescobertos, inspiram uma época completamente diferente, em que a falsa criatividade é repetitiva[5].

---

5 "A sociologia subversiva de Georg Simmel" (p. 156).

Herdeiros
e
dissidentes

Antes da mudança de era no fim dos anos 1980, antes da passagem à rápida instalação de toda a realidade em redes digitais e da mundialização em consequência disso, o espaço social já se expõe a solavancos fortes e reiterados. Ao mudar continuamente de configuração, a sucessão de seus "topógrafos" torna-se urgente. Identificar o inédito conduz primeiramente a voltar ao aprendido: multiplicam-se as histórias da sociologia, os dicionários das ciências do social, as reedições dos textos inaugurais. Os inventores esquecidos ressuscitam com o retorno a alguns deles. Descobrimos então Le Play, a despeito dos pressupostos atuais que não são os do fundador da sociografia, promotor do catolicismo social e, depois, de uma "reforma social na França" que lhe vale a proteção de Napoleão III. A obra dedicada à observação das famílias operárias e, menos frequentemente, camponesas é a do engenheiro que não só inventa fichas analíticas dos modos de vida como viaja, a fim de propor um comparativismo bastante aberto. Ele pratica uma sociologia do contato, um empirismo de observação direta, próximo daquele dos etnógrafos em seu campo. O procedimento, o método, é o que atrai a recente atenção da crítica sociológica. Esse empirismo direto opõe-se ao empirismo indireto de hoje, que procede a partir de "amostragens" calculadas, questionários reveladores, sondagens associadas a séries estatísticas. Esse empirismo indireto, ligado às tecnopráticas atuais, gera avaliações críticas e a reedição de textos anunciadores. Enquanto Patrick Champagne contesta as sondagens e sua pretensa verdade, denunciando a mania de que se tornaram objeto e as distrações da "prática sociológica", um livro reeditado de Gabriel Tarde encontra um novo vigor nas situações atuais. É uma coletânea de ensaios – *A opinião e as massas* – que expõe uma teoria do público e da opinião pública: o efeito de massa não é exclusivamente negativo e o sistema democrático vê-se validado por ele. O sufrágio universal mede as variações da opinião pública, dos desejos e das necessidades, dá forma à identidade coletiva. À sua maneira, o rival de Durkheim formulou um elogio da democracia eleitoral.

Avaliações voltam a pôr em xeque o estatuto científico da sociologia, a capacidade de explicar o vivido exclusivamente pelo procedimento positivista, de apreender o social em ato. O trabalho de campo é a resposta, por meio dos contatos e da observação direta. Efetua-se o estudo da "marginalidade criadora" a fim de identificar os meios e a função da inovação, mas o mundo em transformação generalizada é mais veloz que o pensamento social. A renovação sociológica fora da submissão à tecnologia do método se anuncia mediante mais audácia dissidente – o que Richard Brown busca com uma "poética da sociologia", com uma "estética" do pensamento do social. Ele constata que a posição do espectador absoluto é impossível em sociologia: em toda formulação teórica "encontramos sempre as experiências pessoais e os interesses do autor", o que designei anteriormente a parte de autobiografia dissimulada na obra científica. Identicamente às outras ciências, a sociologia compartilha com a estética a elaboração de paradigmas que têm como função "facilitar a compreensão da experiência humana". Nesse sentido, a sociologia deve identificar as metáforas mais fecundas, definir os critérios que permitem distinguir a metáfora que "funciona"[6].

Numa sociedade em que a comunicação conectada a novas técnicas explode, engendra a profusão crescente de imagens e palavras, a visibilidade e a seleção pelas mídias determinam a produção de imagens sociais fortes. Os novos sociólogos também conquistaram uma presença e um reconhecimento pelos jogos do visível e da audiência, os antigos evitam ceder ao que continua a ser visto como pura complacência narcísica. Fecham-se numa classificação bastante hierárquica das universidades, à procura da excelência e dos signos que designam as carreiras bem-sucedidas. Isso teve curta duração e diversos

---

6   "A renovação sociológica" (p. 162) e "Topógrafos do social" (p. 166).

conflitos, como o que opôs Aron, o decano, a Bourdieu, o noviço, após uma curta gestão compartilhada do Centro de Estudos Sociológicos Contemporâneos. Sobre essa ruptura, Aron fez um breve e devastador comentário em suas memórias.

Um dos colaboradores de Bourdieu o apresentou como uma "espécie de enigma intelectual", mas ele é bem mais que isso. O autor que atribui aos sociólogos uma "profissão" não é o mesmo que mais tarde denuncia a "miséria do mundo". Ele é irredutível, singular – quer e não quer ao mesmo tempo, não obstante muito ligado à sua imagem pública e à exposição pessoal. De certa maneira, a singularidade se afirma ao mesmo tempo que se avultam a imagem pública e o reconhecimento dos engajamentos militantes. Os privilégios de seu itinerário acadêmico – um percurso prestigioso da Rue d'Ulm ao Collège de France – permanecem mascarados, em especial pela firme recusa de obter o doctorat d'État[7], etapa final do currículo então obrigatório. Ele não é um herdeiro, sua origem familiar é modesta, um de seus estudos consiste na observação crítica dos lugares do saber onde são transmitidos os privilégios e os recursos da "distinção", mas seu próprio "capital simbólico" resulta disso. Cria seu território: um centro de sociologia ligado aos seus seminários da EHESS, depois ao Collège de France, uma revista dirigida com firmeza, *Actes de la Recherche en Sciences Sociales*. Denota sua diferença com uma escrita difícil, que se pretende erudita, que não facilita o acesso aos textos teóricos, não obstante traduzindo "uma preocupação constante com a reflexividade". É pouco imitável, cercado tanto por fiéis como por discípulos. A paixão Bourdieu não é simplesmente inventada por seus adversários, ela defende a posição, pratica o proselitismo, exclui. Declara que o grupo de fidelidade, embora fechado, não proíbe a popularidade do mestre, procede por meio de um engajamento constante,

---

7   Título similar ao de livre-docência no Brasil. [N.T.]

do serviço prestado a grandes causas, recorrendo aos meios técnicos de comunicação.

Como consequência da rara fecundidade da obra e do burburinho da fama, de sua maneira de ser sociólogo, Bourdieu teve inúmeros adversários, contrários, nas palavras de Morin, às *"bourdieuseries"*. Um de seus discípulos, professor na Universidade de Chicago, levou-o a dar suas "respostas" aos críticos, por ocasião do seminário doutoral realizado nessa universidade. Ele não se deixa confinar, desloca-se por todas as disciplinas que pratica, da filosofia à etnologia, à sociologia, ao conhecimento profundo das tradições intelectuais e das práticas culturais. A mobilidade intelectual de Bourdieu multiplica as críticas, a devoção passional dos fiéis torna-se uma barreira que o separa dos incréus e dos rivais medíocres. Ele é o vigia a postos nas portas da "cidade científica", proclamando ao mesmo tempo a autonomia de uma ciência social que não tem mais a obsessão de imitar o procedimento das "ciências exatas".

Ele quer precisar onde não está, nem no lado da "perversão metodológica", que cultua o método da autossatisfação, nem no lado da "especulação teórica", produtora de sistemas autossuficientes. Uma das características principais de Bourdieu é o tratamento rigoroso da objetividade do conhecimento social. Um primeiro movimento conduz a dissociar-se do conhecimento vulgar que desconhece a maneira como a relação social é apreendida pela consciência e dela extrai sua forma. Um segundo movimento submete à obrigação de "reflexividade", o sociólogo utiliza os instrumentos que lhe permitem reduzir o jogo das ilusões e do "impensado social" que afeta a prática da pesquisa. Esses dois movimentos efetuam-se numa tensão contínua difícil de manter.

A tensão, a dificuldade de sustentar a posição, apresenta-se sob outro aspecto na obra de Bourdieu: entre o trabalho dos teóricos e o trabalho de pesquisa dos que olham as coisas de perto evitando o risco da "miopia teórica". Ele evoca a vigilância necessária, a atenção constante que faz da sociologia uma "arte marcial do espírito". As "respostas" são menos vinculadas às fontes teóricas – de Durkheim e Weber a Marx, de Lévi-Strauss a Freud em especial – do que às figuras linguageiras que as revelam. À produção de conceitos, em particular o mais específico do processo: *campo*, sistema de lugares que permite analisar as severas coerções que pesam sobre os indivíduos. Aos empréstimos tomados junto à ciência econômica e transpostos para a ciência social: capital, mercado, investimento, interesse. Eles evidenciam sobretudo os efeitos de dominação produzidos pelos meios do simbólico. Em suas últimas "respostas", Pierre Bourdieu afrouxa o rigor de seu procedimento, reconhecendo o lugar da intuição que associa o trabalho do sociólogo ao do escritor[8].

Não deixa de ser excepcional um sociólogo propor a explicação de seu percurso de vida sob forma testamentária. É, no entanto, o que faz Norbert Elias, falecido em 1990, ao publicar *Envolvimento e distanciamento*. São duas as riquezas que tem a legar: a de uma vida plena que as turbulências históricas alimentam; a de uma cultura extensa e construída por si próprio, não demandada como máquinas de informação que armazenam e entregam. A primeira, judaico-alemã, nasce de uma história pessoal: a guerra perdida e a decadência familiar, a República de Weimar doente e não obstante geradora de efervescência cultural, a direita "cuja agressividade quase fanática" acompanha a escalada do nazismo, e depois o exílio, na Inglaterra. A segunda resulta de uma formação em que filosofia, ciência médica, sociologia, psicologia e psicanálise conjugam-se sem ceder ao ecletismo.

Sua exigência precoce de "contribuir para o saber da humanidade" infunde-lhe a necessidade de existir multiplicando as experiências de vida, pelas quais descobre a pluralidade de realização do humano. A grande

---

8   "O desafio de Bourdieu" (p. 171).

mobilidade, embora mais tardia, fornece-lhe oportunidades para isso; ele afirma: "sou um viajante". Uma de suas viagens leva-o a Gana, onde é professor durante certo tempo na universidade nacional. O distanciamento se efetua como afastamento, e ele julga a experiência "indispensável", pois lhe proporciona "outra luz".

O desvio etnológico[9] prepara então o que ele ensinará em sociologia, tornando continuamente mais precisa sua concepção da disciplina. O distanciamento que permite observar melhor, a ideia de civilização que se encontra no título de seu célebre livro – *Civilização dos costumes* –, a confrontação do holismo e do individualismo, ambos rejeitados, o sociólogo apresentado como "caçador de mitos", recusando as ideias dominantes para "enxergar relações que os outros não enxergam". Essa prática desviada não é a única, ela se complementa com experiências às quais poucos sociólogos tiveram acesso. As relações intensas com os meios psicanalíticos, e sua própria análise, o conhecimento direto da análise de grupo contribuíram para sua certeza de que a "identidade individual do homem" deve ser a preocupação central.

A obra é prolífica e forte. Comporta diversas aberturas, o que explica o interesse que historiadores lhe dedicam, em especial quando estuda a "dinâmica do Ocidente", quando a civilização é apreendida sob os aspectos dos costumes e das mentalidades. O sociólogo Elias interroga-se sobre o que é a sociologia. Diz o que ele exige que ela recuse: considerar o indivíduo como se existisse em si e a sociedade como um objeto "existente para além do ser humano", inspirar-se numa filosofia redutora do que não é observável senão na temporalidade, supondo-o "imutável", fraudar a compreensão dos fenômenos sociais ao negligenciar os

---

9   Georges Balandier, *Le Détour: pouvoir et modernité*, Paris, Fayard [1997]. [Ed. bras.: *O contorno: poder e modernidade*, trad. Suzane Martins, Rio de Janeiro: Bertrand Brasil, 1997]: O título da edição brasileira optou pela tradução da palavra "détour" por "contorno". Nós, no entanto, optamos por "desvio". [N. T.]

investimentos da afetividade e do imaginário. Tais são as regras de uma forma de ascese intelectual que renuncia às categorias retidas sem exame crítico suficiente, que rompe as divisórias do pensamento e provoca o "relaxamento da norma" de enclausuramento disciplinar. Essa ascese é produtora de uma sociologia do conhecimento em contínuo devir, refutando o "dogma atomístico", a análise que julga apreender as propriedades do conjunto (a sociedade) a partir dos elementos (os indivíduos).

Ela cria tanto sua linguagem como seu método. O conceito de *configuração* ocupa o centro, permite pensar o mundo social como um tecido de relações em que a pessoa é envolta por inteiro em relações de aliança e enfrentamento ao mesmo tempo. O conceito de *interdependência funcional* lhe é associado, assim como o de *integração*, que avalia as interdependências. O conceito mais inesperado e operacional é o de *processo não planejado*, que permite atribuir uma posição às determinações distantes e invisíveis, às irrupções do inédito. A tudo aquilo de que o indivíduo não tinha então nem consciência nem experiência. O processo social ganha assim uma margem de manobra, impulsos que não deixam as "determinações" ditarem inteiramente a lei. O desvio comparativista e o distanciamento com relação ao objeto do estudo sociológico estão em correlação. Por fim, a busca dos "níveis superiores de integração", o que mais tarde será visto, especialmente por Geertz, sob os aspectos do global oposto ao local, leva Elias a examinar a questão do Estado, a considerar o advento do Estado moderno. O resultado dessa conjugação é uma forte advertência contra a satisfação com um "verniz de objetividade", quando cumpre cultivar uma "confrontação crítica ininterrupta"[10].

A obra revisitada, forma da reflexividade, exige tempo para esse percurso que a realiza e carrega com os

---

10 "Norbert Elias caçador de mitos" (p. 174) e "O testamento de Norbert Elias" (p. 179).

acontecimentos de uma vida envolta por turbulências históricas. É o que mostra Albert Hirschman – economista, sociólogo, filósofo –, que evoca sua tendência contínua à "autossubversão". Ele pratica a "transgressão", que sacode o conforto das certezas, mantém vivo seu engajamento a serviço das ideias de progresso e do exercício da democracia. Em textos parcialmente autobiográficos, mostra em que grau uma obra robusta se alimenta das múltiplas experiências de uma vida. Elas não faltaram à sua, com sua recusa da submissão. Jovem judeu pertencente à alta burguesia alemã, ele se exila, diante da escalada do nazismo, em Paris e Londres, onde adquire uma primeira formação em economia. Esta não é um abrigo. Escolhe a "ação política perigosa": adere aos republicanos espanhóis, aos antifascistas italianos, alista-se no exército francês até a derrota, depois o exílio definitivo nos Estados Unidos, onde se junta ao exército norte-americano em guerra. Mais tarde, torna-se professor no Institute for Advanced Study de Princeton. Mas a aversão à clausura impele-o para a América Latina e vários países do Terceiro Mundo; em toda parte, é o espreitador da história em vias de ser feita.

A mobilidade, o enfrentamento de "novos enigmas", o retorno às suas próprias proposições, a exploração dos "territórios proibidos", nos quais os problemas têm apenas respostas frustrantes, geraram por muito tempo a incompreensão de sua pesquisa. Ele mantém firmemente sua recusa de propor uma Grande Teoria. Permanece o sociólogo do acontecimento, do combate com a história em devir, da democracia ameaçada pelos efeitos perversos que a impedem de "precaver-se contra todos os riscos e perigos possíveis".

Duas obras abriram para Hirschman o caminho da notoriedade, afora sua confrontação com dois séculos de retórica reacionária. Em primeiro lugar, *The Passions and the Interests* [As paixões e os interesses]: em sociedades em transformação acelerada, observa-se a alternância recorrente entre o engajamento dos indivíduos, e dos grupos, na ação pública e o retraimento nos valores da felicidade privada. Em segundo lugar, *Exit, Voice and Loyalty* [Saída, voz e lealdade], que insiste nos meios de que o público dispõe para exprimir seu descontentamento ou sua contestação: o exílio, "defecção" por retirada e desengajamento, e a "tomada de palavra", que acompanha a ação de protesto empreendida do interior.

Hirschman empenha-se assim em definir as condições de produção de efeitos da reforma consciente, em desmascarar os arremedos de imparcialidade. O que o leva à rejeição das "teorias da intransigência", sejam elas de forma reacionária, sejam de convicção progressista. O pensamento insubmisso tornou-se então moderador[11].

Inversamente à obstinação alimentada pela atenção voltada contínua e exclusivamente a essa época e aos acontecimentos que a produzem, situa-se a distância tomada mediante o convívio com saberes oriundos de todas as épocas e todos os lugares. Essa é a escolha paradoxal de Yves Barel, homem sem fronteiras disciplinares, uma exploração de conhecimentos que ao mesmo tempo se dissocia do atual. Ele percorre os espaços desses conhecimentos, os da economia, do pensamento político, da sociologia e da estética, das ciências biológicas e das disciplinas de "conhecimento do conhecimento". Uma espécie de enciclopedista solitário e teórico de convivências múltiplas, que, através dos textos, entra em relação com helenistas, medievalistas, lógicos, analistas da modernidade. É, consequentemente, um caçador de todo pensamento simplificador por fechamento, por cerceamento de si mesmo.

A ideia de sistema é preservada, não o sistemismo; eis o objeto do livro intitulado *Le Paradoxe et le système* [O paradoxo e o sistema] e de outros escritos, considerados conjuntamente como o mesmo texto incessantemente reescrito. Uma fórmula acentua o paradoxo: o sistema "é

---

[11]   "A obra revisitada" (p. 183).

e não é sistemático". Uma afirmação o acompanha, o sistema é indissociável do que lhe resiste e o contraria. Ao contrário do fundamentalismo sistemista, Barel leva em conta as ambiguidades, contradições e potencialidades passíveis de se atualizar contra o sistema e dar lugar a estratégias alternativas. Constantemente em busca do paradoxo, ele revela os limites da onipotência social, o trabalho subterrâneo que subtrai parcialmente o indivíduo das coerções dos sistemas.

O outro território do caçador de paradoxo é aquele, a partir da Grécia antiga, onde ele procura "o sentido antes do sentido", a natureza da relação estabelecida entre o herói e o político. Da Grécia arcaica à Grécia antiga, o longo percurso tem como pano de fundo as remanescências dos "séculos obscuros", ao passo que o movimento dos estados de cultura se exprime pelas travessias realizadas. Da epopeia, que fortifica a exaltação do herói, à poesia lírica, que acompanha o reconhecimento do indivíduo e da subjetividade, à primeira filosofia, que traz uma nova apreensão do mundo e do político. É com esta que a ruptura se produz, "ela fala contra o mistério". Então, a cidade-Estado poderá se definir na ausência da transcendência. O percurso de Yves Barel leva-o, antes desse termo, a um reconhecimento exploratório do deslocamento do lugar de produção do sentido, e das hesitações de ter de decidir a fim de retê-lo[12].

O sistemismo sufoca esse tempo de sobremodernidade, Barel enfrenta-o como caçador de paradoxo. Um sociólogo alemão cuja obra permanece pouco acessível em francês, cuja curta notoriedade na França deve-se sobretudo a uma tradução que tem como título *Amour comme passion* [Amor como paixão], enfrenta-o de maneira completamente diferente. Esse autor é Niklas Luhmann, sociólogo e teórico da complexidade, de formação filosófica e jurídica, que se situa na linhagem de Talcott Parsons,

---

[12] "A visão paradoxal de Yves Barel" (p. 186).

após uma temporada nos Estados Unidos durante os anos 1960. Num mundo em que as relações sociais são cada vez mais probabilistas depois das revoluções dos séculos XIX e XX, em que a ordem social torna-se mais incerta e a manutenção de seus sistemas especializados, "problemática".

Portanto, são os sistemas complexos e suas contingências que prendem a atenção teórica de Luhmann. Um "verdadeiro livro", segundo sua expressão, lhes é consagrado: o esboço de uma teoria geral do sistema social, depois de todo e qualquer sistema, mediante a abstração mais extrema. Ele reconhece três grandes sistemas autorreferentes: os sistemas orgânicos, os sistemas psíquicos e os sistemas sociais, cada qual com capacidade de distinguir o que lhe pertence propriamente e o que forma seu ambiente e constitui sua fronteira. Esta não é um fechamento, ao contrário, o nível de complexidade do sistema depende das relações cultivadas com seu ambiente. Quanto mais aberto, mais complexo.

Assim como para Yves Barel, a dinâmica dos sistemas existe continuamente em ação: o conflito, a contradição, o paradoxo lhes são necessários. São "discordâncias" entre dois movimentos – o do sistema e o do ambiente – que engendram a transformação das estruturas e, mais além, a evolução. Mais tarde, contudo, Luhmann toma dos biólogos o conceito de "autopoiese"; então, o sistema autossuficiente transforma-se num ator que dispõe de uma espécie de consciência e vontade próprias. O sistema constrói sozinho seus mecanismos, cria ele mesmo suas regras de funcionamento e as possibilidades de se pensar por si só. Os críticos denunciam então a imagem de uma "sociedade sem homens", logo, a de uma sociologia sem atores sociais.

Origem sociológica da antropologia

Vista segundo a dupla descendência e as filiações sucessivas, é uma singular história que liga um tio, Durkheim, a seu sobrinho, Mauss, na medida em que a fama do mentor estendeu durante muito tempo sua sombra sobre o pupilo, sobre sua visibilidade. Fundaram e estabeleceram juntos a sociologia francesa, deram-lhe um lar – o grupo de *L'Année Sociologique* – e bases científicas e universitárias. Seus inimigos e adversários os associaram num mesmo ataque, denunciando os perigos do positivismo sociológico, que devasta a filosofia e difunde as ideias subversivas do socialismo, que contribui para a irreligião ao mesmo tempo que valoriza o sagrado. Isso seria reagir à sua origem judaica rabínica e esquecer, ou rejeitar, suas contribuições constantes para o conhecimento da forma dos fenômenos religiosos segundo as sociedades e as épocas.

E também desconhecer que as duas figuras se definem por seus contrastes e não somente pela diferença de idade, que faz Durkheim dizer ao sobrinho: "Formei-te". À austeridade, à gravidade, ao espírito sistemático e à disciplina intelectual de um, opõe-se a liberdade mais desenvolta, a erudição mais aberta, a relação mais "elegante" (palavra de Péguy) com o mundo do outro. Mauss abre uma porta para a intuição e explicita seu gosto pela cultura aventurosa e inovadora, assim como pelo engajamento político de risco, o que atestam suas contribuições ao jornal *L'Humanité* e a várias publicações militantes. Mauss permanece fortemente ligado a *L'Année Sociologique*, tendo publicado sua segunda série, mas é principalmente da etnologia que permanece tributário. Contribui para a criação do Instituto de Etnologia da Universidade de Paris, onde leciona. Mistura e atrai intelectuais (Leiris, Paulme, Métraux, e muitos outros célebres, como Dumont ou Lévi-Strauss) e escritores (entre os quais Bataille, Caillois e Leiris) ao seu seminário da École Pratique des Hautes Études. Mais tarde, por boas ou más razões, os antropólogos o reivindicarão como patrono. Já Durkheim, precocemente falecido em 1917, permanece o fundador reconhecido da sociologia e o mestre de uma escola de pensamento – os durkheimianos, a cujo respeito já foi dito que formam a "seita" dos sociólogos.

Marcel Mauss foi por muito tempo menosprezado, mais presente pela palavra (seu seminário) do que pelos escritos, então a obra publicada e difundida contribui para sua fama ao ser reunida. Em 1950, ano de sua morte, Gurvitch publica em sua própria coleção, Bibliothèque de Sociologie Contemporaine, Sociologia e antropologia – reunião dos ensaios mais importantes – e pede a Lévi-Strauss para redigir uma introdução ao conhecimento de Mauss e da obra. No fim dos anos 1960, Victor Karady publica as *Oeuvres* [Obras], em três tomos, acoplando uma apresentação, a mais aberta das "leituras maussianas". Biografias virão a seguir, entre elas a de Marcel Fournier, da Universidade de Montreal. A celebridade cresce rapidamente, proliferam resenhas sobre a obra publicada, depois obras tardiamente descobertas, entre elas a tese inacabada tratando da prece. Até sua morte, em 1950, Mauss era reconhecido sobretudo pela eficácia de sua palavra por parte do círculo que recebia e transmitia seu ensinamento. Diziam que ele "sabia tudo", que sua erudição parecia infalível, que ele desconcertava com sua função de instigador empenhado em "desvelar o desconhecido", que aturdia com a abundância de ideias e intuições frequentes em sua expressão. Seus ouvintes ficavam siderados, cativados ao mesmo tempo pela sedução e pelas altas exigências.

A recepção dos textos acompanha o desenvolvimento da etnografia e da etnologia, e, depois, da antropologia, quando Lévi-Strauss estabelece a disciplina conferindo-lhe a denominação e a metodologia norte-americanas. O número crescente de estudiosos, a experiência formadora e discriminante do trabalho de campo (a pesquisa direta), a diversificação dos ensinamentos especializados, tudo desperta interesse que se estende às disciplinas que tratam das sociedades e civilizações de alhures. Tanto mais que as circunstâncias históricas colocam esse interesse em ressonância com o acontecimento, com as descolonizações e as revoluções terceiro-mundistas. Sob esse efeito, a antropologia politiza-se pelo atual – Mauss, aliás, deu um exemplo disso, apesar das advertências de Durkheim, convencido da necessidade de encarnar exclusivamente a "figura social do acadêmico".

As novas gerações de antropólogos se dividem em função da concorrência aberta dos pesquisadores e da rivalidade das "igrejinhas", a qual engendra a imitação do mestre e a clericalização de sua linguagem, mas todos reconhecem a ação fundadora de Mauss. Em mais de uma ocasião, expressei minha preferência: "sinto-me próximo dele, engajado numa situação intelectual que já era a de Diderot no século XVIII, muito mais que de Rousseau. Em Mauss, há uma espécie de turbulência"[13].

A bibliografia é imensa, de 1896 a 1948, 54 páginas de referências na biografia de Marcel Fournier. É verdade que as resenhas, testemunhos de uma cultura internacional construída com a pluma, ocupam um amplo espaço. Mas a abundância revela-se progressivamente *post mortem*, centrando atenção primeiramente em um número limitado de escritos: os ensaios sobre as técnicas do corpo, a tecnologia, a noção de pessoa e, principalmente, o *Ensaio sobre a dádiva*, de 1925. Este último, famoso, tem ao mesmo tempo um valor sociológico geral e a capacidade de inspirar explorações teóricas divergentes. Sob o primeiro aspecto, estabelece a concepção do "fenômeno social total", em que tudo se encontra em movimento, em que ele tem acesso ao "concreto, que é o completo". Sob o segundo aspecto, o *Ensaio sobre a dádiva* serve para legitimar o estruturalismo pela leitura de Lévi-Strauss, que valoriza sua estrutura lógica: a reciprocidade, a relação obrigatória dádiva/contradádiva, ao passo que pode igualmente justificar a antropologia dinamista. Nesse caso, o que se enfatiza é a injunção de conhecer as coisas sociais em seu movimento, no vivo e não na imobilidade cadavérica. Em suma, as coisas sociais tais como são em sua instabilidade e impureza[14].

---

13 Georges Balandier, *Le Dépaysement contemporain*, entrevistas a Noël Birman e Claude Haroche, Paris: PUF, 2009.
14 "O sobrinho de Durkheim" (p. 192).

Mauss provoca: "considera-se pouco afeito à vida intelectual", ainda que seja um dos protagonistas por seu modo de ensinar e seu poder de sedução, por seus escritos e sua influência, por seus compromissos e seu poder de polemista. Sua afirmação provocativa dá razão a suas críticas, a realidade trazida por sua obra lhe confere as retomadas da atualidade: uma nova edição crítica em nove volumes é publicada pela Presses Universitaires de France (PUF). Ela reaviva o trabalho de erudição e as "leituras" de seus biógrafos.

Mauss ligou sua própria vida à construção da etnologia e, involuntariamente, da antropologia, mas nunca esteve em campo. Suas leituras, que alimentavam uma vasta e espantosa cultura, e seus engajamentos políticos ocuparam esse lugar. Inversamente, a antropóloga estadunidense Margareth Mead, celebrada e muito ligada a todas as manifestações de sua celebridade, tinha paixão pelo trabalho de campo. Procurou todos os encontros que lhe revelassem "modos de humanidade diferentes", fazia da exigência do concreto – do campo de pesquisa – a condição de acesso à profissão de antropólogo. Após viagens a Samoa, Nova Guiné e Bali, que, por diferentes razões, estão na origem de sua celebridade, permanece com a mesma exigência em posição de novas observação e intervenção.

Foi casada com um antropólogo inglês que se tornou estadunidense, Gregory Bateson, tinham então em comum o mesmo território de pesquisa, a Nova Guiné, mas lá suas diferenças se acentuam. Estas, afora as diferenças relativas ao "temperamento", à história pessoal e à formação intelectual inicial, opõem duas concepções da antropologia. Uma (Mead) deriva do "desejo de proximidade", a outra (Bateson) do "desejo de distância". A primeira submete-se ao impacto do mundo exterior, ou melhor, deseja-o e vê nele uma exigência de utilidade: afirma sua crença na possibilidade de "encontrar soluções" para os problemas individuais e coletivos. A segunda pretende-se mais atenta à tradução psicológica das configurações culturais, bem como à sua patologia, como mostra seu estudo de "famílias esquizofrenogênicas". Progressivamente, o ceticismo governa sua conduta. Ele afasta-se das disciplinas científicas estabelecidas, progride rumo a mais abstração, à "pesquisa pura". É criticado por seu nomadismo intelectual, mas, de seu trabalho de campo etnológico, extrai a apreensão do social pelas interações e rupturas de sistema; de sua curiosidade cibernética, outra maneira de pensar a comunicação; de sua orientação para a psicologia e a psiquiatria, a descoberta do "duplo vínculo" [*double bind*] (contradição entre formas da lógica). Bateson termina sua vida no seio da contracultura californiana, ainda ateu, mas clamando por uma crença no sagrado.

Mary Catherine Bateson, filha de Margaret e Gregory, igualmente antropóloga, dedicou um livro a seus pais e à prática da antropologia deles "como paixão". Evoca as cenas familiares e seu círculo, revela duas realizações da antropologia a partir de uma mesma e primeira intenção. Uma exalta o trabalho de campo que aproxima, a outra, a ascese intelectual que leva a um conhecimento distanciado; uma se liga à manifestação múltipla das realizações do humano; a outra, à unificação das disciplinas que se empenham em conhecer o "homem geral".

Margaret Mead abre mais ainda o acesso às práticas da antropologia de campo, às maneiras de alcançar assim um saber continuamente novo – especialmente como fez a fim de expor as modelagens culturais da sexualidade. Defende a necessária adaptação ao "impacto do mundo exterior", a intervenção na situação de pesquisa para ali "ser útil", o apego ao concreto, aos detalhes, para evitar a simplificação a fim de melhor abstrair. Exprime com nitidez sua recusa de uma antropologia formal, lógica, que simula a conformidade "aos modelos de laboratório para verificação de hipóteses"[15].

O casal Mead/Bateson personifica dois polos da antropologia: o que busca conhecer a diversidade das

---

15 "Margaret Mead e Gregory Bateson: a antropologia como paixão" (p. 196).

realizações do humano (todos os homens) e o que busca conhecer o que é próprio do ser humano (o homem). O trabalho de campo situa-se, durante sua fase etnográfica, do lado do primeiro polo, a elaboração dos resultados da pesquisa empírica e de suas implicações teóricas aproxima-se do segundo. Na França, durante o período de reconstrução da etnologia e, depois, o do surgimento da antropologia, o contraste é menos visível, exceto pela antropologia estrutural de Lévi-Strauss, que ocupa com sucesso a segunda das duas posições. A primeira é ocupada com mais ambiguidade sob os aspectos do trabalho de campo único e privilegiado, salvaguardado a fim de alcançar um "conhecimento profundo" em virtude da duração da pesquisa – o que caracteriza o trabalho realizado por Griaule e sua escola entre os dogons do Mali. O estudo dedica-se à manifestação da diferença e de sua riqueza, à singularidade identitária mais que à busca múltipla das manifestações concretas da diversidade cultural e social, das realizações do humano.

A diferença francesa deve muito à influência de Mauss e dos durkheimianos sobre os fundadores, sobre a primeira geração de etnólogos. Foi o caso de Bastide, que se volta para Mauss muito cedo, desde a publicação de seus *Elementos de sociologia religiosa*, aludindo na época a seu projeto de tese sobre as condições sociais do misticismo. A relação entre os dois não foi adiante, a despeito de pontos de semelhança: mesma insaciável curiosidade pelos textos, mesma abertura intelectual, levada por Bastide até a prática literária, mesma variedade de interesses científicos, sobretudo pela atenção dada aos fenômenos religiosos, e mesmo engajamento político, mesmo vínculo com o atual.

Durante um colóquio na Sorbonne, sobre sua pessoa e sua obra, alguém lembrou: Bastide é um "transmissor". Ele lança pontes entre os durkheimianos e os weberianos, entre as disciplinas, rastreando o social em toda parte, até nos sonhos e na loucura, entre as civilizações, cujos "entrecruzamentos" ele estuda, sobretudo durante os anos em que morou no Brasil. É etnólogo, transmite e avalia a disciplina por seus ensinamentos, mas sua singularidade impele-o a denunciar a "superstição do primitivo", a ligar o "próximo" (aparentemente atribuído à sociologia) e o "distante" (de acesso mais etnológico, segundo as convenções disciplinares).

O trajeto de vida de Bastide tinha tudo para parecer previsível: da filosofia às ciências humanas, do liceu à universidade, à Sorbonne e à École des Hautes Études. Esse falso conformismo e a real discrição de Bastide enganaram quanto aos riscos assumidos – a escolha do "regozijo do abismo". Ele participa porque *sua* etnologia o implica. Seu estudo das religiões afro-brasileiras, na forma de uma delas, o candomblé, estimula-o à prática do culto e à crença viva que ela transmite. Isso o leva até o Benim, onde estuda sua origem, suas figuras reverenciadas, sua espantosa capacidade de resistência à passagem dos séculos, à deportação escravagista, ao modernismo e à hipermodernidade brasileira. Membro de um terreiro, de um grupo de fiéis da "Bahia de Todos os Santos", ele respeita não só suas marcas distintivas, entre elas um discreto colar de filiação, como também os interditos alimentares. Não assiste ao culto como observador-espectador, pratica-o até o limite da queda no transe. É acompanhado por ele até o momento derradeiro, quando seus despojos se vão, saudados pelo batuque dos tambores do candomblé.

O que intelectualmente apaixonou Bastide situa-se em dois registros: o "encontro" de civilizações e grupos sociais opostos por suas diferenças; e a dinâmica dos modos de relação que o indivíduo entretém com situações que põem à prova sua adaptação, seus processos identitários, suas defesas pelo imaginário. Ele procurou essa experiência, os domínios de aplicação de sua antropologia provam isso tendo a mística, o sagrado, o transe, a loucura por objetos de estudo. Bastide admite ter sentido a sedução dos abismos, corrigida por uma busca constante da "racionalidade do irracional".

Revelou, pelo apoio institucional que concedeu, sua conivência com um antropólogo singular, estabelecido nas fronteiras da psicanálise, contrabandista dos saberes e antigo aluno de Mauss: Georges Devereux. Com um itinerário de vida que passa por grandes tormentas e incertezas identitárias, Devereux, judeu húngaro que virou romeno após a queda dos impérios centrais, exilado em Paris e francês por afinidade, depois estadunidense, após pesquisas efetuadas nas reservas indígenas, atravessa essas peripécias em busca de sua intangível identidade. Muda de nome e de religião, tornando-se cristão, e tem a obsessão do suicídio.

Devereux, por seu percurso agitado, mostra a que grau o vivido biográfico se insinua na escolha de uma disciplina científica e na maneira como é praticada. Toda pesquisa traz em si inscrições autobiográficas. Devereux reconhece não poder trabalhar senão por "afinidade". Prefere as culturas do sonho e do imaginário às culturas demasiado "ritualistas". O que o liga aos índios das planícies norte-americanas, de quem afirma ter arrancado o "melhor de si mesmo". Traduz sua afinidade em ajuda psicoterápica, o que, ele sabe pela ciência, deve ser parte do remédio para doenças pessoais e sociais. Segue Bastide, praticando, segundo sua própria experiência, uma possível antropologia aplicada.

Seu livro dedicado à "psicoterapia de um índio das planícies" revela isso sem ambiguidade. Ele não se detém numa culpa que não é sua com relação aos povos indígenas dizimados. Empaticamente, sente-se próximo dessas pessoas que sofrem com o impacto de suas derrotas. Quer conhecê-las melhor para ajudá-las a remediar seus sofrimentos subjetivos. Faz isso e opera um deslizamento da etnologia de campo para a etnopsiquiatria, que diferencia as doenças mentais segundo as culturas em cujo seio elas nascem. Na verdade, segundo Devereux, a antropologia deve alargar seu campo de intervenção, visar a ser uma "ciência teórica da ação humana"[16].

A antropologia francesa tem uma referência original: Mauss. A antropologia inglesa atual extrai suas figuras

---

16 "Bastide e Devereux, na fronteira dos saberes" (p. 200) e "O sobrinho de Durkheim" (p. 192).

dominantes da confrontação das escolas e universidades onde elas se situam. Oxford, com seu instituto de antropologia e seu *college* de excelência, All Souls, tem a cara de Evans-Pritchard. Cambridge, em contrapartida, tem diversas figuras de referência, que de certa forma conduziram guinadas: Fortes, Leach, a despeito de sua "opção pela heresia", Goody, pela vasta curiosidade. Manchester, onde o engajamento político resulta numa antropologia mais crítica, sob o impulso de Gluckman. Todos têm percursos singulares, mas a passagem pelo ensino de Malinowski leva-os à antropologia exercida num campo que os qualifica.

Entre eles, Jack Goody, que se "confessa" em entrevistas recentes. Ele descobre a força de sua diferença: homem em movimento constante, de curiosidade sempre alerta e anticonformista por paixão. A mobilidade, mas com uma ancoragem regularmente redescoberta: a das iniciações entre os dagabas de Gana. Sua fidelidade não é um fechamento, ele recusa o cercado que isola, que engendra os especialistas ou eruditos minúsculos. Percorre o mundo para multiplicar as observações e fundamentar melhor suas comparações. Alimenta-se com avidez de numerosas leituras, uma paixão de enciclopedista que o aproxima de Mauss e Bastide. Ela enriquece a obra, nutre a diversidade de seus objetos: o parentesco e a família, a oralidade e a escrita, o mito e os ritos, o feudalismo e o Estado, e, com igual atenção, a cozinha ou o cultivo das flores. Essa vasta curiosidade abre para diversas contribuições, derruba as divisórias, situa a antropologia na vizinhança não só da sociologia como também da literatura, da linguística, das ciências cognitivas. O ofício de antropólogo se faz no campo, sem insistência profissional definida, ainda não é uma tecnoatividade com fraca exigência de cultura pessoal.

Goody situa-se no nível correto quando estuda as relações entre oralidade e escrita, sua interface e a passagem de uma a outra. Não reduz os efeitos da passagem à escrita, a revolução que ela produz ao modificar os meios de comunicação e a "tecnologia do intelecto", as relações sociais e, finalmente, as mudanças referentes à cultura. A realidade é apreendida de modo completamente diferente, é mais abstrata e revela-se propícia à aceleração do "movimento rumo à ciência". Goody considera sobretudo a coexistência das duas tradições, os usos do discurso e da escrita aos quais o indivíduo moderno está atrelado; com essa preocupação, recorre aos ensinamentos tirados de sua experiência de antropólogo africanista, de sua cultura também. Diferencia as aproximações, começando por cotejar a literatura da Grécia, no tempo de Homero, com as literaturas africanas contemporâneas. Mostra não só como a oralidade e a escrita interagem, mas também as modificações da memorização, da transmissão, e a desigualdade de classe que a linguagem introduz a partir do momento da escrita.

Em sua "confissão", Goody delineia a ambição de seu projeto: "lançar pontes entre a antropologia e a história ou os estudos contemporâneos". Donde resultam seu método e sua teoria. Eles conduzem a apreender os fenômenos sociais em seu devir, considerando a complexidade das relações que os implicam, a mobilidade de suas significações. Isso requer a presença e o tempo, o trabalho de campo, a duração ou a retomada da pesquisa empírica e a identificação-utilização das situações mais reveladoras. O método, mas não como substituto do pensamento criador. Goody sabe que é preciso conceder-lhe liberdade, preconiza uma "etnologia pessoal" levada até um procedimento "relativamente caótico".

Essa liberdade é o que ele utiliza na interpretação do mito fundador dos dagabas, recitação registrada, gravada, interpretada em várias oportunidades. Recusa uma leitura fixista, a comodidade do formalismo. Mostra o mito como uma *produção contínua* que se efetua por "adaptações criativas". Dá livre curso à sua verve crítica, ataca os trabalhos que costuram fragmentos de mitologias, lançando sobre eles o peso das "intuições pessoais". Leva sua verve até a desconstrução das antropologias estabelecidas – britânicas, norte-americanas e francesas – não totalmente desvencilhadas do "monoteísmo estruturalista". Repete o que se tornou uma escolha obsessiva: "considerar os acontecimentos de nosso tempo na perspectiva crítica ampliada"[17].

O rito põe o mito em ação com sua forte carga de simbolismo. Não é passível de expulsão, mesmo nas sociedades contemporâneas mais tecnicizadas. Acompanha sempre as práticas religiosas, festas e celebrações, mantém-se no espaço privado. Isso pode ser a resposta a um sentimento de falta na modernidade, à fascinação que a pujança ritual sempre exerce. Sentimos necessidade dela, ao mesmo tempo que nos interrogamos sobre essa eficácia que permaneceu independente das máquinas inteligentes e do economicismo triunfante.

Um antropólogo explorou mais que outros o universo dos ritos, Victor Turner. Britânico, formado em antropologia em Londres e Manchester, fez seu trabalho de campo na Zâmbia, entre os ndembu, em meio aos quais detecta contradições e tensões da sociedade, os "dramas sociais". Essa pesquisa leva-o a apreender a oposição entre estrutura (o instituído) e *communitas* (a experiência dos limites e do sonho), sendo que esta "surge ali onde a estrutura não está". A interpretação do rito ocupa um espaço em tal configuração.

Turner observa o rito em ato antes de definir o que o identifica. A prática ritual engaja a "pessoa inteira" e, além disso, põe em movimento a sociedade e a cultura em sua integralidade e, mais além, a natureza, capaz de inversões nefastas. O rito, fator de "ordem e autoridade", intervém nas cenas sociais em que o perigo, a violência, o medo de transgredir e a aflição permanecem atores do "drama". A correlação se exprime numa espécie de lei: "A uma grande multiplicidade de situações conflituosas corresponde uma grande frequência de cerimônias rituais". A linguagem do conflito e da culpa conhece assim sua maior extensão.

---

17   "À flor das palavras" (p. 205) e "O antropólogo confesso" (p. 202).

Em seguida, o conteúdo do mito é identificado: ele se exprime por intermédio dos símbolos, dá acesso aos "mistérios", é uma liturgia de ordem a serviço da vida social e individual. Mas Turner também é fascinado pelo oposto, pelos *ritos de inversão* que subvertem a ordem estabelecida, acentuam as rupturas num primeiro período e depois respondem ao desejo de ordem que revigoraram. Durante a transição, o vivido imediato na desordem prevalece sobre a submissão aos códigos, às regras, às obrigações da existência ordinária[18].

A valorização do excesso e da ruptura dos limites encontra-se igualmente nos trabalhos dos historiadores, por exemplo o italiano Piero Camporesi, que explora a "antropologia nova" nascida após o Renascimento. Seus ensaios associados compõem "uma antropologia e uma teologia barrocas". A provocação do barroco reaparece assim com suas conotações de excesso, de mistura, de estranheza, que lhe conferem o aspecto de um paroxismo do bizarro. Ele se situa num período de transição, entre um classicismo em declínio e um neoclassicismo exuberante na segunda metade do século XVIII. É um tempo de misturas: para as artes, ao caracterizar uma nova estética, para as visões antagônicas do mundo, do homem, da vida, em que alguns reconheceram uma manifestação da consciência inquieta.

Camporesi evoca "o vento da ebriedade anatômica" sob o qual viceja o "atroz desejo de saber". Impele a interrogar com paixão – mais do que com os meios da ciência nascente – o corpo do homem. Adentra zonas proibidas a fim de nelas observar o "segundo universo": a curiosidade anatômica torna-se uma *descoberta*, uma exploração estarrecedora e espetacular, a da natureza e de seus segredos. A anatomia e a autópsia oferecem referências mentais ou culturais, engendram inúmeras analogias, metáforas, imagens, alimentam múltiplos jogos de correspondências. Estes ligam o simbólico ao real, o figurativo ao poético e ao erótico.

---

18 "O rito e a festa segundo Turner" (p. 210).

Mas uma anatomia negativa se opõe a outra, o corpo, objeto de deslumbramento é, então, associado ao imundo e ao lodo. Da mesma forma, na antropologia barroca dos alimentos e da cozinha, em que os alimentos são definidos por oposição – o queijo "maldito" oposto ao leite, líquido nutriz primordial –, por encontros e desencontros. Em ambos os casos, é traçada uma fronteira entre a civilização e a barbárie, que revela ao mesmo tempo uma "bivalência primordial" estabelecida entre a humanidade e a animalidade, entre o puro e o imundo, entre o alto e o baixo.

Camporesi mostra que o barroco introduz, simultaneamente à nova arte das *villas* e dos jardins, uma verdadeira "teologia vegetal". Constata que o fruto, como a maçã do Éden primitivo, é um condensado de ambivalência. O imaginário do pecado e da morte, essas obsessões da consciência barroca, anula a suculência dele pela putrefação, os frutos degradam-se em "alimentos macabros". É o imaginário desenfreado que engendra elaborações profusas, exasperadas por um período em que se consumam grandes transformações.

A antropologia barroca assemelha-se à das modernidades sucessivas, interroga subterrâneos da cultura para deles receber o sentido de um devir oculto. Elabora e acumula formas culturais de transição mais audaciosas, desconcertantes. Resulta das tensões entre ordem e desordem, entre deslumbramento e angústia, entre incerteza e apego constante a certezas remendadas[19].

Após a queda das dominações coloniais, a outra grande transição do século passado, após as guerras de libertação e os conflitos terceiro-mundistas, a prática da antropologia clássica logo parece duradouramente posta à prova. O acesso ao campo de pesquisa antes aberto pela autoridade colonial é objeto de interrogações. O novo poder pode radicalizar a recusa, não consentir na "antropologização" das pessoas e dele mesmo, exige especialistas

---

19   "A provocação do barroco" (p. 213).

em desenvolvimento modernizante mais do que antropólogos "como antes". As novas gerações e seus intelectuais denunciam o comprometimento dos antropólogos durante a situação colonial, fornecedores de uma informação científica do sistema de dominação, exceto por uma minoria engajada, que assumiu o risco da solidariedade libertadora. Pecado original que desacredita a disciplina advinda "do exterior dominador" e do qual nos desvencilhamos por reapropriação do olhar voltado para as culturas e sociedades africanas. O saber sobre a África abre-se então para outra concorrência proprietária.

A incerteza dos antropólogos tem efeitos opostos. Uns produzem uma ciência social partilhada com pesquisadores nacionais que se multiplicam, que praticam alianças ao mesmo tempo locais e contraídas entre instituições nacionais. Outros se retraem em campos, temáticas de substituição, na "casa deles": contribuem para a descompartimentação da sociologia, para certa "antropologização" das ciências sociais. Outros ainda atualizam a antropologia mediante um foco no acontecimento. Com a mundialização revelando a necessidade de conhecimentos disponíveis sobre os povos do além-Ocidente, os antropólogos são solicitados; tornam-se informantes e comentadores. Além disso, uma literatura globalizada, igualmente partilhada, se realiza ao manifestar certos aspectos ignorados: as palavras denunciam todas as dominações.

Numa configuração tão instável, a antropologia clássica se dessacraliza como ciência da diversidade, da aprendizagem das outras realizações da humanidade. Os próprios antropólogos praticam a autoironia, zombam de suas experiências de campo, dos trotes e gracejos que os visam à sua revelia. É o que faz um deles, Nigel Barley, do British Museum, ao publicar os resultados de um estudo realizado entre os dowayos de Camarões, pessoas reputadas "selvagens e ariscos". Ele capta rapidamente como estes o veem à primeira vista: um "imbecil sem malícia", desajeitado até a obscenidade involuntária durante sua aprendizagem da língua, utilizável pela capacidade de dispensar algumas vantagens e prestígio. Fica com um pé atrás, não quer ceder à "carolice" do antropólogo que forja uma crença a partir do que lhe dizem. Sabe que é um observador observado com curiosidade e ironia. Aprende que é preciso dar bastante tempo ao tempo, um ano até ser verdadeiramente aceito, até praticar a língua com mais desenvoltura, harmonizar-se com os ritmos sociais e ingressar nas relações de troca e convívio. Então a confidência e a amizade daí resultantes tornam-se possíveis, o antropólogo não é mais visto como aquele que "engole tudo". Transforma-se em defensor contra os efeitos dos preconceitos dos burocratas locais, em advogado dos dowayos, engajados numa luta contínua contra a hostilidade do ambiente e seus medos.

Alguns anos mais tarde, Nigel Barley prossegue sua pesquisa na Indonésia, nas Celebes (Sulawesi), após o desamor da África, das "sociedades exóticas" demasiado provedoras de "estruturas a descobrir" (alusão irônica ao estruturalismo) e com menos "pessoas a encontrar" (alusão a uma falta de personalidades notáveis). Sua viagem e sua estadia indonésia são a princípio pobres nesses encontros desejados e, depois, incertas quanto à verdadeira passagem da "fronteira etnológica". Seus primeiros contatos, ao longo de um trajeto "irreal e pesadelar" e na chegada, são reveladores de um universo abastardado, um "*no man's land* do Leste e do Oeste". Antes de chegar ao campo, não encontra senão uma mistura dissuasiva de pessoas, não apenas burocratas e figurões pouco confiáveis, mas sobretudo turistas que querem ver e saber tudo rapidamente. Ele arde de impaciência de estar no novo campo etnológico, entre os torajas, gente da montanha, antigos guerreiros e conhecidos por seus bonecos funerários de madeira. Vai para lá, se estabelece, não sem ser manipulado, desconcertado e desconcertante. Encontra um toraja técnico em informática formado no MIT, de volta à aldeia para reinterpretar o ritual consagrado à vestimenta dos mortos recentes, uma mulher aburguesada na Holanda, que tinha ido honrar seus mortos exibindo seu casaco de pele durante a cerimônia, e um liceano intermitente, rizicultor por necessidade familiar, convertido em guia e assistente.

É por seu intermédio que Barley conhece *o* avô, guardião das tradições e escultor, verdadeiro *herói* da narrativa etnológica. O antropólogo descobre que a tradição é transmitida através de uma distância crítica. As práticas conformes são ao mesmo tempo respeitadas e adaptadas. Os mitos, as palavras do sagrado e os ritos deixam uma abertura para outras justificações das decisões e ações, sempre. O tradicional também sabe fazer uso da modernidade sintonizando-se com ela: o cristianismo de fachada recebe o complemento necessário (até mesmo essencial) da religião antiga, e o próprio turismo traz recursos financeiros propícios a todas as inflações rituais.

A arte de construir e esculpir dos artesãos torajas fascina o antropólogo, com uma consequência desconcertante. Quando retorna à Inglaterra, Barley propõe a formação, no British Museum, de uma pequena equipe de escultores torajas, encarregada de construir e esculpir um grande silo de arroz. A empreitada exige dois anos e cinco viagens. Mais ainda que a estética refinada, o que espanta os londrinos é a capacidade de adaptação dos artesãos torajas à vida cotidiana de uma megalópole estrangeira. Mediante a observação de seu ambiente, o rigor matreiro de suas reflexões, eles inventam uma forma de etnologia invertida. Os que vêm visitá-los são objeto de seus gracejos, que os conduzem a uma reflexão sobre as imperfeições de seu mundo habitual.

Nigel Barley conclui assim apontamentos livres sobre a prática da antropologia, em que a parte do acaso e do envolvimento pessoal é grande, em que se sucedem sequências felizes e fases de pesadelo. Sua escolha é clara: privilegiar os encontros com "pessoas" antes de se preocupar com generalizações, com a originalidade teórica[20].

---

20   "Alhures, longe da modernidade" (p. 217) e "A antropologia como gaio saber" (p. 220).

Clássicos, menos clássicos

Os novos campos etnológicos ou etnologizados continuam a desconcertar, ao passo que temas clássicos voltam sob nova roupagem, por provocação do atual. Um deles, confrontação "da natureza e da cultura", se atualiza sob pressão das obrigações ecológicas, dos movimentos de luta contra a poluição e a degradação das condições naturais de toda existência. A ecologia teórica, da qual Dominique Bourg foi um precursor, examina primeiramente a natureza em todos os seus estados. A constatação é um começo, mas políticos e ideólogos apoderam-se dela, que é entregue então às emoções e paixões. A polêmica dá forma a oposições radicais. De um lado, sociedades conquistadoras centradas na potência transformadora, que o movimento de expansão técnica acelerado e o economicismo ascendente tornam "agressivas" em relação à natureza. De outro lado, sociedades oriundas de tradições opostas, capazes de cultivar uma convivência e relações mais harmônicas com a natureza: o hinduísmo designa-as como sociedades do "homem em natureza". A bipartição é enganadora, uma simples comodidade retórica. Ela ilude quanto à manutenção dos sistemas culturais em sua ordem, ignorou a sedução imitativa dos instrumentos da potência continuamente produzidos pela hipermodernidade, ali onde a desnaturação é vivida como "destino".

Dominique Bourg intervém primeiramente em sua condição de filósofo, em seguida na função de ecologista político. Afirma: todas as *nossas* representações da natureza são marcadas por um antropocentrismo incontornável; *nossa* capacidade de agir sobre a natureza nos separa dela, ao mesmo tempo constituindo-a em fonte dos valores. Ele afirma o "direito a dispor de uma terra plenamente habitável", o que obriga a definir "menos os direitos da natureza do que os direitos para com a natureza". Sua conclusão política é radical: a mudança profunda de *nossas* relações com a natureza impõe uma "reorganização profunda de nossas sociedades".

A questão política está posta, a resposta permanece em forma de desafio. Outras respostas se oferecem. Umas, como faz a antropóloga Mary Douglas, promovem um "ascetismo ecológico" ou uma extensão da responsabilidade incluindo todos os seres naturais. Outras esperam qualquer solução oriunda de um saber especialista, não obstante muito pouco informado e sofrendo em demasia os efeitos da urgência e do bloqueio dos interesses opostos. Outras ainda encontram no ecologismo uma fé ou ideologia de substituição. A saída passa necessariamente pelo político, seja qual for o acesso[21].

Natureza e cultura revelam-se numa forma mais poética, mais nostálgica também, quando o imaginário define seus territórios. A tradição traçou, em toda parte e duradouramente, uma fronteira que separa o espaço civilizado pelos homens do espaço abandonado à natureza selvagem. É a partilha em oposição entre o que constitui a cidade e o que se estende para além dos muros. É uma partilha frágil e ambígua, como se cada um desses universos quisesse retomar do outro o que lhe concedeu.

Robert Harrison, historiador da cultura, parte do mais remoto dos horizontes históricos: quando as florestas tinham seu lugar, ali onde uma memória do imaginário cultural se construiu sob a cobertura florestal. O Ocidente desmatador ergueu suas civilizações sucessivas – as instituições, a religião e o direito, a família e a cidade, onde o pensamento se estabelece – à custa da natureza primária. Desde a Antiguidade, a civilização ocidental se define em oposição às florestas, numa relação com a natureza "instaurada como um trauma" que dá origem aos primeiros mitos. Da Idade Média ao Renascimento, o recuo das florestas se acelera: elas se tornam ainda mais um exterior, "um mais aquém ou um mais além da humanidade". A possessão do mundo se sucederá pelos caminhos desbravados por Descartes, até a atual tecnicização generalizada que se consuma em mundialização.

---

[21] "A natureza em todos os seus estados" (p. 225).

Harrison mostra isso, a floresta perdida ressurge periodicamente do imaginário, por meio da cultura popular e da revitalização dos simbolismos. Ela reaparece para significar que essa "fronteira de exterioridade" não pode desaparecer sem angustiar. Harrison conclui sobre esse tema: o homem não reside na natureza, mas em "sua relação com a natureza"[22].

O segundo tema concerne à temporalidade e ao movimento histórico; a antropologia ensinada começou por negá-los a ambos, fechando-se num primitivismo singular. A sociedade e a civilização ditas "primitivas" são vistas como estabelecidas numa forma de *eterno presente*, no tempo da repetição, da reiteração, não no tempo linear da mudança. O mito fundador e os ritos seriam os meios de um presente sem fim, logo, sem bifurcações nem rupturas, a transmissão se efetuaria pela tradição mantida e conservadora. A consequência lógica é a negação da historicidade, as sociedades consideradas primitivas – serão designadas "primevas" mais tarde – são postuladas sem História, quando não sem histórias ou *dramas sociais*. Essa falta declarada é central, as outras faltas se sucedem; são sociedades do "sem", segundo minha própria fórmula crítica: sem história, sem monoteísmo revelado, sem tecnologia acumulativa, sem separação do político etc.

Sociedades da falta, sociedades do "sem", são também a figura invertida das sociedades desenvolvidas e geradoras das modernidades dominadoras. A situação colonial foi o terreno no qual uma antropologia e uma história imperfeitas e ideologizadas construíram o primitivismo. O raciocínio antropológico perdeu de vista as exigências de seu devir científico, permitiu que se desenvolvesse uma antropologia de conivência com os dominantes, sejam quais forem. O efeito político não desapareceu: um ex-presidente francês afirmou que o infortúnio africano tinha como causa o não acesso de todos os povos do continente à História.

---

22   "O imaginário extramuros" (p. 228).

Os efeitos, defasados por muito tempo, falsearam a interpretação antropológica. A posição dos "primitivos" com relação aos "civilizados" se deslocou: à coesão dos sistemas sociais "tradicionais" opõem-se os desajustes e a instabilidade contínua das "sociedades de modernidade". À permanência dos primeiros opõe-se uma leitura linear da evolução e do desenvolvimento histórico. É a teoria das etapas, um único sentido do percurso a realizar deixa os primeiros muito para trás, ao passo que as sociedades "desenvolvidas" aceleram seu avanço. Dominação de uns e dependência dos outros, assim se apresenta o desafio do percurso imposto e desigualitário.

O antropólogo Nicholas Thomas, especialista nas sociedades da Polinésia Oriental, põe-se a atacar os males que falseiam o discurso antropológico. Segundo ele, tudo conduz a provocar a cegueira dos pesquisadores, à recusa da temporalidade – à colocação "fora do tempo", ele diz, e, mais precisamente, "fora do tempo confuso dos acontecimentos e ingerências", principalmente coloniais. Um deslize, portanto, que gera "erros teóricos e contrassensos quanto aos fatos". Nada nem ninguém, entre os astros da disciplina, escapa a uma verve polêmica devastadora. Tanto as monografias sem data quanto os estudos que mascaram a carência com um suplemento sumário concedido às "mudanças", quanto as pesquisas da antropologia neomarxista, que reaviva um evolucionismo dos estágios e das etapas, a ideia de um percurso único ao qual toda formação social está atrelada.

Como compreender a "persistência de ideias desacreditadas"? Por um retorno ao começo, pela própria definição do objeto que funda a antropologia, por sua confrontação com a diferença múltipla das sociedades humanas e seu tratamento de orientação científica. Seja a pesquisa das raízes da diferença no sistema das simbolizações e das representações coletivas, seja a superação da diferença pela busca de leis funcionais ou formas estruturais, que permitem generalizar reduzindo, por meio da lógica, a grande diversidade das sociedades antropologizadas. Nicholas Thomas propõe, para além dessa crítica das origens, uma "reconstrução" da disciplina. Denuncia a arrogância dos profissionais que os faz negligenciar os trabalhos "pré-científicos" e sobretudo os testemunhos, documentos, descrições com origem desacreditada – tudo que atualmente estaria na alçada dos *subaltern studies*. Ainda mais que é denunciada, no mesmo movimento, a prática antropológica do recurso a informantes privilegiados, a seleção dos dados propícios à teoria escolhida e não isentos de pressuposto. Em conclusão, as descrições dos especialistas devem ser "questionadas". Após a leitura de Mauss, podemos acrescentar[23].

A confrontação com a antropologia estabelecida requer personalidades singulares, pouco preocupadas em se vincular ao conformismo disciplinar recompensado. Singulares por sua abertura a várias disciplinas, por sua prática exercida em campos contrastados, pela exigência intelectual que fortalece o intercâmbio mantido com os filósofos. O italiano De Martino era uma delas, até mesmo por um reconhecimento universitário tardio no fim de sua vida. Nem facilmente classificável nem dócil, fizeram-lhe pagar por sua pouca complacência. Era uma personalidade multidisciplinar: historiador das religiões, filósofo formado por Benedetto Croce e sob a influência do idealismo neo-hegeliano, depois, do historicismo italiano, que o aproxima de Gramsci, além de etnólogo de campo e folclorista, aberto à utilização da psicologia e da psicopatologia, foi criticado por ceder às facilidades do ecletismo. É Gramsci que o incita ao estudo das sociedades camponesas da Itália mais desprovida, as do Sul pobre e separado, dissociado da cultura dominante e da modernização. Daí nascerá seu livro mais célebre – *La terra del rimorso* [A terra do remorso] –, que interpreta o que subsiste de um culto de possessão nascido na Idade Média, associado à tarântula, ainda conhecido e praticado sob o nome *tarantismo*.

---

23 "Um antropólogo em busca do tempo perdido" (p. 232).

De Martino aborda a antropologia analisando seu próprio método de pesquisa. Dá preferência ao que continua a perturbar o senso comum, em especial "a polêmica antimágica". Seu método não dissocia o comparativismo antropológico nem da história, que permite acessar a gênese das configurações culturais, nem da psicologia, que dá acesso ao enraizamento subjetivo dos fatos estudados. Ao mesmo tempo afirmando uma posição radicalmente laica, ele destaca a necessidade de não subtrair à jurisdição da razão o interesse voltado para a magia, o mito e a religião. Sugere uma teoria dos dois universos contemporâneos: "Ao lado das técnicas científicas, continuamos a dar um valor imediato às técnicas mítico-rituais". Para esse segundo âmbito, ele mostra e demonstra com seus próprios trabalhos que convém tratá-lo como um fenômeno cultural total, considerá-lo uma resposta às crises individuais e coletivas. Esta responde ao compensar as "crises da presença" (no mundo, na sociedade, na história imediata), com o enfrentamento com a "potência do negativo" e a capacidade de enfrentar situações insuportáveis.

O estudo do tarantismo realizado na Apúlia, num meio camponês pobre e continuamente conturbado, acrescenta ao conhecimento da possessão que resulta na desordem do espírito e do corpo. O "remédio" não deriva da competência médica, mas da análise cultural, deve ter um efeito total, pois o transe inicial põe em jogo a doença, o infortúnio, o mal, o remorso e as relações simbólicas que socializam. A catarse tarantista não se efetua senão conjugando a palavra, a música, a dança, a potência positiva das cores. A "terra do remorso" é a da miséria e do mal social recorrentes, mas não se vincula apenas às terras da aflição, está em toda parte onde se estender "a sombra do passado nefasto"[24].

A defesa, por parte dos novos antropólogos, de um recurso à história revela mais que a mestiçagem das

---

24 "Ernesto de Martino, um decifrador de crises" (p. 236).

civilizações, mais que os efeitos em ricochete do passado nefasto. O das tragédias, e não somente o passado das incompreensões desastrosas: povos e civilizações soçobram na esteira dos Descobrimentos, deportações em massa movem a economia servil das nações então dominantes, que se tornaram as beneficiárias do mundo da *plantation*, colonizações sucessivas tiram proveito da grande remodelagem dos mundos remotos onde se aniquilam as culturas indígenas e a liberdade dos povos de serem eles mesmos. Mas há momentos em que a história (minúscula) se torna História (maiúscula), em que o mal-entendido e o incidente tornam-se acontecimento histórico. São guinadas que têm função de reveladores, fazem aparecer tudo que foi posto em jogo pelo pequeno drama inicial. O antropólogo em campo pode nele ver uma possibilidade de pôr à prova que recuse suas "leituras" quando ele sobrevém.

É o que revela Marshall Sahlins, especialista nas culturas e sociedades do Pacífico, ao analisar as peripécias do encontro fatal de Cook com os polinésios. De um lado, a narrativa: do desembarque nas ilhas Havaí até o assassinato executado por um jovem guerreiro notável, transformado em sacrifício pela exigência popular. De outro lado, a exploração da "aventura" pela teoria antropológica. Sahlins distingue os três parceiros envolvidos na acolhida triunfal da chegada. A tripulação seduzida pela descoberta das ilhas bem-aventuradas, em especial das mulheres, são marujos em regozijo. Depois Cook e os polinésios, para quem tudo começa na falta de comunicação cultural e no mal-entendido. O mito dá um sentido ao acontecimento e uma identidade ao capitão, quando ele aparece com sua tripulação e seus equipamentos. Cook é aquele que vem de alhures, das regiões invisíveis, terra das divindades soberanas e dos antigos reis. É assemelhado a Lono, "deus-ano", deus da renovação e adorado como tal até o momento em que seu papel na expansão comercial britânica o desqualifica. Um simples incidente – o roubo de uma chalupa – engendra o processo dramático, um assassinato, que se transforma em sacrifício sob a pressão do povo. Esse sacrifício opera a inversão, "entroniza [Cook] como divino predecessor dos chefes supremos havaianos".

Dessa aventura trágica Sahlins extrai ensinamentos que exprimem sua concepção da antropologia. Ele restitui a história aos povos do Pacífico. Mostra como o imprevisível e o inesperado absolutos, dotados de sentido pelo mito, podem assumir forma de acontecimento e engendrar a ação de alcance histórico. Inaugura a crítica do estruturalismo, que decreta antinômicas "a história e a estrutura". Restitui a vida a esta última: as estruturas carregam em si a contradição; constituídas pelo movimento das relações, adaptam-se continuamente às situações e conjunturas. Há, portanto, jogo e, consequentemente, história, com modos de historicidade diferentes segundo as culturas. A História torna-se, assim, plural[25].

Pode a história das vidas, sua configuração em narrativas, contribuir para uma reapropriação da história por aqueles que são seus atores, contribuir para a passagem do olhar exterior (do antropólogo) para o olhar interior (do ator)? A oralidade reforçava a supremacia do primeiro desses dois olhares, o antropólogo organizava e transmitia o que recebera de suas informações e dos tradicionalistas. É a passagem à escrita, tornada possível pela alfabetização, que possibilita o advento de autobiografias nativas, que engendra em seguida as "literaturas do mundo". Especialistas literários consagram-se ao estudo dessas narrativas, em que se revela a maneira como as pessoas de alhures "falaram de suas vidas". É o que David Brumble, inicialmente especialista em literatura inglesa, empreendeu, empenhando-se na decodificação de autobiografias de índios norte-americanos. Perto de seiscentas biografias são analisadas num livro em que a crítica textual se

---

25 "A última aventura do capitão Cook" (p. 240).

transforma em crítica antropológica: um universo inteiro se desvela de outra forma, o das civilizações ameríndias devastadas e da queixa pelas palavras, desfazendo a epopeia norte-americana da conquista do Oeste.

Falas indígenas são recolhidas, histórias de vidas, primeiro por iniciativa de amadores engajados na reabilitação da memória indígena, em seguida a pedido de antropólogos e sociólogos profissionais. Estes começam por ser coautores suspeitos. David Brumble os denuncia, mostra o outro lado da moeda. Pesquisadores-patrocinadores direcionam as informações geradas pela necessidade de sua própria pesquisa. A autobiografia escrita o é segundo nossa concepção do relato autobiográfico e segundo nossa maneira de conceber seu movimento narrativo; por conseguinte, a linearidade temporal contradiz a temporalidade indígena descontínua; resulta daí não *uma história*, mas *histórias* distintas, todas colocadas sob o regime do momento da escrita.

O ataque principal incide sobre o celebrado relato de um índio hopi, Don Talayesva, ameríndio, mas com duplo pertencimento cultural. O livro intitulado *Sun Chief* [Chefe Sol] é de fato uma obra conjunta, escrita sob encomenda e com a colaboração de um socioantropólogo, Leo Simmons. A crítica direta e indireta recai sobre o próprio procedimento. Contesta diretamente a seleção dos materiais e o envolvimento do narrador exterior por sua exigência de uma escrita "subjetiva". Denuncia indiretamente a ambiguidade do texto: de um lado, ele se pretende revelador do pensamento e das crenças indígenas; de outro, se apresenta como um escrito já científico em suas contribuições modernas de espírito antropológico.

Os antropólogos aprenderam a querer que a história do narrador fosse cada vez mais a dele e a obter isso. A escrita indígena se liberta traduzindo uma experiência pessoal intensa, uma história coletiva dolorosa. A forma autobiográfica é cada vez mais bem domesticada, as pessoas distantes tornam-se mais próximas: sua experiência se deslocaliza, se desespecifica parcialmente e alcança um objetivo mais universal, elas escrevem para si mesmas, para seu povo e para outros fora de seu mundo. Suas narrativas começam a construir a literatura do "todo mundo", a crítica literária as comenta, a antropologia atenta para isso e recebe sua própria crítica, nascida sob um olhar completamente diferente[26].

---

26 "Falas indígenas, narrativas de vida" (p. 243).

Tempo
e
imaginário

Os filósofos souberam tratar a temporalidade e o tempo vivido, os sociólogos compararam os movimentos contrários do tempo que desconstrói e do tempo que constrói, os antropólogos a princípio reconheceram sociedades "primeiras" do perpétuo presente, em seguida sociedades que a modernidade desfaz, depois as que a autonomia retomada torna responsáveis por uma temporalidade reconquistada. Em todas as sociedades, a grande transformação pelas tecnologias torna continuamente mais inauditas, mais capazes de acessar o ínfimo, as máquinas de medir o tempo. As representações da temporalidade e do vivido temporal variam incessantemente após a extinção do tempo longo. A urbanização, as comunicações materiais concorrentes pelo controle da velocidade, a medida do tempo de trabalho e o cálculo do tempo de vida que lhe será dedicado, as conquistas da expectativa de vida e a menor separação das gerações pela diferença de idade, a mobilidadfe crescente das configurações culturais e das relações sociais, tudo contribui para difundir as imagens de uma instabilidade geral em expansão contínua.

Hoje em dia, o movimento tecnoeconômico prevalece em intensidade e extensão, ele se globaliza, afeta todas as sociedades, abalando e depois mudando radicalmente as temporalidades transmitidas. As tecnologias da informação e da comunicação tornam-se os atores de uma revolução generalizada da realidade percebida, vivida, suas máquinas transformam as imagens do mundo, tornando-se, assim, geradoras de potência. Não é unicamente o acontecimento que ocupa todas as cenas sociais, seja qual for a distância que as separe; ele pode surgir como "informação" em toda parte, como prova ali onde ele se produz. Mas o acontecimento é um momento, enquanto o real e a temporalidade se tornaram completamente diferentes na permanência das mudanças. O real, ao se desmaterializar, ao se submeter a uma "digitalização" do mundo que progride rapidamente. A temporalidade, ao ser atrelada ao tempo das máquinas controladoras do imediato, tempo que se reduz ao ínfimo e no qual a concorrência econômica reporta-se à rapidez das operações. Um tempo do instante que parece abolir os tempos da percepção comum.

O tempo sem tempo engendra ao mesmo tempo sociedades da incerteza e sociedades em que a velocidade constitui cada vez mais a lei. O vivido social traz essa marca e sofre sua coerção. O regime de urgência coloca os indivíduos sob sua disciplina, fazer cada vez mais rápido com o apoio das máquinas do imediato torna-se a regra do êxito social. Na urgência, o pensamento se extravia, sem o tempo da reflexão, ele se empobrece, as indústrias culturais produzem então mercadoria. Na urgência, o tempo político é dedicado mais ao tratamento pragmático de problemas sucessivos do que à concepção e execução de projetos sustentáveis. Seria preciso "dar tempo ao tempo" para melhor definir a conquista do futuro, do futuro desejado. Os efeitos sobre o indivíduo acarretam reações de compensação (pressão urbana pelo apaziguamento rústico) e defesa (contra o estresse no trabalho, contra a impotência política diante dos males sociais). À tecnoexaltação da velocidade responde um novo elogio da lentidão, o prazer na duração em vez do gozo no imediato.

A velocidade é uma conquista, a lentidão, hoje, é uma perda. Apenas dois séculos bastaram para que a velocidade saísse do sonho e do imaginário, para que um modo milenar de existência fosse subvertido. Christophe Studeny refaz o percurso a partir do momento em que a França abandona a lentidão; ele mostra como aparece o "desejo de velocidade". Este se vincula ao período em que se realiza a passagem do tempo do "passo do homem e do cavalo" ao tempo da civilização fundada na rapidez e na redução inaudita das distâncias. Essa passagem é aquela que substitui a imbricação dos caminhos pela rede de estradas, vias férreas e trajetos aéreos. A noção de rede, com suas "correspondências" e bifurcações, inscreve-se primeiramente na materialidade, antes de fazer aparecer o imaterial, o digital, a imbricação prolífica de redes de informação com *"links"* múltiplos.

A imobilidade individual e coletiva oriunda dos progressos da velocidade conduz a uma forma de "direito à velocidade", que se reforça com a propriedade pessoal das máquinas "para se deslocar", com o automóvel, popular hoje em dia. Passando de uma minoria, que se distinguia pela posse de um carro, às massas, que têm acesso ao automóvel via consumo, a distinção se manifesta pela capacidade de alcançar rapidamente uma velocidade elevada, assim como pelo caráter luxuoso da máquina. O privilégio de estrada recusa toda limitação e a contorna.

Studeny enfatiza a influência do imaginário, que transfigura os motores da mobilidade. Tendo na memória a fuga de Luís XVI e o episódio de Varennes, ele vê a diligência sob o aspecto de uma nação móvel, com seu rei (o condutor), seu ministério (o postilhão) e suas três ordens (as três classes dos viajantes). A chegada da locomotiva e a energia gerada pelo vapor solicitam o imaginário dos escritores. Para Chateaubriand, a locomotiva é uma "caldeira errante", para Zola, uma "besta humana", para muitos, o vapor exprime a poesia do século XX. Com o automóvel e o avião, as metáforas mudam – o automóvel é visto sob o aspecto de um "animal mecânico selvagem", o avião desconcerta por seu aspecto de "monstro híbrido", inclassificável.

A conquista da velocidade perde o fôlego com a urbanização acelerada, que reúne e constrói. No meio urbano, a velocidade é regulamentada, logo limitada e sujeita à doença do congestionamento, que degenera em caos por imobilidade. A mobilidade e o controle com contravenções regulamentadas se desenvolvem juntos, alternando períodos de oposição moderadora. Nas sociedades contemporâneas em estado de sobremodernidade, a mobilidade tende a ser uma obrigação geral, enquanto a velocidade se tornou uma ferramenta com função concorrencial. A nova língua diz isso: "rápido" é um vocábulo com múltiplos usos, que, nesse emprego, pertence agora ao vocabulário comum[27].

---

27 "A lentidão perdida" (p. 248).

No século da velocidade e da mobilidade conquistadoras, a frente pelo movimento domina nitidamente aquela que une os nostálgicos da cadência e lentidão de antanho. Os novos antigos, julgados reacionários, envolvem-se num combate duvidoso com os modernos atuais, armados pela potência dos progressos. Em seguida, a viagem, a velocidade, os sítios de alhures e seus monumentos tornam-se os produtos de um mercado globalizado, as escolhas revelando menos um tempo dos lazeres que os *must* de um grande comércio da deslocalização. Os dissidentes isolados continuam a transmitir e guiar antigas maneiras de desfrutar do mundo próximo e das pequenas felicidades do passado.

Pierre Sansot, filósofo e sociólogo, é um deles. Celebrou as "pessoas modestas", os pequenos que conhecem as felicidades da proximidade e dos acontecimentos favoráveis que dela surgem. Formulou elogios da lentidão e da caminhada. Sua sociologia assemelha-se à sua própria pessoa, sensual, sonhadora, vagabunda, portanto literária, segundo a crítica positivista ligada exclusivamente aos procedimentos da razão. Varia na definição que dá de si mesmo a partir de uma opção inicial: a "postura existencial". Ora "sociólogo-etnólogo", quando evoca seu trabalho em ligação direta com as pessoas e seus meios, ora "sociólogo-mitólogo", quando narra os aspectos do "lendário" peculiar aos indivíduos e aos lugares triviais, às maneiras de viver dos seres modestos.

Sempre observador da vida social que sabe unir o passeio (o imprevisível dos devaneios) à "busca de uma pesquisa metódica", permanece em parte um explorador do inesperado. Nas turbulências urbanas, procura o lugar onde o imaginário se exprime de outra forma, onde o devaneio e a surpresa ainda têm sítios discretos. Esse lugar é o "jardim público", que lhe ofereceu a informação e o título de um de seus últimos livros. Esse domínio do vegetal e da paisagem deslumbra os sentidos, convida a "interrogar-nos sobre nosso destino", como

Nietzsche recomenda ao invocar o "porto seguro para a nobreza da alma".

Os jardins, as praças e os parques "conversam conosco", enquanto os lugares que regridem ao estado de não lugares nada têm a dizer, ou quase nada. Segundo Sansot, a prática sociológica deve mudar na livre relação com esses espaços públicos. Neles, ela se faz mais sensível, mais atenta às emoções e aos ritos que teatralizam o inesperado no ordinário, às transfigurações das cenas e figuras da cotidianidade contra um cenário de beleza vegetal. A arte nasce da relação divagadora com esse mundo público do belo, cujo gozo não tem preço. Pierre Sansot afirma sentir uma "cumplicidade indubitável" entre os jardins e as artes[28].

Nas cidades da sobremodernidade, esses refúgios oferecidos à divagação compartilhada e à *flânerie* são mascarados pelo universo construído – um universo ao mesmo tempo supressor dos espaços naturais e dos lugares de memória. Do espaço conquistado, em expansão acelerada pela aglomeração das massas de homens continuamente sob atração urbana, podemos dizer que ele escapa à apropriação pelo percurso (cidades desencorajam ou impedem a caminhada) e pela visão (a cidade é cada vez menos apreendida em um único olhar). A aglomeração urbana se estende vedando o horizonte, não deixa frestas senão ao olhar exercido de uma altura boa e num bom lugar.

Um sociólogo e filósofo estadunidense, Richard Sennett, pratica a história urbana de longa duração a fim de reconhecer as dissociações efetuadas na "experiência da vida". Dissociação entre si e o lugar, ruptura que separa o investimento pessoal no habitar entre o interior, domínio do subjetivo, do íntimo, e o exterior, que se torna cada vez menos legível, cada vez mais insignificante. Lugares cuja existência real era antigamente experimentada parecem ter se tornado "operações mentais". Lugares reais

---

28 "Sensual e sonhadora sociologia" (p. 251).

onde o medo de se expor multiplica os tapumes erguidos contra a "ameaça do contato social", as cercas que separam protegendo por retraimento defensivo. Encontros se dão, porém mais pelos livros e inscrições do passado que pelos acasos dos lugares públicos. A cidade contemporânea multiplica os espaços neutros, mais frequentados e utilizados que elaborados para o vivido; eles são quase vazios de moradores e submetidos a maior vigilância. Sennett, todavia, coloca em oposição a cidade "centrada", organizada e, assim, pouco legível, e a cidade-espaço, onde estão reunidas todas as diferenças compartimentadas e desconhecidas, por isso temidas. Um aspecto, contudo, permanece comum: o movimento da cultura contemporânea torna-se indissociável do olhar voltado para a cidade.

Esse olhar pode alimentar uma espécie de romance *noir* em que as aparências são descontruídas. O sociólogo Mike Davis constitui-se demolidor ao fazer de Los Angeles uma "cidade de quartzo", não mais o "diamante" de uma cidade-mundo, laboratório do futuro, segundo impressões convencionais. A cidade sonhada é demolida pelo sociólogo panfletário que nasceu nela, tornando-se esse "lixão dos sonhos", que parece oriundo do catastrofismo. Davis, na verdade, contempla "as ruínas do que poderia ter sido outro destino", aquele imaginado e brevemente realizado no início do século passado.

Ele se associa ao *mito* então construído e hoje desconstruído. Um mito que as lutas de classes e de raças, a violência e o motim devastam, os "promotores do sonho" se esforçam para alimentar, embora engendrando seus opostos, os "mestres da escuridão". Estes adoram "detestar LA", adoram as denúncias do inferno racial e os fracassos da urbanização, o cinema e a subversão, as subculturas do *underground* e as violências étnicas, e mesmo a paixão pela ciência e pela técnica pervertida no âmbito de "seitas científicas". Tudo o que os "turistas da modernidade" não querem ver[29].

---

29 "O romance *noir* de Los Angeles" (p. 254).

O que a cegueira voluntária ou a habituação consentida impede de ver é a substituição dos lugares recebidos do passado, produzidos por uma história particular que os diferenciou, pelos não lugares contemporâneos. Marc Augé, antropólogo e escritor, explora o percurso que o conduz à proliferação dos não lugares. Com o objetivo de decifrar o que nos tornamos sob o regime do "excesso" de tempo, espaço e, inversamente, de retraimento.

Para começar, o "lugar antropológico", cujos efeitos a definição revela. Ele resulta de uma "construção concreta e simbólica do espaço", tem como funções a formação das identidades pessoais, a organização dos campos de relações sociais, a manutenção de um mínimo de estabilidade por apego aos logradouros, às referências materializadas, aos vestígios. A degradação em não lugares banaliza, multiplica esses espaços funcionalmente banalizados que são as novas estações ferroviárias dos trajetos de grande velocidade, os grandes aeroportos, os hipermercados, os complexos hoteleiros, os conjuntos habitacionais padronizados e os espaços planejados para numerosas reuniões de curta duração. São lugares cujo conteúdo simbólico, histórico e identitário permanece pobre, mas que correspondem a duas das exigências da modernidade: a mobilidade e a abertura para um número crescente de indivíduos. É preciso ao mesmo tempo circular e reunir, é a isso que deve corresponder o "arquétipo do não lugar", finalmente reduzido ao estado de rede desmaterializada aberta a todos ou quase todos, sem que a comunicação generalizada seja um remédio para as solidões[30].

A cidade não é narrada sem riscos de engano, menos possível ainda é dizer o que é este tempo. As fórmulas, as metáforas, as teorias se sucedem segundo os entusiasmos ou a oportunidade imediata. Este tempo é o de uma Grande Transformação inacabada, lançada antes do fim do século passado pela mundialização do digital e de suas aplicações

---

30   "Lugares e não lugares" (p. 258).

continuamente multiplicadas. O movimento seguiu se acelerando, os contemporâneos "embarcaram" sem saber para qual destinação nem o que estão em vias de se tornar. A crise tem primeiramente uma forma, a da ignorância quase total, periodicamente reavivada pelos acontecimentos sem controle, não por uma capacidade de utilizar os instrumentos, cuja renovação rápida é efetuada pela modernidade. Num mundo entregue a uma instabilidade crescente, cuja extensão é geradora de incerteza e provações individuais cada vez mais pesadas, um duplo sentimento se generaliza: o de uma crise interminável que parece ser o modo do *funcionamento sacrificial* das sociedades de hoje, sociedades com custo social elevado e tornadas propícias ao desenvolvimento inaudito das desigualdades; e o de uma sociedade continuamente desconstruída e reconstruída, na qual todo saber é acometido de enfermidade e na qual o poder se descobre pouco capaz de governar. A governança é a substituta fraca do político, e o exército de especialistas que ela utiliza conhece sobretudo um fracasso da competência.

A tentação de dar uma atenção crescente à fala imaginativa e às ficções que utilizam os canais da comunicação substitui as repetidas falhas da especialização. Essa é a escolha de Sabine Chalvon-Demersay, socióloga da mídia que soube explorar uma informação cuja iniciativa não foi dela. Reúne os roteiros suscitados por um concurso televisivo, mais de 1.100 projetos de não profissionais, tratados à maneira de um *corpus* de textos reveladores de reações às preocupações atuais.

A crise continuada é o motor dramático do *corpus*, cada um dos projetos apresentados propõe um tratamento particular de encenação, embora se revele a possibilidade de "fazer os textos conversarem entre si". A montagem das falas sobre imagens leva a uma grande representação do mundo atual e de seus dramas. O projeto da socióloga, afinado com o tempo da imagem e do espetáculo, resulta em *mostrar* mais do que demonstrar, enfatizando "a impotência das instituições", o vazio das funções de poder e autoridade numa sociedade entregue "ao cinismo de indivíduos descontrolados".

A crise, que se exprime por essas representações do conhecimento ordinário, associa-se mais à desesperança do que à esperança de uma modernidade vitoriosa. A temporalidade reduz-se à atualidade imediata, os lugares são os de universos urbanos monótonos e zonas rurais desfiguradas, os objetos técnicos e as máquinas apoderam-se dos contemporâneos e o imaginário faz das técnicas geradores de catástrofes e instrumentos de manipulações dominadoras. Numa sociedade desprovida de laços sociais duradouros e valores integradores, as vítimas e pessoas marginais são todos personagens positivos, sua fraqueza e seu desprovimento podem transformar-se em forças de renovação. Mas a tendência majoritária é a de personagens às voltas com a impotência, recebida como uma fatalidade, são todos mantidos, segundo as narrativas, em uma "vertente sombria do individualismo contemporâneo". Todas essas ficções têm uma função de alarme, enquanto a socióloga sugere, para além da "espiral do pessimismo", começar pelo remédio dado à indigência de "recursos culturais"[31].

Outra maneira de "vencer" momentaneamente a crise é simular pelo retorno imaginário, ritualista também, aos momentos de grandeza passados. Os lugares de memória são propícios à invocação desses acontecimentos, e as datas comemorativas os reiteram em modo espetacular com uma intensidade emocional. A simulação não é a solução, ela visa compensar o que o tempo presente faz desaparecer: a relação com o passado extingue-se sob a égide do imediato, do instante e da velocidade; a duração vivida é abolida em prol da temporalidade operatória, maquinal; o efêmero se estabelece e reboca o esquecimento com ele. Num mesmo movimento, o patrimônio (herança cultural conservada e valorizada) e a comemoração

---

31 "Ficções de crise" (p. 261).

(espetáculo de um momento passado reiterado por uma tradição) inscrevem-se hoje no seio de uma modernidade paradoxal. Ela engendra o recurso às tradições ao mesmo tempo que provoca sua extinção, exaltando o que foi antigamente um momento "forte" sem jamais conseguir inspirar-se nele efetivamente.

William Johnston, historiador e sociólogo da cultura, dedica-se à interpretação do "culto dos aniversários na cultura contemporânea". Afirma: entramos na "era dos aniversários", que engendrou um verdadeiro culto durante os anos 1980, quando o pensamento "pós-modernista" era dominante. O aniversário memorial se banaliza: "passado embrulhado como um presente de aniversário". Sua história remonta ao século XVIII, concluindo-se com a celebração das figuras e dos acontecimentos fundadores de um Novo Regime. A partir desse corte, as celebrações acompanham as guinadas, as rupturas, depois os novos começos de outro período histórico. Elas ajudam a esquecer as incertezas quanto ao porvir, a aplacar imaginariamente certos males sociais quanto às provações do presente.

Após 1789, a comemoração atende a vontade de fortalecer o sentimento de identidade nacional. Acontece o mesmo hoje em dia, mas numa forma interrogativa. A questão da identidade ganha outra acuidade quando a nação se dissolve numa grande "comunidade" política, quando comunidades oriundas da imigração se fortalecem, proliferam e hesitam quanto à escolha de seu pertencimento. Atualmente, a comemoração introduz um momento de continuidade temporal, um breve retorno de enraizamento e uma evocação de seus valores, opondo-os periodicamente aos efeitos da fragmentação do tempo e à versatilidade consumista das sociedades pós-modernas. Por fim, a celebração contribui para compensar o "desencantamento do mundo", continuando a acompanhar o movimento de secularização. Ela laiciza o calendário, exaltando o apego a figuras fundadoras laicas e criadores célebres, favorece o advento de "religiões civis". É a exaltação dos "Grandes Homens" na cultura que a história alimenta, é a personalização do poder e a ritualização de suas manifestações públicas no espaço político. Embora Johnston exponha o triunfo das comemorações sobre as ruínas da vanguarda, nem por isso deixa de denunciar seus efeitos negativos, seus jogos de ilusão. Por exemplo, a vantagem oferecida aos "empreendedores culturais" que fazem dos aniversários uma "técnica de venda das tradições". Por exemplo, a degradação em uma "indústria da comemoração", em que pesam muito os interesses financeiros e a conivência, que alia funcionários da cultura, agitadores culturais, intelectuais e o grande público. Antes mesmo da celebração do Bicentenário da Revolução Francesa, Johnston exprimiu o temor de uma "feira de interpretações" acompanhada de uma imagética "pós-modernizada"[32].

---

32 "A era dos aniversários" (p. 265).

Em torno do sagrado

As religiões não são mais o que foram ao longo dos milênios ou séculos, crenças livres ocupam seu lugar. Estas são mais independentes da instituição, das igrejas, das vocações, dos ritos imutáveis. Modernidades sucessivas provocaram a fuga dos deuses, desde o ataque dos libertinos até a proclamação filosófica da morte dos deuses – e de Deus por Nietzsche. Os sociólogos lembram o movimento de secularização, o estabelecimento da laicidade, a perda das visões que "encantavam" o mundo dos fiéis. Mas o poeta do romantismo alemão, Hölderlin, anuncia melhor a atual sobremodernidade quando prevê, após a "fuga dos deuses", o advento dos titãs, daqueles "que são de ferro". O que poetiza o rude confronto do sentido e da potência, do sentido que ainda se busca nas terras do sagrado, ao passo que a potência capitaliza neste tempo os recursos da técnica conjugada com a mobilidade do economicismo financeiro.

As crenças liberadas podem "se vender", tornar-se ofertas em concorrência no mercado do sagrado, podem ser escolhidas, depois de terem sido impostas até a época das modernidades emancipadoras pela instituição eclesiástica amparada pelo Estado. Esse mercado aberto tem como efeito estimular a multiplicação da oferta, que não se reduz mais à adoção de uma das dissidências nascidas no seio das grandes religiões históricas. A sobremodernidade tecnicista instrumentaliza inovações do sagrado, da mesma forma que a eficácia científica serve para "cientologizá-las". A abertura da comunicação em escala planetária tornou-se uma ampla abertura para o sagrado de outras plagas, para os cultos que *fazem crer* mais pelo efeito de exotismo, pela força da grande diferença, do que por necessidade interior. O budismo, o candomblé e o espiritismo brasileiros, os cultos de possessão, as novas religiosidades do Terceiro Mundo se estabelecem longe de seu lugar de origem, difundem-se e globalizam-se. Sintonizam-se com uma demanda de sagrado – imprecisa em sua definição, forte em sua intensidade – oponível às impotências e incertezas multiplicadas pela Grande Transformação das sociedades contemporâneas.

O outro aspecto atual da demanda reavivada é a transformação política das crenças e da própria instituição política. A natureza dessa transformação muda as relações milenares estabelecidas entre a Igreja e o Estado. Cumpre ver nisso uma consequência da perda das linguagens de protesto e de esperança laicizada, das "grandes narrativas" que armaram a queixa e a insurreição dos aflitos. Após o fim do comunismo real e a queda de seu império, após o fim do terceiro-mundismo e do messianismo tropical, após a usurpação do sindicalismo operário e a domesticação por precariedade crísica, é o sentimento de abandono num vazio que se estende ao se fortalecer. As crenças reavivadas se propõem, depois se impõem, para receber a sucessão. Elas rejeitam a modernidade sem saída, procuram a potência do sagrado original, "fundamental" porque fundador. Tornam-se aparentemente a chance da salvação aqui e agora, radicalizam-se pela afirmação e pela emoção, traduzem-se na linguagem política da espera, frequentemente na esperança de um autocratismo sacral e disciplinar. É o risco primordial, alguns atores das revoluções recentes o almejaram sem avaliar seu custo.

O retorno do sagrado é um desafio imposto aos especialistas das religiões pelo "grande distúrbio" contemporâneo[33]. Danièle Hervieu-Léger, socióloga das religiões, especifica em que medida essa disciplina desconcerta os pesquisadores. A religião se perde (ela subsiste "por memória"), mas, inversamente, o "religioso" se dissemina no espaço social inteiro. Uma nebulosa se formou, imbricando o sagrado e o religioso em configurações teóricas flutuantes. De um lado, a situação crítica dos sistemas religiosos da tradição, das igrejas, dos dogmas, e o jogo das forças que utilizam a "memória" das religiões enfraquecidas. De outro

---

33   Georges Balandier, *Le Grand dérangement*, Paris: PUF, 2005.

lado, a extensão inacabada do sagrado, que incorpora a si tudo que constitui laço, tudo que toca o sentido reativado, a transcendência ou uma "absolutização de valores". Resulta daí um "agregado compósito" que só resiste à revelia, que ocupa o "espaço liberado pelas religiões institucionais". A constatação de uma substituição permanece insuficiente, Hervieu-Léger quer superá-la interrogando o fenômeno religioso em sua generalidade. Encontra assim o fundamento comum do crer e das crenças.

O historiador das religiões interroga o passado das religiões, mas encontra o saber atual – o dos sociólogos – quando considera o "fato religioso", título atribuído por Jean Delumeau a um livro coletivo organizado por ele. Ele optou por não relacionar cada religião aos grandes períodos de sua história, e sim por recorrer ao comparativismo a fim de trazer à tona o que é comum às religiões, aquilo que permite alcançar o "homem religioso de todos os tempos e todas as civilizações". O espaço do sagrado é aquele em que esse homem toma consciência daquilo que o supera, em que ele se submete à injunção de se realizar, seja respeitando a harmonia com o mundo, seja visando à realização pessoal mais próxima de uma perfeição que não poderá ser plenamente alcançada. Essa relação com o sagrado se descobre fecunda, ela provê linguagens, simbolismos, ritos, obrigações e maneiras de ser aparentadas de uma religião a outra. Em suma, as crenças e maneiras de vivê-las são da alçada da *mesma antropologia*.

A parte do presente permanece reduzida nessa obra coletiva, ela parece pobre comparada à riqueza que privilegia as religiões históricas, as da Revelação pelo livro. Duas contribuições a considerem, juntando-se às constatações da atual sociologia da religião: a escalada dos extremismos religiosos geradores de rupturas e confrontos; e a expansão de um religioso "flutuante" propício a todo tipo de sincretismos, bricolagens do sagrado, esoterismos.

Como vemos, a previsão de Nietzsche se realiza: Deus está morto, mas subsistem as "cavernas", onde sua "sombra" será mostrada durante milênios. Um filósofo escritor, Jean-Christophe Bailly, retoma a profecia a partir de sua própria reflexão sobre o percurso religioso no Ocidente, da época dos deuses à época de Deus, depois à época sem deuses nem Deus. Uma ausência final que se vive como uma falta, a Falta: "A Deus, não se disse realmente adeus". A questão suscitada é a de uma impossibilidade, a da incapacidade de dissipar a sombra de Deus. Duas respostas são dadas: a lembrança dele é inesquecível e faz as vezes de presença; e a imagem da revelação, imagem religiosa fundamental, imagem da tradição e de uma promessa de salvação, opõe-se ao terror de ter sido "lançado na existência".

A meditação de Jean-Christophe Bailly está ligada à experiência mais rude, compreender em termos políticos o interminável desaparecimento do divino. É o reino do capital que "substitui a administração de Deus". Mas não se trata apenas do modo de produção capitalista, e sim, muito mais, da conversão humana à produção generalizada. Ao economicismo que se torna a nova devoção. O homem ocidental das modernidades não quis verdadeiramente a morte de Deus: ele o perdeu em seus percursos e "sequer se deu conta disso", vive doravante sob a potência de uma sombra[34].

Essas desconstruções e reconstruções do sagrado, após a fuga dos deuses, continuam atreladas à lei da transcendência? Ou, ao contrário, terminaram de sacralizar o acontecimento e transfigurar o vivido cotidiano dos contemporâneos? Um antropólogo britânico, Maurice Bloch, parte de sua própria pesquisa de campo – o estudo dos rituais de circuncisão em Madagascar – para alcançar a consideração geral da transcendência, dessa heteronomia que se impõe aos homens e age por dominação absoluta. O procedimento inicial continua o mesmo de todo antropólogo, o comparativismo superando a diversidade dos

---

34   "A sombra de Deus?" (p. 270).

períodos históricos e das configurações culturais. Nesse caso, ele se efetua em busca de uma "permanência" contraditória que supõe que o momento histórico (privilegiado) não muda em nada o essencial (permanente). Essa permanência Bloch identifica por certos aspectos do processo ritual, nela reconhecendo uma "estrutura mínima fundamental". Uma estrutura que permanece presente nos diferentes rituais e fenômenos religiosos, malgrado as diferenças de época e de meios culturais.

O problema define-se então, de certa forma, a partir de si mesmo: apreender o que se mantém, apreender "as coerções humanas universais" que fazem conceber uma construção cultural transcendendo a não permanência. É na necessidade de manter as fontes da vida e os laços sociais que reside a razão absoluta de conceber "um quadro permanente que transcenda o processo natural". Esse processo se efetua do nascimento até a morte. A busca de permanência se opera em dois movimentos: num primeiro estágio, a vitalidade original submetida ao perecimento e ao desaparecimento é simbolicamente abandonada; num segundo estágio, a vitalidade é reconquistada fora do universo humano. O ritual é o operador por meio do qual os homens podem juntar-se à transcendência e à permanência.

Em seguida, o voluntarismo conquistador é apresentado como uma apropriação de energia, uma "energia necessária para substituir a vitalidade ordinária eliminada por uma nova vitalidade". Essa energética simbólica remete a uma violência constitutiva de transcendência, logo, de permanência no espaço religioso das crenças e no espaço político dos poderes. A afirmação teórica quer validar e unificar a interpretação de situações díspares em sua distribuição planetária e sua função histórica. O acontecimento e, sobretudo, a Grande Transformação consumada durante as duas últimas décadas, a mundialização e a influência do digital, da temporalidade do instante, solapam a permanência. No canteiro de obras em que a sobremodernidade descontrói e reconstrói, o que subsiste é menos a transcendência-permanência do que a transcendência como necessidade de coisas sem preço, de espiritualidade[35].

A religião, com a transcendência enfraquecida e de certa forma laicizada, não consegue subtrair-se às agitações com que as sociedades contemporâneas se digladiam. Suas confrontações são cada vez menos as das controvérsias espirituais e cada vez mais as do recurso combatente ao religioso nas lutas civis pelo poder. A confrontação muda totalmente de natureza, tornando-se o substituto das linguagens perdidas da contestação, desarticulando a mundialização recusada para fundar a potência de uma civilização exclusiva, de uma religião ressuscitada em busca de dominação. É a teoria da "guerra das civilizações", que faz as vezes de interpretação geopolítica do mundo contemporâneo, que cultiva a recusa da tolerância numa concepção binária que opõe um campo do Mal a um campo do Bem. Ao abrigo das civilizações, são as religiões que se enfrentam como nos tempos das guerras de religiões no Ocidente, mas numa escala completamente diferente em consequência da mundialização e com uma forte dominante política, cujo veículo é um dogmatismo sagrado.

Na instabilidade, os conflitos armados pelo sagrado do mundo contemporâneo alimentam a lembrança e a nostalgia dos tempos felizes em que religiões conviviam em tolerância e criatividade partilhada. Os dilaceramentos mediterrânicos evocam o sonho das Andaluzias bem-aventuradas, onde muçulmanos, judeus e cristãos conviviam fazendo nascer e renascer a civilização. A "herança andaluza", mito ou realidade, torna-se a transmissão de um sincretismo bem-sucedido que alimenta sonhos de pacificação. É o possível de ontem oposto aos furores de hoje em relação aos descendentes

---

35   "O preço da transcendência" (p. 273).

dos mesmos parceiros. É o sonho de Jacques Berque, especialista em islamismo no Collège de France, que clama "por Andaluzias sempre recomeçadas".

A Andaluzia foi uma encruzilhada de civilizações: era lá que os fenícios faziam suas escalas; os cartagineses a transformaram em sua mais rica província; os romanos criaram lá uma de suas mais florescentes colônias, os vândalos a invadiram no século V e lhe deram seu nome, Vandaluzia. No começo do século VIII, tem início a conquista árabe, prosseguindo depois com a fundação do califado de Córdoba, ao qual sucedem, após sua derrota (século XI), diversos "reinos mouros", entre eles o de Granada, que se manteve decorridos mais de dois séculos de reconquista cristã.

André Miquel estuda os árabes no percurso que os conduziu da recepção da mensagem (a Revelação fundadora do islã) à história (a tradução política de uma religião-civilização). Durante sua expansão, "a civilização muçulmana se abriu a culturas que ela encontrava estabelecidas [...]; ela restaurava tradições extintas". Um renascimento iniciado no século IX sob o impulso dos califas abássidas de Bagdá continua em Córdoba na época dos almóadas. Ele efetua a transmissão e renovação da filosofia e das ciências antigas, dá espaço ao pensamento judaico durante o período judeo-árabe, que termina com a reconquista cristã após Maimônides lhe imprimir seu brilho.

O retorno às fontes gregas compatíveis com o islã – em especial por intermédio de Aristóteles, Platão e os neoplatônicos – acompanha a obra dos andaluzes ilustres, verdadeiras figuras emblemáticas: Averróis, Avicena e Maimônides. As Andaluzias são elevadas ao patamar de um "paraíso perdido" onde coexistem os três monoteísmos, as três tradições. Alain de Libera, filósofo versado no islamismo, abre sua obra dedicada à herança andaluza com um elogio de Averróis, que, por seus comentários de Aristóteles, encarna com o mestre grego a "racionalidade filosófica no Ocidente cristão".

Não se deu continuidade à tarefa no universo árabe-muçulmano, o esquecimento no Ocidente acompanhou durante muito tempo a perda. Esse duplo abandono impõe uma questão já enunciada: a nostalgia das Andaluzias se alimenta hoje de um mito, ou mesmo de uma ilusão? Podem elas reaparecer como uma esperança inspiradora ou o recurso a um suposto passado, que revela sobretudo a cegueira diante da realidade das confrontações atuais? A mundialização das emoções e das paixões, da incerteza e da intolerância que nasce delas, alimenta as dúvidas quanto a um futuro possível. Ela submete ao tempo da urgência, às rudes conquistas do presente a realizar[36].

A nostalgia da coexistência das grandes religiões do passado, embora mais sonhada do que realizada sem violência, exprime sobretudo a falta de pacificação do viver-junto na diferença. É uma demanda existencial e moral. O pujante retorno do sagrado, que parece em errância contínua nos canteiros de obras da sobremodernidade, exprime uma busca de sentido e de ordem. É um fato que revela as desordens nascidas da Grande Transformação contemporânea, de sua percepção e seus males. Esse sagrado é capaz de ressuscitar formas e figuras antigas sob aspectos modernos, é o tempo dos "neo" que então se inaugura, novas místicas, novas religiosidades, novas igrejas formadas por separação antagônica. Mas esse sagrado em errância também tem a capacidade de se alimentar do atual, do acontecimento e do inaudito.

O sagrado não é a religião nem seu equivalente; esta tampouco é definida exclusivamente pelo dogma imperativo das igrejas. As categorias podem permanecer imprecisas e suas fronteiras, permeáveis. Suas linguagens, consequentemente, são adaptáveis às situações e estratégias oportunistas dos poderes. O religioso intervém então como sentido conferido à diferença humana e/ou marcador da inferioridade irredutível. Carmen Bernand

---

36 "As Andaluzias de ontem e de amanhã" (p. 276).

e Serge Gruzinski, especialistas na América Latina pós-conquista que recorrem conjuntamente à antropologia histórica e à ciência das religiões, contemplam esse problema. Colocam-se na esteira do dominicano Las Casas, autor, em torno de 1550, de uma história apologética mostrando que os indígenas da América atingiram um nível de civilização comparável ao de nossa Antiguidade. Sua diferença não é mais aquela que separa o civilizado do não civilizado; derivando do campo religioso e de seu "código", ela remete à idolatria. A questão passa a ser a que opera a separação entre a religião verdadeira e as falsas. Segundo Las Casas, a idolatria é um conhecimento distorcido pela ausência da fé, embaralhando as três ordens do conhecimento, a natural, a divina e a demoníaca. A idolatria não é conciliável com a tolerância, que reconhece a alteridade; ela solapa esta última por meio do "dever" de conversão à religião dominante salvadora das almas. Irá tornar-se "missão civilizadora" com as colonizações modernas.

A idolatria não é mais contemporânea, mas o idólatra sobrevive no desviante, no marginalizado, no "nefasto", cuja diferença inquieta e desperta a exigência securitária: os falsos deuses são substituídos por valores "negativos", a normalização disciplinar torna-se a outra forma da conversão mediante coerção. É um combate que continua a opor as figuras da desordem às da ordem, os sortilégios e a feitiçaria voltam a ser indicadores rústicos do mal e do infortúnio. Os "curandeiros e enfermeiros de segredos" encontram emprego. É um drama muito antigo que é novamente encenado, uma espécie de guerra dissimulada em que agressores e agredidos se fecham numa mesma lógica, abandonando-se às explicações por uma mesma crença. O tempo da "obra em negro" esgueira-se pelas fraturas abertas pela sobremodernidade. O idólatra, o feiticeiro, o mostrador de vida "bipartida" não ficam perdidos no seio de um passado evadido. Durante os períodos de transição, de desconstruções-reconstruções, de subversões dos códigos de leitura do social, essas figuras recobram a vida por intermédio de manipuladores das incertezas, dúvidas e ansiedades dos contemporâneos[37].

Há o que diz o sagrado flutuante, errante nos espaços de nossa sobremodernidade, que é ouvido a fim de receber dele sentido e crença. Há o que diz o oculto interrogado desde os primórdios das sociedades, hoje o mesmo e, não obstante, em completa transformação num meio altamente tecnicizado, em que a materialidade regride diante da expansão do real digitalizado. As tecnologias da comunicação dão *corpo* ao que tornam visível, multiplicam os duplos da realidade. As técnicas da miniaturização reduzem cada vez mais os suportes materiais das funções (aplicações) continuamente adicionadas, seja a máquina o computador, seja o telefone celular, em sua sucessão de "gerações"; a máquina parece oferecer-se à "magia do mundo" por comando imediato. As nanotecnologias começam a ser apresentadas na vida cotidiana por intrusão invisível de seus objetos. As ciências aplicadas penetram na matéria e no vivo, acessando o infinitamente pequeno e manipulando-o. Os feitos multiplicam-se, o inaudito vulgariza-se, os mostradores de sobrenatural podem recorrer a eles e por eles se legitimar. Eles engendram um mundo diferente, onde conhecimentos superiores, porém dissimulados, permanecem inutilizados. A exploração do oculto deveria assim estender-se à busca de respostas inéditas para as crises, doenças, ansiedades de hoje.

É um escritor inglês famoso em sua época, Colin Wilson, que, numa de suas obras, lista as boas razões para explorar o sobrenatural. Ao mesmo tempo um convite forte para escapar do domínio do banal, do insignificante, rompendo a "estreiteza da consciência", e uma denúncia dos charlatães e aventureiros, que pretendem alcançar as "fontes ocultas" do ser. As provas apresentadas por

---

37 "Os arredores do sagrado" (p. 279).

Wilson compõem um *corpus* do estranho, em que estão presentes "feiticeiros" da pré-história e "magos" contemporâneos, "iniciados" e místicos, escritores célebres com curiosidade pelo ocultismo... e cientistas julgados úteis à legitimação da empreitada. Psicólogos junguianos, lógicos, entre os quais Russell, são convocados, e sobretudo Foster, o mais controvertido dos cibernéticos, que faz do universo o produto de uma informática que ultrapassa a inteligência humana. O argumento se conclui com uma rejeição radical: a civilização despojou o homem de suas "faculdades mais profundas", a consciência racional "isola da plena potência da corrente de vida". A potência do sobrenatural reduz a superpotência do tecnoeconômico a pouca coisa, a razão prática é o principal "culpado" e a corrente de vida permanece na expectativa, escondida.

Os antropólogos, por sua função e sua abertura para as diferenças, são os mais atentos às manifestações das "crenças aparentemente irracionais". É quando a feitiçaria, a transcomunicação, a prática do curandeiro, as aparições da Virgem, os óvnis e muitos outros fenômenos "sobrenaturais" tornam-se campos de pesquisa. Trata-se de estudar em casos precisos o funcionamento do crer, de acessar as "boas razões que impelem acreditar no inacreditável". Tratar as crenças não como somente "monstros" da lógica, mas como produzidas por situações sociais que as fundam e podem engendrar laço social. O que significa a recusa de ceder à ilusão nefasta das explicações pelo "irracional do outro".

A sobremodernidade desorienta, sua aceleração contribui para a extensão do "desenraizamento" [*dépaysement*] dos contemporâneos, impelindo-os à demanda mais ou menos definida por uma nova ecologia do espírito. A banalização das técnicas de comunicação, a grande vulgarização das práticas "psi", o acesso das ciências da inteligência às tecnologias do conhecimento e do saber criam as condições de surgimento de uma *tecnoespiritualidade*, de uma aliança do tecno e do sobrenatural. O espiritismo dos séculos passados volta em roupagem supermoderna. Uma antropóloga com formação filosófica, Christine Bergé, escolheu um campo em que "a voz dos espíritos" é ouvida. Ela acompanha o que é uma viagem mental, começando por uma peregrinação ao túmulo de Allan Kardec, referência do culto espírita. Kardec recuperara e misturara as correntes de ideias de um século de transição, o século XIX "cientificista", que revigorou o enfrentamento com o progresso e a ordem. A teoria ou dogma espírita apresenta-se sob o aspecto da reconciliação, do sincretismo: "ela é da esfera tanto da revelação divina quanto da revelação científica". Assimilado por crentes operários, o espiritismo foi "um dos caminhos seguidos pelo movimento operário". Uma maneira de igualmente transfigurar o fascínio que a máquina exerce, esse "outro nós mesmos". Ela amplia ilimitadamente a capacidade de comunicação, estende-a ao passado remoto e aos mortos, dá o poder de transpor os limites do tempo e do espaço. Os espíritas, a propósito, recorrem a metáforas da ciência, da técnica, da ferramenta, do trabalho. Os espíritos obedecem a uma espécie de física, o médium torna-se uma máquina de "comunicação da fala" e dispositivos técnicos tentam verificar a realidade da comunicação. A transcomunicação estabelece a forma mais tecnicizada das imbricações do espiritismo e da ciência. O tecnoimaginário nela se desdobra e faz surgir outro tipo de especialista – o técnico do oculto e do impossível[38].

Se a época dos médiuns se apropriou dos meios da modernidade para melhor legitimar o sobrenatural, a época das religiosidades pós-coloniais faz aparecer os "profetas" que se dissociaram da dominação imperial, que se ocupam dos "males" da modernização. Na virada dos anos 1950, a independência começa a ser exigida e a generalização dessa exigência afeta todo o continente africano. É quando Georges Balandier publica sua contribuição

---

38 "Os veiculadores do sobrenatural" (p. 282).

teórica relativa à "situação colonial" e à cegueira dos antropólogos, que ignoram seus efeitos. É quando ele considera o movimento de libertação em suas duas expressões: nos meios intelectuais africanos, de um lado, e nos meios populares, dos camponeses congoleses, de outro. É nestes últimos que a linguagem religiosa regressada transforma-se em linguagem política de libertação, os "profetas" acreditam nela, os movimentos religiosos organizados em "igrejas da salvação" a transmitem e difundem. Após as independências, a dissidência torna-se frequentemente um reconhecimento pelo poder político, o trabalho dos "profetas" deve então curar os males de uma modernidade que desarma o indivíduo por meio do fracasso das tradições.

É o que aponta Jean-Pierre Dozon, retomando o estudo dos profetismos contemporâneos na Costa do Marfim, propondo uma antropologia da "produção religiosa da modernidade". O momento inaugural reporta-se ao início do século XX, com a chegada de W. W. Harris, vindo da Libéria vizinha. Ele concebe o novo dogma: a Bíblia é o livro dos saberes, a luta contra os deuses do passado e a feitiçaria é o princípio de ação, a cura dos crentes resulta da fé depositada num único Deus, detentor da onipotência. A forma central do harrismo está constituída: um Livro único, um Deus único, um combate contra a feitiçaria que "come" toda vida, uma abertura para a salvação pessoal pela nova fé. O harrismo se difunde, multiplicando os cultos que o imitam. O ensinamento é adaptável segundo a personalidade dos "herdeiros-profetas" e as situações.

Ora a ênfase recai plenamente sobre a separação e a luta, o anticolonialismo popular mobiliza. Ora a meta é ter acesso à decodificação do segredo dos brancos, fonte do poder e das riquezas, e convém despossuir e alcançar uma salvação da qual os Salvadores negros se tornam os únicos intercessores. Ora – e é o caso com a expansão de uma modernidade concorrencial fortemente desigualitária – a palavra dos profetas desarma a feitiçaria apropriadora e cura. Cada um precisa impor sua marca distinta, mas as condições de acesso ao poder profético são as mesmas para todos. É preciso o sinal de uma eleição que signifique a posse de dons excepcionais, além das provas de um poder simbólico e ritual com efeitos benéficos. O relato da aventura espiritual é constitutivo da crença, e esta abre o caminho para a cura das doenças individuais e do infortúnio coletivo, faz nascer uma "comunidade terapêutica" dos fiéis.

Dozon mostra como os "profetas" marfinenses ocupam o espaço religioso ao serem os reveladores de problemas suscitados pela modernidade. Eles denunciam a dominação exercida pelo dinheiro, objeto de uma concorrência que destrói o laço social e a obrigação de solidariedade entre aparentados. Afirmam a necessidade de erguer barreiras contra a feitiçaria, forma principal da concorrência para adquirir poder e riquezas. A feitiçaria destrói primeiramente o espaço social próximo, depois se dissemina pela ação oculta, tornando-se o agente da desordem geral, das crises sociais e da *cabeça ruim* dos indivíduos. Os "profetas" rejeitam as autoridades do passado, situam-se no presente e dizem deter seu controle pela crença, pelas palavra e pelas práticas ritualizadas. Nesse sentido, são parceiros do poder político moderno. Presidentes marfinenses os "utilizaram", cercando seu reino com uma aura profética. Uma verdade se impõe. Os pretensos "profetas" de hoje continuam a revelar a conivência e a imbricação do religioso e do político, para além de milênios de história do sagrado[39].

---

39 "Profetas como 'antropólogos'" (p. 287).

Figurações
do
político

Rousseau afirmou: "tudo está radicalmente ligado à política". Pouco depois o Antigo Regime irá desmoronar com o "sacrifício" do rei, ato de ruptura ritualizado por regicídio que torna impossível qualquer volta ao passado. A Revolução Francesa, contagiosa e imitada, abrirá, no fim do século XVIII, a "era das revoluções". Essa época remete aos *philosophes*, em especial a Rousseau, assim como o Renascimento italiano reporta a Maquiavel e, por seu intermédio, ao advento do principado moderno propício à renovação de todas as artes.

No Ocidente, a história se faz e interpreta segundo a dupla dimensão religiosa e política, até esse período em que o advento democrático separa e laiciza. As próprias monarquias parlamentares só sobrevivem mediante a guarda da função simbólica: a soberania invoca os começos e a longa duração na história, o soberano detém os símbolos da unidade nacional e bloqueia os riscos de apropriação partidária. O poder real só existe na separação, a religião é reservada às escolhas pessoais e a religiosidade impregna o que simboliza a unidade nacional, aquilo que engaja a afetividade na relação com o soberano.

As ciências humanas francesas podem ser vistas há muito tempo como ciências do político e do acontecimento, o que levou à valorização do estudo dos regimes políticos e da forma do direito associado, bem como dos estudos históricos, considerando as rupturas eventuais [*événementielles*] e definindo os períodos delas resultantes. Será preciso esperar o século da multiplicação das ciências, o XIX, para que se constitua plenamente a ciência social, para que a sociedade reconhecida em si mesma seja a inspiradora da teoria e da pesquisa empírica. Só mais tarde essa ciência irá vincular-se às "sociedades do alhures", às suas diferenças no mundo contemporâneo. Essas sociedades não eram ignoradas, a expansão colonial planetária as encontrava e administrava ao apropriar-se de suas riquezas, aculturava-as, mas sua imagem só se formava de três maneiras: o exotismo, o primitivismo e a erudição fundada na arqueologia e no estudo das línguas e criações indígenas. A etnologia praticada em campo, direta, que sucede às contribuições de amadores coloniais, só se desenvolve após a Segunda Guerra Mundial, estendendo-se em seguida no espaço científico na forma de uma antropologia geral que progride por especializações sucessivas.

A antropologia política é uma delas, definida mais tardiamente na França do que nos Estados Unidos. Ela aparece ao mesmo tempo nos trabalhos de campo e na primeira obra que lhe é inteiramente dedicada em francês: *Anthropologie politique*[40]. Para além da especialização disciplinar, é mostrado que o reconhecimento do espaço do político e o conhecimento da natureza do poder só se efetuam plenamente com a superação do "provincialismo ocidental". É um impulso necessário, a fim de fundar a interpretação da diversidade das formas de realização do político, a fim de admitir que o poder no que o constitui põe em ação muito mais que os princípios que o legitimam e as regras que organizam seu exercício.

A história do pensamento político continua sendo, a princípio, a da filosofia política ocidental. É a esta que Leo Strauss dedicou uma obra coletiva em forma de percurso com 39 etapas: da Antiguidade grega até as turbulências funestas do século xx. Cada etapa é o encontro guiado com um filósofo da política pertencente a essa tradição do Ocidente; aparecem apenas duas tradições diferentes, com Al-Farabi (muçulmano de Bagdá) e Maimônides (judeu andaluz). O percurso é balizado: os guias do percurso, à exceção de um, pertencem à constelação filosófica anglo-americana; além disso, no seio mesmo dessa configuração, todos são membros de uma mesma família intelectual, a de Leo Strauss.

Ele tornou-se historiador do pensamento político após ter estabelecido seu diagnóstico da crise do Ocidente

---

40 Georges Balandier, *Anthropologie politique*, Paris: PUF 2013 [1967]. [Ed. bras.: *Antropologia política*, São Paulo: Difel, 1969.]

e da modernidade. Adquire assim fama, exerce uma grande influência nos meios liberais norte-americanos, no sentido norte-americano do liberalismo. O percurso do historiador no espaço da filosofia política é também o trajeto com o qual ele valida sua própria escolha política. Leo Strauss escolhe o (seu) encontro com Maquiavel, que efetua o "corte moderno", que separa o pensamento político do "ato de fé". O historiador da filosofia julga pouco provável a realização do melhor regime e nefasta a ideia obstinada de que ele é realizável. O racionalismo político tem como função preservar das ilusões ao fim desastrosas, trágicas. A ciência política de nosso tempo deve ser, segundo Strauss, cívica e empírica ao mesmo tempo, moderadora de nossas expectativas e esperanças políticas.

Todos os encontros do percurso iniciado com Platão e Aristóteles, que "inauguram a filosofia política clássica", fazem aparecer dois conjuntos de cruzamentos temáticos. De um lado, a questão do grau de desvelamento do político: Montesquieu opta pela reserva (a natureza das coisas políticas não deve ser revelada sem necessidade), Locke, pensador do liberalismo inglês, escolhe o inverso (o verdadeiro fundamento do governo deve ser mostrado para fornecer os meios de combater toda forma de poder arbitrário absoluto). De outro lado, a questão do regime político e a prova de validade da opção que realiza a democracia. Spinoza foi o primeiro filósofo "a ter escrito uma defesa sistemática da democracia" mostrando a dificuldade de preservar a liberdade. Com a era das revoluções, as *paixões* invadem o espaço político, exprimem seja o desejo de democracia total, seja, ao contrário, sua erradicação. Leo Strauss posiciona-se sempre como defensor do racionalismo político clássico, dando cores antigas à democracia liberal[41].

Leo Strauss permanece um pensador incômodo; falecido em 1973, transmitiu a guarda de seus arquivos à

---

41 "O pensamento político encadeado" (p. 292).

Universidade de Chicago, onde lecionou. Polemizando incessantemente, não só se situa fora das modas intelectuais como se empenha em embaralhar as pistas que permitiriam lhe atribuir uma posição no espaço filosófico. É um filósofo que se estima igualmente sociólogo e pretende fundar uma "sociologia da filosofia". É um defensor do racionalismo político clássico apaixonado pela crítica das modernidades e o restabelecimento da cidadania. Pratica o retorno aos "antigos" contra todos os "modernos". Seus críticos refutam uma obra à qual falta coerência: ora é visto como niilista, ora como um moralista "dogmático" assombrado pela "ameaça comunista".

A acolhida desse pensamento é tardia na França, Aron contribui para isso, encontrando na obra straussiana uma dupla refutação: do individualismo sartriano e do marxismo dogmático. O liberalismo francês inspira-se nesse "nem-nem", sem com isso conhecer a prática real dos liberais norte-americanos. O esquecimento irá perdurar até a publicação póstuma em francês das conferências e dos ensaios. É uma introdução necessária, uma apresentação de Leo Strauss por ele mesmo e de sua maneira de querer responder à "crise espiritual" dos contemporâneos.

Strauss propõe uma leitura nova, frequentemente heterodoxa, das obras mais importantes dos filósofos e teólogos do passado. Dialoga com esses pensadores – tanto Sócrates e Tucídides como Heidegger –, analisa com/por eles uma democracia liberal "incerta de si mesma e de seu futuro", finalmente exposta ao risco da "barbarização". Seu racionalismo opera em tensão, destacando-se dos meros "sinais modernos" e libertando deles no caminho onde progride a "liberdade de espírito".

Qualifica-se também como "sociólogo ocidental". Nega, no entanto, a toda ciência moderna a capacidade de cumprir sua promessa, "de dizer em que sentido a ciência é boa". Julga a ciência social desvirtuada pela exigência de cientificidade imitativa, pela incapacidade de estudar a sociedade "como um todo" e o homem social "como uma totalidade". A sociologia deve escapar desses riscos efetuando "um retorno ao modo de pensar do senso comum". Essa posição pode soar como uma dupla condenação: do fenômeno social, segundo Mauss; da distância a ser tomada com relação ao senso comum, quando não à prática, segundo Bourdieu. Strauss quer compreender a realidade social "tal como é compreendida na vida social pelos homens ponderados e tolerantes". Recusa dissociar-se dos valores exclusivamente por respeito aos fatos, é, ao contrário, partilhando-os que se torna possível alcançar uma "compreensão a partir do interior". Mas essa possibilidade de compreender, colorida de "benevolência", é a dos homens ponderados e tolerantes – isto é, dos filósofos ligados ao racionalismo clássico.

Strauss preconiza, sem nomeá-la assim, a *reflexividade*. Desvelar o envolvimento e as crenças dos outros exige a profundidade e o conhecimento de seu "próprio envolvimento". Trata-se menos de distância crítica necessária à objetividade do que de crítica racional que revela a falsidade da compreensão exclusivamente benevolente. Sua crítica total da modernidade apresenta como opostos a esta o apelo ao humanismo revigorado e à exigência de ética, "rainha das ciências sociais". É por aí que a obra pôde contribuir para usos reacionários, embora o apreço à democracia seja afirmado ao mesmo tempo que o necessário despertar do civismo[42].

Outro filósofo, Ernst Cassirer, produz uma obra em forma de testamento filosófico: *O mito do Estado*, livro escrito durante os meses em que o nazismo agoniza. Então ele já tentara responder a esta terrível pergunta: o que é o homem? Até onde ele pode ir na devastação bárbara do que funda a humanidade, na aceitação do gozo degradante do trágico cotidiano? Cassirer, alcunhado "o Olímpico", testemunha, contudo, sem ilusão nem desespero, o que tornou o século xx particularmente trágico.

---

42 "O incômodo sr. Strauss" (p. 295).

Situa-se numa longa história do pensamento político que sublinha os períodos de fraqueza, as épocas de avanços e de recaídas fatais da Razão. O desafio é constante, cumpre ligar toda leitura datada do social à totalidade da experiência humana: ciência, história, religião, literatura e arte contribuem igualmente para o conhecimento que a humanidade pode ter de si mesma, de seu mundo, de sua época.

A celebridade de Cassirer é legítima e duradoura. Ela concerne sobretudo à contribuição do filósofo para um conhecimento diferente das "formas simbólicas", que ele estuda na linguagem, no pensamento mítico, na fenomenologia do conhecimento. Contudo, para o historiador do pensamento político, é o mito que se torna o alvo. O mito que opera à maneira de um agente nefasto, engendrando as perversões do poder e os extravios coletivos. Seu livro *O mito do Estado* é uma forma de epopeia filosófica, o relato das "lutas" travadas contra o pensamento mítico e seus efeitos no curso mesmo da filosofia política. Cassirer parte da seguinte questão: como compreender o que tornou possível a "vitória" do pensamento mítico sobre a racionalidade em diversos regimes políticos contemporâneos? O debate é inaugurado com a crítica dos antropólogos clássicos (Frazer, Tylor, Lévy-Bruhl) ligados ao primitivismo e é envelhecido por essas fontes, assim como está superado seu debate sobre a relação entre universo do mito e teoria científica.

Para Cassirer, o que importa no mito é a *forma*, não o conteúdo, em outras palavras, a capacidade de "aplicar-se a qualquer objeto", de embaralhar o trabalho da Razão até em seu próprio terreno. O mito pode tornar-se a "própria expressão da emoção", ele a reveste de objetividade, ao mesmo tempo que a torna nefasta no campo político. A história da filosofia política deve então ser vista sob o aspecto da luta ocidental contra o pensamento mítico, desde o tempo em que os gregos se tornaram os pioneiros do pensamento racional, os primeiros teóricos do Estado. O colapso desse pensamento se dá especialmente por meio do romantismo alemão, que abre caminho para a "glorificação do mito" na época moderna. Dois culpados principais contribuem para isso, Carlyle com a exaltação do culto do herói, Gobineau aliando o culto da raça ao culto do herói; até Hegel, inconscientemente, desencadeou os "poderes mais irracionais", com sua concepção da História e do Estado – "realidade suprema e perfeita".

O mito pôde servir para deixar o desejo coletivo encarnar-se num chefe, meio desesperado de responder a uma "situação desesperada", quando "o caos retorna". É a lição de Cassirer: se as forças intelectuais, éticas e artísticas enfraquecem, o caminho está aberto para o retorno do caos[43].

As recorrentes irrupções da desordem parecem desdenhar das práticas democráticas e das teorias que as legitimam. Ali onde a Grande Transformação supermoderna se acelera, a política se retrai em prol do economicismo financeiro apoiado nas conquistas da técnica. A dificuldade de governar transforma-se em carência do poder, e a democracia se estabelece como em regime enfraquecido, sem referências fortes nem projetos para esclarecer o futuro imediato. Os agentes da comunicação e os avaliadores das variações na opinião pública ocupam o lugar vazio, operando pelo visível (as imagens) e a indicação mensurada das tendências (as sondagens).

A queda das dominações coloniais e a expulsão dos opressores e beneficiários da sujeição totalitária deram origem a demandas de democracia, sem que, na maior parte das vezes, essas demandas fossem definidas de outra forma que não a erradicação da miséria. Esta, no entanto, engendra ainda mais a amotinação e o protesto de rua do que a revolução que organiza a passagem a um regime democrático. As insurreições recentes, celebradas como "Primavera Árabe", mostraram isso. Em Túnis, no Cairo ou em Bengazi, a rua insurreta elimina o autocrata

---

43   "O Estado esclarecido pela Razão" (p. 300).

corrupto e reivindica a democracia, de fato a liberdade que conduz a mais justiça na luta imediata contra a miséria, a mais equidade na partilha das riquezas. A democracia desejada permanece vaga, enquanto a religião se inscreve na longa história das civilizações islâmicas, a crença vivida por meio do retorno à fé inicial prevalece sobre a expectativa democrática imprecisa, alheia à tradição. A crença pode remediar o "desencantamento" social, mas ela tem um preço a ser pago: a potencialidade do risco totalitário teocrático.

A democracia não é uma recompensa das revoltas populares, já lá ou quase lá, a ser posta em funcionamento uma vez conquistada a vitória. Ela tampouco é importada dos países com longa história democrática, construindo-se a partir de uma história total, no presente, a partir de um poder justamente partilhado e de uma economia que respeite a equidade e a negociação. Ela é uma aposta na vontade coletiva de manter as condições de sua realização, na possibilidade de se opor a sua monopolização, a sua perversão pelo confisco de uma minoria ativista. Ela não é única, mas plural em suas formas realizadas, não obstante um núcleo central lhes reste comum, cujo desaparecimento reduziria o estado democrático a um jogo de aparências ou a um simulacro.

Parece que se pode identificar o regime democrático mais claramente pelo que não é do que pelo que lhe é próprio na diversidade de suas realizações históricas ou contemporâneas. É um desafio ao qual Jean Baechler, sociólogo do político, tentou responder com seu *Précis de démocratie* [Compêndio da democracia]. Ele coloca sua ambição lá no alto: proceder a "uma verdadeira análise da natureza da democracia em geral", em suma, dar forma e método a uma "ciência da democracia". Com esse fim, Baechler principia da afirmação de Rousseau: tudo é político. De sua parte, ele enfatiza a "centralidade do político", ordem "que torna possíveis todas as outras", ele retoma a asserção grega, o homem é "antes de tudo político". Mas logo esclarece que a democracia não é nem uma invenção grega nem uma descoberta moderna: "ela foi descoberta por ninguém e por todo mundo". Está inscrita nas primeiras formas do social – o bando e a horda, que apresentariam "uma transcrição excepcionalmente pura dos princípios democráticos". Enquanto os etnólogos e os antropólogos negaram por muito tempo às "sociedades primitivas" seu pertencimento à história e seu lugar no espaço político, o advento da antropologia política corrige a dupla afirmação. Mas é a *relação política* que é universal, em todo tempo e em todo lugar, não a relação democrática. O retorno à origem das sociedades, aos supostos primeiros estados do poder político, permanece um ponto de partida para a lógica formal, não para o estabelecimento comprovado da genealogia dos fenômenos políticos.

Baechler constrói um "modelo ideal" da democracia, confrontando-o em seguida com as realizações democráticas que estão mais ou menos próximas dele, mesmo que falseadas ou pervertidas. Esse modelo de referência é elaborado pela evidenciação dos princípios constitutivos e por dedução lógica. Ele não é capaz de dar conta do que está fora do modelo, do que escapa ao puro tratamento lógico racional: as simbolizações, as dramatizações, as paixões, os efeitos de influência e ascendência, a versatilidade da opinião pública, que também são constitutivos do campo político, portanto ativos no exercício da democracia.

A teoria do homem confrontado com "a coerção implacável dos conflitos", bem como a teoria da sociedade que pacifica em seu seio orientando a violência para perigos externos conduzem à necessária instauração do poder. Este se manifesta em três modos ligados a três regimes: a força à autocracia, a autoridade pelo carisma à hierarquia, a direção por competência à democracia. Cada um desses regimes se diversifica em suas realizações e corrupções históricas, mas todos remetem ao "modelo da democracia pura e perfeita". Atualmente, três momentos marcam a passagem do modelo ao real: a diferenciação do privado e do público, a delegação reversível significando a possibilidade de opor contrapoderes ao poder, o respeito às virtudes cívicas e políticas que são as condições do exercício democrático.

Jean Baechler não pretende pôr em dúvida os valores democráticos, tampouco sua presença potencial universal. Explicita sua certeza: a democracia é a forma "mais apropriada à solução dos problemas impostos aos homens"[44].

A pura construção intelectual do político desfaz-se sob a norma do acontecimento e sob os efeitos da progressão acelerada das modernidades. O acontecimento mais importante pode ter por desfecho o desmantelamento de um Antigo Regime. A sobremodernidade atual multiplica cada vez mais rapidamente os instrumentos, as máquinas, os meios de fazer cada vez mais depressa, mas subverte ou devasta as instituições e referências culturais. Ela desorganiza e desenraíza continuamente pela transformação rápida das paisagens sociais, sendo ansiogênica pela crescente coerção da incerteza.

A sobremodernidade atual está plenamente associada aos afetos, às emoções, aos desejos. Por meio dos sistemas-máquinas, ela impõe seus ritmos: o tempo do imediato, a rapidez, a urgência. Ela também engendra a supremacia do visível, a irrupção contínua do acontecimento, a adição às imagens e ao jogo com as imagens, ao advento do oculto pelas máquinas, tornando visível o interior das coisas e dos seres e a construção de duplos do real mediante recurso à simulação. A sobremodernidade torna mais imprecisas as representações do mundo e a construção identitária de cada um. O global planetário (a mundialização) e o local enraizado na história (a nação, antigamente) não bastam mais para romper a separação dos indivíduos, para criar laço social. Esse laço se afrouxa enquanto as instituições se desfazem, as solidões se multiplicam, dificilmente assumidas.

---

44   "A democracia, precisamente" (p. 303).

O político se apaga enquanto a impotência dos governos cresce, diante da Grande Transformação que não deixa nada como está, que desloca o poder para a economia financeira e os sistemas técnicos a seu serviço. No espaço político onde o movimento e o "revolver" contínuo reduzem a capacidade de governar, o uso político das paixões substitui a competência deficiente. Elas foram em todos os tempos um meio político, mas com a má fama de utilizar forças obscuras, de agir à revelia dos que elas afetam. É justamente essa permanência que constitui problema. As paixões embaralham a estratégia dos interesses enfrentados, liberam-se mais durante os períodos críticos, contribuem para o estabelecimento e a manutenção dos regimes funestos. Resistem a tudo, ao movimento histórico que as transmite transformando-as, ao progresso que as utiliza por sua vez, às investidas da racionalidade tentando debilitá-las e, sobretudo, às mutações dos regimes políticos que buscam enquadrá-las mediante a lei e a regra. Os totalitarismos do último século utilizaram-nas com cinismo, a fim de subir o nível de suas dramatizações de massa, suas liturgias laicas, a fim de engendrar uma solidariedade em armas, pela eliminação contínua de supostos inimigos do interior – judeus, franco-maçons, comunistas, democratas resistentes. As paixões instrumentalizadas pelos poderes "não têm moral", são indiferentes, reconhecem senão fronteiras porosas entre o Bem e o Mal, um e outro servindo segundo as situações e a oportunidade. São governadas pelas circunstâncias, não pelo imperativo moral.

Pierre Ansart, sociólogo das ideologias e do imaginário social, apresenta seu grande percurso ao lado dos "clínicos das paixões políticas": do encontro com Confúcio à releitura dos textos políticos de Aron. Um percurso realizado com um duplo propósito. De um lado, mostrar que o espaço político é sempre "um lugar de paixões e de tratamento das paixões". De outro, mostrar que seu estudo só pode ser o do clínico. As paixões políticas não se prestam à neutralidade dos observadores e analistas, a começar por sua impossibilidade de dissociar-se de seu próprio investimento passional.

As primeiras etapas do percurso entre as obras mais importantes de todos os tempos revelam a antiguidade do problema e a desconfiança a respeito das paixões. Confúcio recorre ao formalismo dos ritos para alcançar a conformidade emocional. Platão as associa à insatisfação dos desejos e à imperfeição da cidade, buscando as condições em que elas são impedidas de engendrar "distúrbios destruidores". Santo Agostinho aponta a impossibilidade de conciliar as paixões, mesmo na cidade celestial. De fato, sua verdadeira pacificação "reside no coração de cada um".

Ansart detém-se em seguida na companhia de dois bons clínicos das paixões. Maquiavel fez de Florença um observatório das paixões políticas, do Príncipe, o beneficiário das lições tiradas da experiência e de um conhecimento erudito da Roma antiga. O procedimento evita o intelectualismo puro, observa, dinamiza as relações em jogo – isto é, "relações entre os atores apaixonados". A atenção também se volta para os momentos críticos, as guerras e as revoluções, que exacerbam as paixões e fazem uso delas. Mas uma questão recorrente sobranceia a análise: qual é o regime que governa melhor seus equilíbrios? Resposta: a república.

Os modernos – Marx, Tocqueville, Freud e De Gaulle – balizam o percurso, mas é Aron quem mais contribui para uma possível clínica das paixões. Exercendo a função de "espectador engajado", escolhe uma política de equilíbrio, que convida à adoção de uma "política arrazoada e racional". Aron não examina as paixões por si mesmas, e sim por seus efeitos aceitáveis ou nefastos, respeitando a distância crítica que protege das ilusões. Escolhe duas "situações exemplares" para fundar sua posição: o totalitarismo nazista e o regime soviético e sua relação com os comunismos nacionais. É uma escolha decorrente do pós-guerra, da fragilidade da paz, da política dos dois blocos confrontados e da certeza de que as paixões políticas também servem o trágico e, depois, a desumanidade. No caso do totalitarismo, o estudo incide sobre a gênese do fanatismo, de uma patologia política. No caso do sovietismo e do comunismo nacional, o exame concerne sobretudo ao fascínio exercido sobre o meio intelectual, durante o período conhecido como da "Guerra Fria", propício a uma ideologização extrema. Esse momento passional de confrontos intelectuais que o esfriamento das paixões, após o colapso da União Soviética e a queda dos comunismos nacionais, quase condenou ao esquecimento.

Uma vez consumado o percurso dirigido por Pierre Ansart, somos invadidos pela dúvida: permanecemos na incerteza quanto à possibilidade de subjugar as paixões políticas pela racionalidade, até mesmo quanto ao risco de moderá-las em excesso. A dúvida cresce com a mudança de era realizada por todos antes do fim do último século, com a digitalização generalizada e seu cortejo de aplicações. As paixões e os afetos movem-se continuamente, deslocando-se hoje do político (debilitado) para o economicismo financeiro (todo-poderoso) e a tecnologia (inaudita por seus produtos). A afetividade procura compensar, depois reduzir, os efeitos de uma sociedade abstrata aberta à proliferação dos *softwares*, dos algoritmos e das coerções da urgência sem projeto suficiente para aclarar o devir[45].

Depois das paixões, a memória coletiva, que dá ao passado uma função política atual: nenhum povo, nenhuma sociedade, nenhum indivíduo poderia ser e definir sua identidade em estado de amnésia. Não podemos fazer tábula rasa do passado, ele dispõe de recessos de onde pode voltar, surge dos refúgios aos quais poderes opostos – agentes de coerção pelo esquecimento – o conduziram à resistência. Acontecimentos do último século forneceram inúmeras provas dessa conservação na expectativa de retorno. A memória retorna na esteira da história contemporânea – na Alemanha pós-nazista, na Rússia pós-soviética, em cada um dos países pós-coloniais. A

---

45   "O uso político das paixões" (p. 307).

memória de antes tinha sido brutalmente anulada, capturada, confiscada, desviada, escondida na expectativa do retorno. Ela volta à vida "pós", mas já não é a mesma, outras problemáticas a utilizam e manipulam. Ela é essencialmente uma questão política sob a vigilância do novo poder estabelecido, questão da qual os adversários, por sua vez, extraem os meios do protesto ou da rejeição.

A queda dos totalitarismos do Leste Europeu restituiu à memória coletiva um vigor detectável em cada uma de suas manifestações. O político reconstrói, as classes sociais ressuscitadas e as instituições em vias de renovação tornam-se objetos da pesquisa reavivada e as memórias coletivas, fontes ideológicas que alimentam os confrontos. Um livro organizado, em especial, por Alain Brossat, dedicado à "memória redescoberta" após a morte dos totalitarismos da Europa Oriental, revela imediatamente após o acontecimento os renascimentos, os debates, os combates em que as memórias coletivas são envolvidas. É um mundo em fusão subitamente "possuído pelo passado", egresso do confinamento em que era prisioneiro, que se vê retido nas turbulências, nas incertezas identitárias, nas rivalidades e nos conflitos. Um mundo no qual os indivíduos se fazem, por necessidade, "caçadores de memória".

Nesses canteiros de obras do social emancipado, estudados de certa forma no calor da hora, a memória se manifesta sob três aspectos: "apagada, manipulada e disputada". O apagamento não somente esgotou fontes de informação, como, em seguida, atingiu o que podia ser lugar de memória sob o antigo regime, o que promovera sua celebração, escolhera as inscrições e representações materiais. A memória *manipulada* revela-se na relação com os fundadores, na relação com os acontecimentos: as estátuas de Stálin foram derrubadas, mas a prática popular alimenta a "religião leninista"; na Alemanha socialista (a RDA), a capitulação alemã foi apresentada como uma *referência fundadora*, o signo da resistência ao nazismo, de uma vitória obtida sobre o fascismo e o militarismo.

O fim da União Soviética manifesta-se simbolicamente pela destruição do muro de Berlim, o muro das duas Alemanhas e do confinamento total das nações orientais da Europa. É a abertura que permite exigir prontamente o "direito à memória", reforçar a voz dos dissidentes, abrir as represas que contiveram esse "oceano sem margens", as memórias coletivas. Elas voltam, se misturam, se reconstroem em estado instável, de tal forma as disputas as utilizam contraditoriamente, ou mais diretas, exercendo sua violência legitimada. Não se trata de uma memória legitimada que é dada em partilha, mas de memórias engajadas em "batalhas vingativas". A memória permanece sempre e em toda parte *plural*, fragmentada. Antes mesmo da dissolução da União Soviética, dois movimentos de protesto se opunham a ela numa utilização antagônica da memória coletiva disputada. Um luta contra o esquecimento das vítimas do período stalinista, tenta restituir vigor ao civismo, contribui para as condições que visam o nascimento de um regime democrático. É uma memória antistalinista. O outro movimento dedica-se à salvaguarda da herança, busca o retorno às tradições, reanima as correntes do nacionalismo russo e ressuscita as exclusões que elas engendravam. É uma memória nacional. Duas lógicas apelando ao mesmo passado opõem-se na construção do presente. Nas turbulências e incertezas do atual, as recomposições da memória reanimam fortemente as paixões nefastas, os particularismos, as divisões transmitidas na sucessão das gerações.

A história que se fez alimentou sem fim as memórias coletivas, o acontecimento e a transmissão as abasteceram. A sobremodernidade contemporânea substitui a duração pelo tempo imediato, a memória viva pelo arquivo digitalizado, a interrogação do passado e da experiência coletiva pela urgência. Esta é outra prova em que se impõem, inclusive contra o político, as memórias maquinais e seus sistemas de ação[46].

---

46   "As recomposições da memória" (p. 310).

O poder político e todos os poderes exprimem *o ponto de vista do alto*: ali onde a informação se canaliza, onde é tomada a decisão, onde é regida a comunicação. A essa distância, os políticos, encerrados nos lugares do poder, parecem todos afastados das preocupações e dificuldades da vida cotidiana das pessoas comuns. Parecem e estão ao mesmo tempo. A modernidade contemporânea esconde os problemas comuns, multiplicando as mediações instrumentais, a informação maquinal, o tratamento por sistemas, o aconselhamento "competente" de peritos e comissões de especialistas. A abstração burocrática indireta rege a verdade oficial, não (ou pouco) a experiência vivida no cotidiano, somente cognoscível pela proximidade, pela presença, pela atenção direta dispensada às dificuldades da existência e à queixa.

Só o acontecimento e a urgência condicionam a presença "real" das políticas em contato com "pessoas de verdade", mas suas reações e decisões são respostas ao excepcional; a gestão do momento e do risco revela imediatamente sua competência ou incompetência. No curso dito ordinário da vida pública, é a mundialização do lado de fora, a acumulação dos problemas não resolvidos do lado de dentro – o desemprego em massa, a imigração sem saída para muitos, a extensão da grande pobreza, o poderio financeiro e as desigualdades crescentes que se tornam os reveladores dos poderes impedidos. De sua capacidade de superar a impotência: "todos tentamos", constatação dos políticos a propósito do desemprego sem remédio eficaz.

Foi dos espaços antigamente sob dominação colonial, em especial das pesquisas das ciências sociais sobre a União Indiana, que veio a iniciativa de desenvolver *subaltern studies*, estudos que se ligam ao *ponto de vista de baixo*. Ao mesmo tempo, as descolonizações mudam radicalmente as relações geopolíticas, e o além-Ocidente cresce em poderio e se prepara para assumir futuras transferências de supremacias, a situação vivida das pessoas comuns se manifesta e se exprime, suas palavras começam a ser ouvidas.

A atenção das ciências sociais orientadas de outra forma, voltadas para as pessoas de baixo e para os socialmente inferiorizados, o foi em outros períodos de grandes mudanças e impotência visível dos poderes. No fim da era colonial, quando a antropologia se dedica um pouco menos à manifestação e à elucidação positiva do diferente – ao que torna exótica uma civilização – e um pouco mais ao que é da alçada da dominação contestada, à desconstrução social, à difusão do salariado e à expansão urbana.

No Ocidente, um deslocamento comparável é realizado com a Primeira Revolução Industrial no século XIX e com a grande depressão econômica dos anos 1930. É no curso desses anos que uma escola antropo-sociológica definida de maneira diferente, rapidamente celebrizada, se constitui nos Estados Unidos, em Chicago. Os bairros abandonados – desfavorecidos, dizem –, as minorias, os desempregados, os delinquentes, os desviantes e a crise interminável tal como é vivida são os temas que orientam as pesquisas. Chicago é a fonte de inspiração que fecunda outras escolas, na Alemanha com a corrente da "reconstrução social", na Áustria sob o duplo impacto de Marx e Freud, na Inglaterra com o espaço concedido à "antropologia aplicada", na França com essa mesma especialização e as "histórias de vida", com a "socioantropologia do cotidiano", depois que Gérando se decretou "visitador do pobre". Isso é, observador da condição indigente.

As repetidas crises econômicas, a desestruturação da economia material, a rápida expansão do número dos sem-emprego e dos novos pobres, a insegurança social e a ansiedade individual alimentadas, a concentração demográfica e as desigualdades combinadas alimentam a segregação no seio dos "conjuntos habitacionais", tudo contribui para deslocar o olhar dos sociólogos para as pessoas de baixo. Para "as verdadeiras razões do sofrimento". É o que faz Bourdieu, surpreendentemente, supervisionando uma pesquisa coletiva fora de seus campos bem conhecidos, um estudo em que a "miséria do mundo" é observada. Resulta daí um livro com duplo efeito: uma coletânea de histórias individuais contextualizadas, construídas a partir do "discurso natural" de cada interlocutor; e um comentário que democratiza a "postura hermenêutica", assumida a propósito dos "relatos comuns de pessoas comuns".

O texto é apresentado sob quatro títulos principais: o espaço dos pontos de vista, os efeitos de lugar, a abdicação do Estado, os declínios; eles levam a um epílogo ao mesmo tempo científico e político. No começo, os espaços que aproximam e obrigam a coabitar, ali onde "as misérias da coexistência" reforçam as "misérias de cada um". Os lugares julgados difíceis são vistos sob aspectos emocionais, dramatizados, alimentados pela imagem fantasiada das situações norte-americanas. É a "síndrome americana" a ser rechaçada, vendo essa América mais sob o ângulo da "utopia negativa". O desvio pelo Estado pode esclarecer as observações de "campo", revelar os encadeamentos que vão desse centro "até as regiões mais deserdadas do mundo social". Os declínios obedecem a etapas que acompanham a aceleração do movimento da hipermodernidade sem conclusão.

Os relatos de vida reunidos e comentados pelos sociólogos do grupo de pesquisa revelam a visão de baixo, o desvio pelo Estado se associa ao que dele compõe uma visão sobranceira e uma forma de arrogância do alto. Essa visão é retomada e construída pela mídia, que produz suas imagens, é tratada por especialistas que transformam os problemas pessoais em problemas de sociedade cuja responsabilidade permanece imprecisa. Inversamente, não devemos nos contentar com a mixórdia dos mal-estares sociais, mas *escutar a queixa*, colocar-nos em pensamento no lugar do outro. O que Bourdieu chega a qualificar de "exercício espiritual por esquecimento de si", não de método[47].

---

47 "Visões dos desfavorecidos" (p. 314).

Desafios e riscos

É um paradoxo, no entanto a potência cresce ao passo que a impotência política vem aumentando. Tudo contribui para o fortalecimento rápido da potência, em primeiro lugar a passagem à mundialização, a mudança de escala que marginaliza os países cujo tamanho e cuja capacidade se tornaram insuficientes, que dá força ou reforça o ínfimo número dos outros. A cartografia geopolítica mudou em poucas décadas, suas representações engendram os espaços onde potências outrora dominantes se retraem, os grandes espaços onde algumas recém-chegadas dão curso a sua expansão.

A transferência de poderio em seu proveito é ao mesmo tempo o objetivo e o desafio, isto é, a aposta da minoria de países que fizeram da mudança de escala a chance de seu desenvolvimento acelerado e inaudito. São as novas potências coletivas em devir, mas os poderosos individuais dispõem de uma solidariedade planetária que os alia até na concorrência, a solidariedade dos "desigualitários". Essa conivência no aumento de poderio acompanha a fascinação que a sobremodernidade globalizante exerce. Ela provê naquilo que é continuamente fator de mais potência: a mobilidade; o imediato financeiro; a tecnologia dos "imateriais", o recuo da materialidade substituído pelo real digitalizado e as redes de acesso de abertura imediata; o individualismo concorrencial alimentado pela fraqueza das instituições e do laço social, pela deficiência das regulações. A potência aumenta, nada a modera globalmente.

A impotência política enfraquece nações antes dominantes, a Grande Transformação, que alia a força do movimento (a aceleração das mudanças) e os efeitos da incerteza (o aparente absurdo do devir), enfraquece a capacidade de governar. A gestão da urgência, a governança pela mediação dos especialistas e dos sistemas-especialistas maquinais suplantam a ação propriamente política, necessária para esclarecer o futuro imediato, definir projetos que fortaleçam o desejo de um futuro mais distante e o engajamento pessoal. A falha do político deixa os "problemas de sociedade" não resolvidos, essa fórmula não consegue mais sequer permanecer cobrindo os sofrimentos vividos.

Eles são os do cotidiano das "pessoas de verdade", enquanto a impotência e a medíocre vontade dos poderes se manifestam em tudo que afeta a vida ordinária. Em todos os níveis, a começar pela crise econômica interminável que solapa as nações mais vulneráveis e destrói as condições de uma vida decente para o cidadão. O capitalismo financeiro dá todos os poderes a Leviatãs-banqueiros que oprimem sem correr grandes riscos, às firmas globalizadas que abandonaram a gestão dos "recursos humanos", subordinando-os à progressão contínua do "resultado" reservado à partilha de uma minoria de poderosos. Estes o são pois dispõem principalmente de dois meios repressivos: a demissão coletiva, que abandona continuamente milhares de assalariados ao desemprego em massa; e a deslocalização, que substitui o funcionário "caro" pelo funcionário "barato" pertencente a países mais pobres. A pressão sobre os empregados continua muito forte, o desemprego progride continuamente sem períodos de refluxo duradouro, a grande pobreza se dissemina. A tecnologia informática e as máquinas automáticas comem emprego, as profissões se perdem, as funções de serviço dos sistemas "maquinais" as substituem, a proteção sindical se desgasta.

O social e o societal entraram em turbulência permanente, as instituições e os grupos de inserção obedecem a uma série de desconstruções ("os fins de") e reconstruções (os novos começos), o "laço social" está corroído e o civismo se retrai. O individualismo do "cada um por si" se generaliza, a felicidade sem felicidade e o gozo no imediato se espalham após a constatação da impotência dos poderes. Pegar tudo que pode sê-lo – dinheiro e gratuidade, tempo livre, mobilidade e viagem, temporada fora e natureza ainda natural, desafio em contato com o sol, o mar, a montanha – tende a tornar-se uma regra de vida. A impotência dos governos dá margem a todas as formas da astúcia social.

Poder concentrado, sempre mais, impotência geradora de fracassos e sofrimentos individuais, sempre presente. A segunda pode ser invertida? Pode ajudar a "domesticar" o primeiro? É a aposta do sociólogo Denis Duclos, que implica todas as sociedades a partir desta afirmação: os homens têm a capacidade de "retroagir em sua história", lembrando às sociedades que cultivam a potência que este não pode "responder aos malefícios da potência". Do que ele se diz plenamente convicto. Meios técnicos crescentes existem, mas não basta recensear tudo e organizar, gerir tudo com a colaboração de comandos e robôs da geração mais eficiente, regulamentar tudo para conter os riscos e danos desigualitários. É uma incapacidade geral que cresce, enquanto o *princípio esperança* se extingue e, com ele, a expectativa de uma ruptura radical e um devir totalmente outro.

Numa sociedade de hipermodernidade, a potência exerce sua ação de duas formas extremas: a fascinação e a "histerização", a primeira por suas realizações inauditas, pela sedução das máquinas e dos sistemas que as servem, a segunda pelos jogos de força que ela alimenta, pela espiral de êxitos individuais que leva rapidamente alguns para a altitude dos bilionários. Fascinado ou histericizado, não se quer nem se pode mudar nada, pega-se, recebe-se, não se acredita na realidade da doença social. A única demanda é a da aceleração do desenvolvimento lucrativo, de um poder adquirido em detrimento do poder político, invocando a complexidade do mundo tal como ele se tornou.

A fim de conduzir sua demonstração, Duclos esboça uma teoria das sociedades. Primeiro, de toda sociedade, que comporta passagens, pontos com os quais é possível jogar para "sacudir" as representações sociais, as razões de agir. Uma posição próxima daquela que defendo há décadas. De um lado, todas as sociedades comportam "buracos", pontos de menor influência, fracos. De outro, a história de toda sociedade é, em graus de intensidade desigual, um combate constante contra seu próprio inacabamento.

É, ao mesmo tempo, a fratura do fechamento social e a denúncia do "consentimento oculto".

Em seguida, a sociedade supermoderna é examinada, em primeiro lugar sob o aspecto do que alimenta a ilusão do controle. A ciência pode fornecer a imagem de um mundo que é possível manipular, simular e transformar, até o ponto em que as biotecnologias conduzem à ilusão da a-mortalidade. A técnica exalta os sucessos do poder-fazer, o desempenho, o inaudito, até o momento em que a catástrofe incontrolável desperta a dúvida e a ansiedade. Conjugados durante o curso normal do funcionamento, eles mantêm um forte sentimento de ascendência, ignorando ou negligenciando o que o real comporta de "oculto e irredutível". Tanto o risco como a doença ameaçam, mas também carregam consigo o remédio, dizem. Eis uma certeza, como aquela ligada à "vontade de controle", que, não obstante, revela, pelas crises não resolvidas, que ela engendra frequentemente o incontrolável. A história humana é balizada tanto, ou mais, por fracassos quanto pelos sucessos inauditos, o "risco de reversão para o inumano" permanece uma ameaça camuflada e constante.

Denis Duclos identifica um mundo já "coisificado", propõe travar a luta contra os "grandes ídolos", afrouxar a crispação sobre a potência e as "arrogâncias disfarçadas de pseudoconhecimentos". Às técnicas da potência, ele opõe três formas de *domesticação*: a "civilidade", que é uma aptidão, uma vigilância, uma capacidade moderadora agindo sobre tudo que alimenta as resistências do corpo social e o reconhecimento dos limites; o "racionalismo moderado", que não abole a aptidão para jogar com os saberes e as regras, mas protege da completa delegação do tratamento dos negócios aos sistemas e máquinas; a "ordem cultural", que não é uma derivação do retraimento, mas uma proteção contra as "miragens de controle", uma forma de "se proteger da potência". A obra de Denis Duclos foi publicada antes da mudança de era, no fim do último século; desde então a Grande Transformação acelerou sua marcha, acompanhada pelo cortejo das crises. A mundialização e as mutações tecnológicas revolucionaram todos os lugares do homem, certos modos de domesticação da potência tornaram-se obsoletos, a impotência dos poderes, mais aparente. O imaginário coletivo se alimenta de outra forma, com imagens de catástrofe e contágios, que o abastecem periodicamente ao longo das crises não resolvidas[48].

A catástrofe nunca desapareceu do horizonte dos homens; com a sua realidade, que atormenta, devasta e arruína, com suas metáforas, que se inscrevem nas visões do mundo e das configurações do imaginário, aliando os medos, as angústias e as reações às irrupções do trágico. A natureza, por suas turbulências e veemências destruidoras, continua a impor essa presença, mas suas agressões continuam a ser vistas pela maioria sob os aspectos de uma fatalidade natural ou uma prova imposta por forças sobrenaturais que dispõem dos homens. São o terremoto, o *tsunami*, o furacão, a avalanche. Os homens medem melhor sua responsabilidade, total ou parcial, quando a catástrofe resulta de suas iniciativas de "arrazoamento" do mundo por meio das técnicas – sejam as das máquinas, sejam as do vivo –, de seu mau controle dos grandes sistemas técnicos, em consequência da perversão lucrativa imediata ou competência insuficiente. A catástrofe nuclear manifesta o risco supremo, uma potência liberada jogando com a impotência humana de controlar prontamente a desordem que afeta uma indústria de alto risco, nascida da criatividade técnica. É Chernobil, na Ucrânia, que conjuga a falha técnica e a incapacidade do poder político. É Fukushima, no Japão, que mostra ainda a onipotência de uma dupla catástrofe natural e técnica, funesta por todos os seus efeitos, que revela a vã agitação de todas as impotências humanas. Da incapacidade dos atores encarregados dos sistemas

---

48   "O poder domesticado" (p. 320).

técnicos ao desequilíbrio de um poder imperial supremo ao mesmo tempo cômico, simbólico e político.

O acontecimento catastrófico é um revelador, é ele que reaviva com violência o imaginário, que provoca o retorno de imagens desastrosas. Uma obra realizada a fim de alcançar uma difusão em massa tenta reiterar esse efeito; foi o caso do filme de James Cameron dedicado ao desastre do *Titanic*, visto por milhões de espectadores. O sucesso mundial inaudito ensejou inúmeros comentários: os críticos especializados propuseram "explicações" para o sucesso, peritos em catástrofes analisaram os erros de gestão de uma situação crítica, sobretudo puseram em dúvida o domínio sobre um sistema técnico feito para impedir todo risco de naufrágio. O mito construído em torno do *Titanic* desaparecido subitamente ocupou o imaginário contemporâneo. Ele traça os limites que a potência da natureza impõe com violência à potência técnica. Expõe as ilusões que alimentam as imagens de perfeição e domínio técnicos: resta sempre uma parte de imperfeição, de que o nefasto acaso pode se apoderar; restam sempre os efeitos da incerteza quanto à total capacidade e competência para gerir os riscos imprevistos de todo complexo técnico novo.

São múltiplas as figurações da catástrofe, havendo uma, contudo, que atravessou os séculos: a do fim do mundo. Ela ressurge em 2012, anunciada para o dia 21 de dezembro. Leva à busca (em cavernas subterrâneas) e à fabricação (entre elas, cápsulas habitáveis imersas no mar) de abrigos de sobrevivência. É um carnaval midiático até o momento do não acontecimento, após o que o silêncio recai até o próximo avatar. A origem da crença era a atualização de uma previsão extraída de uma interpretação do "calendário maia", a catástrofe cosmológica reinvestida "manifestava" as angústias reais, a derrelição e a desesperança que fazem tomar consciência da impotência de controlar a obra de potência dos contemporâneos. Os supermodernos a utilizam sob fascinação, não têm mais certeza de conseguir finalmente domesticá-la.

A metáfora da catástrofe volta com o choque do acontecimento, outra metáfora – a do contágio – opera mais duradouramente, na forma de epidemia. O contágio epidêmico é primeiramente identificado como fracasso ou derrota provisória, além de risco duradouro com efeitos funestos. À capacidade crescente das práticas médicas, aos avanços do controle do vivo, ele opõe seu desafio, uma forma de guerra insidiosa contra o vivo, cuja iniciativa ele pode conservar por muito tempo. A impotência biotecnológica tem como oposto a potência expansiva do mal, pelo contágio o "mal corre". Sua disseminação alimenta os medos, as metáforas os exprimem e propagam a suspeita. Nesse sentido, a aids foi e permanece, durante o tempo de um programa de televisão solidário, o mais poderoso dos reveladores sociais. Um sociólogo, Bernard Paillard, mostrou isso em seus "cadernos" da epidemia. Esta transformou insidiosamente as atitudes sociais, "revolucionou" as práticas na mesma medida, ou mais, que a digitalização do mundo, que é sua contemporânea.

Nomeada na impotência científica, a epidemia tem como agente um vírus logo identificado como particularmente perverso, que dispõe de uma grande capacidade de camuflagem e espera, que mata por delegação, minando as defesas do organismo. A doença, não vencida, transmitida, multiplicada, funesta, abrangentemente planetária, é designada por fórmulas da linguagem popular: besta imunda ou nova peste. A doença provoca o temor de uns e o pavor de outros, na medida em que se dissemina pelo que é feito para produzir vida, amor e gozo, transformado em agente da morte.

O "arcaico" pode ressurgir tão logo uma nova epidemia, mal identificada ainda por cima, sobrevém e se instala. As figuras da culpa e do castigo reaparecem: os minoritários sexuais, os toxicômanos, os libertinos e os estrangeiros são presumidos ou apontados como culpados, a doença chegou através deles, através deles se espalhou. A suspeita, mais que isso, a afirmação dos rumores, engendra a violência do discurso, da segregação, da discriminação. Os pregadores punidores transformam a epidemia, tão propícia às suas fulminações, numa maldição, numa manifestação da cólera divina provocada pela desordem dos costumes, pela erotização generalizada das relações sociais.

Durante um primeiro período, os próprios cientistas recorrem a duas linguagens, uma científica, que deve conter as efusões da angústia pessoal e os efeitos sociais das fobias culpabilizantes, a outra metafórica, por meio dos relatos que reportam astúcias e esquivas do agente perverso, que ajuda a fazer reconhecer a extrema gravidade da doença e os limites de uma terapêutica ainda cega. A aids não é um objeto sociológico que dá muita margem ao "distanciamento acadêmico". A pesquisa ligada a ela difere das demais, engaja afetivamente, leva aos limites, conduz ao encontro das derradeiras aflições e da morte. O levantamento metódico severo e distante não é bem-recebido, somente as notações cotidianas oriundas da presença participante, do envolvimento afetivo – que é a escolha de Bernard Paillard ao publicar os "cadernos de um sociólogo", e não a apresentação e análise de um levantamento; um sociólogo que reconhece sua "impressão de desertar", que admite ter entrado num "longo período de crise". Seu livro efetua a exploração de outros mundos, em que o infortúnio e a morte irrompem, mas se formam solidariedades diferentes, em que algumas criaturas se transfiguram espiritualmente antes de perecerem. Uma exploração dos lugares onde a aids impõe sua presença real e fantasmática.

A doença obriga a suportar mais que a contaminação. Como os historiadores observaram, os tempos das "grandes transformações" são frequentemente associados aos tempos das pestes e das desordens, eles reativam as culpas soterradas e a busca de vítimas expiatórias a quem a irrupção do infortúnio é atribuída. A revolução sexual é então convertida em nova desordem amorosa, que é preciso suprimir, por razões mais de salvaguarda que de ética. As campanhas de prevenção devem situar-se "entre informação e pânico", recorrer ao poder político, mas evitar as armadilhas montadas pela disputa política, que se revelam pela competição entre as instituições, pelo confronto entre as competências e pelas rivalidades das pessoas.

A ambiguidade social insinua-se em toda parte. No círculo do doente, que a impotência terapêutica desampara, que mal consegue encontrar as palavras convenientes e simular denegação. Na terapia, com efeitos de assistência frequentemente concluída por um fracasso inelutável que afeta os enfermeiros informados e os constrange à dissimulação. Na relação com a morte, que o doente não consegue apaziguar, que converte o cadáver em "corpo epidêmico". A lembrança é cultivada nos memoriais, onde os defuntos, todos misturados em "colchas de retalhos onde figuram nomes", são protegidos do esquecimento e do anonimato, memoriais que conferem sacralidade às celebrações coletivas.

A própria ideia de um mundo em transformação acelerada, que se torna o abrigo de forças ocultas com intenções imprevisíveis, com ações que manifestam ao mesmo tempo o desafio e a impotência, impele para as regiões mais escuras do imaginário. Aquelas onde se encontram as antiquíssimas, sempre conjugadas, figuras do risco, da desordem e da fatalidade, do contágio, da epidemia e da doença punidora. A epidemia não vencida, a derrota da ciência e da técnica médica minam a esperança de realizar a utopia da "saúde perfeita"[49].

As regiões do imaginário possuem ao mesmo tempo a "sombra" e o "sol". As partes iluminadas são aquelas em que a utopia positiva promete uma progressiva perfeição da sociedade (as etapas) e um planeta mais harmonizado com o homem (a salvação ecológica). São também os momentos em que a sociedade se deixa viver pelos sentidos, numa apreensão imediata que permite as transfigurações apaziguantes, em que as relações entre as pessoas se estabelecem

---

49   "Pensar a aids" (p. 324).

mais por afetos que por estratégias calculistas. Viver pelos sentidos, as emoções em primeiro lugar, surge como um frágil meio de sair por um instante dos confinamentos sociais por intermédio do sensível, da partilha dos males e problemas vividos, por coincidências de sensibilidade, conivências. Nas sociedades supermodernas fundadas nas transformações instrumentais geradoras de potência ascendente, em sistemas-máquinas com lógica complexa (*softwares*) e memória (arquivos virtuais) integradas, em modos de comunicação predominantemente visuais (reais e virtuais), o sensível acompanha compensando tudo com efeitos contrários. A agregação da matéria aos "imateriais", do corpo aos seres virtualizados ou simulados, da beleza e dos cheiros à natureza desvitalizada pela imagem.

A sociologia do sensível ressuscita e faz ressuscitar o que a sobremodernidade abole com sua aceleração. Ela aponta os erros e inventaria respostas oponíveis, faz reaparecer objetos de pesquisa desaparecidos de seu campo e cujo retorno figura outro modo da "tradição do novo". Assim, a sociologia do corpo libertado do "higienismo", a sociologia do gosto, da cozinha, liberada de sua dependência gastronômica revelam a redescoberta do essencial ou, em outras palavras, do "primevo", evitando todo primitivismo. Foi a antropologia, contudo, que, por necessidade, mais estimulou a relação com o sensível, os afetos e as surpresas da emoção. Em campo, em primeiro lugar, no início da pesquisa, quando é imperioso construir a maneira de estar juntos, obter a acolhida da comunidade estudada. E também quando é imperioso reforçar a capacidade de perceber e sentir, a fim de compensar a precariedade linguística e a do conhecimento mínimo necessário à compreensão das diferentes práticas. É outra forma da acolhida do visível pelo olhar, da "fala" pelo que é ouvido, da cotidianidade pelos cheiros e sabores, do acontecimento pelos dramas sociais. O antropólogo faz assim, de certa maneira, o trabalho efetuado pela literatura quando ele coleta observações no calor da hora, tratando-as para transpô-las em materiais de ficções e depoimentos. Aliás, autores franceses puderam, em alguns dos casos, estabelecer uma forte ligação entre as duas disciplinas, a começar pelos escritores que assistiam ao seminário de Marcel Mauss e os fundadores do Collège de Sociologie.

O mais importante advém do que pertence à própria natureza das sociedades "antropologizadas". Quando elas não possuem escrita racionalizada nem o livro propício à intelectualização e à solidão do saber, o mundo se abre para elas pela percepção e a sensação, o próprio indivíduo é "receptivo", aberto a tudo que dele recebe, do qual faz seu conhecimento e sua orientação A cultura é fundada no corpo dos seres e das coisas, na palavra, na dramatização ritual; a sociedade, nas relações entre as pessoas, que as obrigações e interditos racionalizam, mas que a proximidade dos corpos sensualiza. É uma apreensão afetiva, simbólica, dramatizante do mundo, mais propícia à crença total e à emoção do que à apreensão lógico-instrumental desenvolvida pelas modernidades sucessivas.

A sociologia do sensível renasce ao encontrar essa herança, inscrevendo-se então num espaço reconquistado: o da *socioantropologia*. Nele também a literatura e a exigência científica não se excluem mutuamente. Elas se situam juntas em oposição às permutações rivais que se realizam entre o sociólogo e o especialista, à sua conivência e, conforme as circunstâncias, às suas similitudes na concordância quanto aos modos de decifração do social. As duas sociologias se complementam, a do sensível corrigindo a outra em período de sobremodernidade, por necessidade. As novas tecnologias, mudando rapidamente a construção do social e das relações entre as pessoas, modificam a economia afetiva, emocional, passional, especialmente pela predominância do imediato e da urgência, pela "comunicação" e digitalização do real, pela abstração dos imateriais e por uma *socialidade quântica* que valoriza a pequenez e o espontâneo.

De um lado o poder dos "aparelhos", dos sistemas que operam com o capital financeiro, a economia, a técnica, jogando com sua mobilidade; do outro lado o indivíduo, que reforça suas defesas por meio do retraimento a sua singularidade e seu interesse "egoísta". Ele se valoriza centrando-se em si mesmo, seus filhos, seus amigos, com o "resto" somente para o que lhe serve ou poderia prejudicá-lo. Nessa relação consigo mesmo, em que o indivíduo "social" desaparece diante da pessoa singular, o corpo torna-se uma preocupação capital, pois ele é em primeiro lugar a presença de si sob o olhar dos outros.

David Le Breton, escritor socioantropólogo, publicou uma obra abundante que constrói uma sociologia do corpo visto em todas as suas instâncias: corpo do belo, registro expressivo, objeto espiritualizado pelas feridas inscritas na carne, corpo do risco jogando com o desafio e a sorte, corpo do sofrimento padecido ou procurado. Um dos "ensaios de antropologia" trata dos "rostos", com a lembrança da afirmação de Carl Dreyer, cineasta dos rostos, dessas terras "que nunca nos cansamos de explorar". O sociólogo faz-se primeiramente historiador, considera o percurso que leva à "invenção do rosto". No começo, é preciso que o indivíduo se diferencie do coletivo, que o corpo seja reconhecido com seu valor próprio e não como suporte perecível da alma, para que o rosto seja identificado na especificidade de seu registro expressivo.

O rosto é portador de uma linguagem. Por suas diferenças, traços físicos e variações constantes, ele exprime a singularidade da pessoa e a condição social mostrada pelo tratamento estético que o modela. Na Antiguidade grega, os rostos são lidos em associação à definição dos caracteres humanos, produzindo uma primeira elaboração da caracterologia. Na Idade Média, outra leitura se impõe: a fisiognomonia, estudo de sinais e analogias que manifestam correspondências entre a ordem do mundo e o próprio ser do humano. Após a interpretação, a figuração, primeiro pelo retrato, em seguida pela fotografia e os "múltiplos" que caracterizam a modernidade. O retrato dissociado de suas expressões religiosas assegura de certa forma a "celebração social" do rosto, após ter sido o memorial dos poderosos, que assim inscrevem sua presença num desejo de eternidade. Com a fotografia, que permanecerá por muito tempo uma arte mediana, se estabelece a "democracia do rosto". Ela dá, a cada um, outro acesso à sua própria imagem e à sua história pessoal, às lembranças e ao reconhecimento identitário. Ela já anuncia uma nova forma de narratividade da família.

O rosto só exerce plenamente sua capacidade expressiva na relação concreta com o outro, isto é, numa troca de significações fundadas em sinais e mímicas, em expressões que recorrem aos registros do simbólico e do imaginário, na maquiagem que faz do rosto um palco. David Le Breton repete: "O rosto nunca é uma natureza, mas uma composição". Por essa razão, a perda do rosto, a perda da face, corresponde a uma morte social, a um drama vivido. Por essa razão, o amor ao outro e o ódio ao outro se exprimem inversamente pelo rosto. Um representa fascínio e desejo, o outro impõe uma dominação bárbara àqueles cuja face humana foi apagada para criar um povo de "sem-rosto"[50].

A sociologia se move, mudando os objetos de pesquisa e suas referências teóricas para não enguiçar diante de um espaço social "em obras", atrelado a desconstruções e reconstruções aceleradas. Tentativas muito diversas almejaram provocar o sobressalto da revitalização, tecnicizando a relação com o futuro (a prospectiva), inventariando os desaparecimentos no interior do campo social (os "fins de", entre eles o do laço social), mudando o sistema interpretativo (apreensão pela desordem, a crise, o caos), praticando uma forma de sincretismo teórico (modelos de interpretação inspirados especialmente por teorias fenomenológicas, estruturalistas, interacionistas, hermenêuticas). É a busca obstinada de uma nova saída. O curso das coisas desfez os objetos aos quais se apegou, com o passar

---

50 "O explorador de rostos" (p. 327).

do tempo, a ciência social: os grupos sociais, as classes, as instituições e os aparelhos do poder político, as ideologias e as formas do imaginário. Ao que convém acrescentar as incertezas do engajamento, as ilusões perdidas.

É efetivamente um grande "canteiro de obras" do social, sempre em movimento e, não obstante, interminável, gerador da nostalgia (antes era melhor), do abandono ao sentimento de impotência (a pane do poder), do *laisser-faire* oportunista (o é-de-quem-viu-primeiro) ou do pragmatismo sem visão (o "problema" cedido ao especialista). O primeiro ato necessário é a ruptura com as práticas de antes, a referência ao que foi adquirido e não só a mera continuidade, que conduziria a uma forma de história das ciências sociais, e não a uma análise do atual e do inédito. A ruptura é realizada e fecundada pelo *desenraizamento* da pesquisa, a confrontação com objetos de estudo que haviam sido abandonados e, sobretudo, com os objetos que o tempo presente leva a uma existência inédita. É na antropologia que as fraturas são mais nítidas. Os "antropologizados" não aceitam mais a "leitura confiscada" de suas diferenças, a expansão urbana os separa dos solos nativos e a condição assalariada os amputa do saber transmitido, a modernidade exportada-importada os invade. No entanto, os objetos de uma antropologia partilhada existem, tornam-se especialmente a construção de uma modernidade que recusa a imitação, a invenção de um percurso democrático que a tradição e a história reapropriada inspiram.

Na sociologia, acuados entre a potência, continuamente reforçada pelos progressos tecnológicos e a concentração do capital financeiro, e a impotência da compreensão – da ação a governar o próprio curso das coisas –, os praticantes da pesquisa social se dividem. De um lado, o "especialista", do outro, o "iniciador", em virtude da ampla renovação dos temas abordados: seja a lógica dos sistemas assistidos por "máquinas", seja a lógica do subjetivo. Esta diz respeito seja ao que teria sido antes concedido à psicologia social, o que deriva da percepção e do sensível, da interpretação e do investimento afetivo, seja às situações da vida cotidiana e seus efeitos na modelagem do laço social.

Assim, o renomado sociólogo Niklas Luhmann, agora falecido, considera "o amor como paixão", apoiando-se nas obras da literatura romanesca e atribuindo-se como objetivo principal a construção de outra sociologia. Utilizando os dois modos da lógica social que acabam de ser dissociados, ele põe à prova uma teoria oriunda dos sistemas e da teoria da comunicação, elaborando uma semântica do amor e estudando suas transformações, a cada passagem de um tipo de sociedade a outro. O amor é um meio de comunicação, leva a estudar mais que ele mesmo, não só suas formas paradoxais. Contribui para a formação da individualidade e da intimidade implicadas pelas representações do corpo e da sexualidade. O amor é então visto menos como sentimento do que como código simbólico, com a semântica que o exprime. É um modelo disponível "como orientação e como saber" e linguagem já presente.

Outro sociólogo, Luc Boltanski, também encara o amor "como competência" e como oposto da disputa como manifestação de competência pelos juízos corretos que ele requer. Do infinito da paixão ao confronto que a regra e o direito emolduram no campo da cotidianidade. Numa sociedade submetida às turbulências desconstrutoras, trata-se de identificar o que permanece *fundador*, o que liga os indivíduos, o que lhes permite comunicar-se mediante relações pelas quais circula sentido. Considerando a recomposição do social, o analista tem como ambição refazer o saber sociológico.

Da disputa estudada a partir da "confecção das causas" e da justiça vista "como uma maneira entre outras de sustentar o laço social" à análise das situações que realizam a superação da pacificação pela amizade e, mais ainda, pelo "deslizamento para o amor". No amor, em que "nada pode ser calculado, nem imposto, nem produzido por imitação". Aos estados de disputa, Boltanski opõe os "estados de paz". A questão torna-se a da alternativa à violência, aos julgamentos da justiça ou ao abandono passivo à paz das coisas. A resposta examinada é a fornecida pelo amor, excluindo-se os lugares-comuns do discurso amoroso e denotando-se o desprezo voltado para a "exibição literária".

O desejo não está no centro do estudo, tampouco o altruísmo oriundo da moralização da sociedade, tampouco os resultados de uma pesquisa empírica que teria decifrado condutas amorosas. Boltanski coloca-se em posição de exterioridade, menos atento aos atores do que aos *discursos* e às "roteirizações"(à maneira de Ricœur) que eles efetuam. Ele realiza um trabalho de tradução inscrito "no âmbito de uma hermenêutica", ele elabora um método que dá um rigor distante à decifração e revela o que está em jogo nas situações analisadas[51].

Uns examinam as situações sociais sob o aspecto das "roteirizações", outros as consideram como dramas sociais, com inúmeras cenas, ou como "textos" que fazem da vida social roteiros a ser interpretados. Esses procedimentos remontam às origens da reflexão sobre a sociedade, do pensamento social e, mais ainda, do pensamento político definidor da natureza e dos meios do poder. Este é visto então segundo seu conteúdo, sua carga "teatrocrática". A força de tal carga impele o pensador do social para esse espaço onde se formam as literaturas: o teatro de Shakespeare provoca o encontro dos sociólogos da "dramaturgia" política e social.

Os historiadores abordaram os modos da dramatização social e política. Eles opõem um Ocidente medieval, que pratica a teatralização generalizada da sociedade, que dela produz uma *ordem figurativa* própria, a um Ocidente do Renascimento, que *representa*, com a colaboração das diferentes artes, principalmente por meio das festas e das "entradas" principescas nas cidades. Enquanto o primeiro está centrado na Igreja, o segundo está centrado no Príncipe, como observou Maquiavel. A dramatização festiva é

---

51   "Palavras de disputa e palavras de amor" (p. 330).

um instrumento manifesto do poder político. Ela efetua a transposição dramática dos acontecimentos que produziram a história, a tradução simbólica das relações sociais e de sua ordem hierárquica, a espetacularização da ideologia dominante e legitimadora.

A antropologia política, que trata do poder e de seus investimentos simbólicos, revelou aspectos dramáticos por muito tempo desconhecidos em sua forma e função. Uns concernem à linguagem – as palavras do poder e o poder das palavras –, outros à encenação do poder. A linguagem política manifesta as diferenciações sociais (as ordens, os níveis estatutários), mais precisamente a distância que separa os governantes dos governados. Diferença que vai até o ponto em que o discurso político supremo não se transmite jamais diretamente, e sim por intermediários, por porta-vozes. Quanto à apresentação espetacular, o que impressiona em primeiro lugar é o fato de essa forma dramática, que exprime a vida social, não se dissociar de uma representação do mundo, de uma cosmologia traduzida em obras e práticas rituais ou cerimoniais. Por exemplo, na China antiga, onde o imperador deve circundar todos os dias um edifício sagrado representando o mundo, a fim de manter a harmonia no reino, bem como a paz e a prosperidade para os súditos. Sobretudo, a lição antropológica sublinha em que medida o poder resulta do jogo das diferenças, de sua simbolização e de sua manifestação espetacular. Da mesma forma que mostra o quanto a força do riso se alimenta das palavras, dos símbolos e do imaginário, cujo guardião é o mito.

O sociólogo Bernard Lahire apresenta a realização dramática do social em duas de suas formas: uma atrelada ao indivíduo "como produto social", jogando com suas "disposições e variações individuais", a outra abordando a dramaturgia do poder sociológico, que efetua a produção do indivíduo a partir de inúmeros processos sociais. O jogo social existe porque o homem é "plural", ele se socializa em múltiplos palcos, neles desempenhando vários papéis. É nesse sentido que ele é comparável ao ator, dissociando seus sucessivos personagens; há personagens que dependem das "disposições" individuais. Os indivíduos, singularizados por suas "disposições", atuam numa pluralidade de palcos que põem estas últimas em ação. Não há "programa interiorizado" pelo indivíduo que lhe proporcione unidade e continuidade: não existe "uma fórmula única" que determine seus comportamentos, escolhas, decisões, crenças. É a teoria, a confirmação é buscada por uma sondagem coletiva em campo, que leva a estabelecer e interpretar "retratos sociológicos".

Os atores sociais são assim o que suas numerosas experiências fazem deles; algumas correntes da teoria sociológica consideram o social sob os aspectos do drama ou do texto. A originalidade real de Lahire é revestir os dramas sociais com a dramatização das teorias sociológicas relacionadas a seus autores. Seu livro, *Homem plural*, apresenta-as numa forma dramática, que se desenvolve em quatro atos e onze cenas. O enredo é um percurso, que assinala e comenta favoravelmente o "retorno à sociologia psicológica". O percurso é balizado por filósofos, de Bergson a Bachelard, a Merleau-Ponty, a Wittgenstein e aos especialistas nas ciências cognitivas. A "peça" contém inúmeros personagens. Alguns efetuam apenas uma entrada discreta, são os teóricos clássicos da ação social e do ator, num retorno anunciado de tais figuras. Em seguida, vêm aqueles nos quais se apoia o personagem principal – o próprio autor. Durkheim, que desenhou o espaço psicológico no domínio social, Halbwachs pelo seu tratamento da memória coletiva, e sobretudo Goffman, que evoca "um eu flutuante de acordo com as situações", e alguns outros de menor importância nas cenas da argumentação sociológica. Cumpre apontar a dupla contribuição obtida dos filósofos e do meio literário, onde se formou o "modelo proustiano do ator social".

O centro dramático é constituído pela confrontação entre aquele que fala tendo a iniciativa da palavra (o autor) e aquele que ele faz falar constantemente (Bourdieu).

A intensidade do drama deve-se a essa tensão, que pretende (pretenderia) evitar as armadilhas do opróbrio e da veneração, mostrar que é possível "pensar ao mesmo tempo com e contra" as orientações teóricas "mais estimulantes e complexas em ciências sociais". Nada, contudo, é poupado. Nem os estudos empíricos, os que tratam principalmente da reprodução social, da produção e do consumo culturais e da "distinção". Nem os conceitos e noções que dão uma indicação de pertencimento ao espaço teórico de Bourdieu. Em especial a teoria do *habitus*, que é apreendida como objetivo principal a ser desmantelado. Ela é refutada e, consigo, é rejeitado o prazer do "gozo teórico" sentido no curso de sua elaboração. Os motivos que alimentam essa refutação são esperados: a teoria unifica, por uma pretensa "socialização incorporada", o que os atores sociais vivem na dispersão; ela negligencia os desajustes produzidos pelas crises que esses atores são obrigados a viver.

Os golpes desferidos são rudes, a avaliação crítica – traduzida numa cena de duelo com um dos adversários ausente – deve ser analisada até o detalhe. O percurso de Bourdieu é complexo, seu itinerário científico não é realizado sem desvios nem variações, da Argélia do "desenraizamento" até os subúrbios (conjuntos habitacionais) da "miséria do mundo". Seu trajeto de teórico se fortalece ao se consumar, sua sociologia se alimenta de filosofia como no tempo dos fundadores durkheimianos. A princípio Lahire continua polemista e dramaturgo, escolheu bulir com as devoções e filiações, tomando o caminho mais fácil a fim de "amordaçar a sociologia". Permanece nas proximidades da psicologia social, apresenta o indivíduo como produto complexo de inúmeros processos sociais, múltiplos determinismos, que são as condições de sua liberdade. Então o "homem plural" permanece por um lado alheio aos mandamentos do universal[52].

---

52 "Um drama sociológico com múltiplos personagens" (p. 334) e "O indivíduo como produto social" (p. 337).

Fim do percurso

Meio século depois, nada mais se parece com a retomada do pós-guerra, com a expansão realizada na época dos "trinta gloriosos"[53]: nem o mundo das sociedades e das culturas, nem as ciências sociais e suas interrogações. Tudo foi posto em movimento, foi reformado, desconstruído e reconstruído, mexendo com as paisagens e laços sociais de antes. A "profissão de sociólogo" se difunde, respondendo a uma demanda crescente, os especialistas reivindicam sua prática quando aplicam sua competência técnica aos "problemas de sociedade". As ciências sociais transformam-se, dispondo de ferramentas novas ou inéditas, rompendo os compartimentos disciplinares, que separam, e retomando as questões de epistemologia que a pesquisa, confrontada com objetos completamente diferentes, suscita. É ao mesmo tempo *fascinante* e *desconcertante*, fascinante pela aceleração tecnológica que engendra uma Grande Transformação interminável, desconcertante pela impressão de uma ciência social operando em constante retorno, que reencontraria suas questões do começo: indivíduo e sociedade, psicologia e ciência social, relação com a filosofia e lógicas formais, local e global etc.

O verdadeiro desafio, a renovação do saber social, prende-se à análise do atual *e* às referências ao "arquivo", sem criar confusão entre essa orientação da pesquisa e uma história imediata duplicada, sem recorrer ao simulacro do "eterno presente" dos antigos antropólogos. Mesmo assim, apesar das advertências, armadilhas continuam montadas o mais das vezes na forma de "complacência interessada" ou tentação vantajosa sem resistência crítica.

A sociologia como prática tornou-se uma atividade de expansão planetária, porém de definição instável, justamente em razão de tal extensão. Essa incerteza incide primeiramente na escolha dos "objetos certos" e na competência para tratá-los. A afirmação de alguns especialistas

---

53 Referência aos trinta anos de "milagre econômico" na Europa Ocidental entre 1946 e 1975. [N.T.]

que dizem exercer o ofício de sociólogo é um sinal que manifesta tanto o sucesso da disciplina quanto sua perda de exigências relevantes. Mas a "profissionalização" tem como efeito principal reduzir as relações com outras ciências humanas – a filosofia e sua especialização política, a história das civilizações, a economia geral. Ao passo que a recomposição dos saberes se efetua continuamente, essas aberturas devem ser restabelecidas: os "olhares cruzados" fazem surgir novos objetos de estudo.

Um aspecto diferente da suposta profissão requer atenção, questiona a legitimidade da disciplina e seu crédito. Uma constatação aponta isso claramente: o estatuto profissional da prática sociológica ajuda a tornar mais palatável a "sociologização" de outros ofícios, outras competências. A irrigação mútua permanece desejável enquanto não provocar uma confusão dos papéis, principalmente entre o sociólogo e o especialista. Nas sociedades contemporâneas da sobremodernidade, em que os sistemas-máquinas inteligentes fundem as competências, o especialista geralmente alcança uma posição de poder, onde estabelece sua "governança". Com relação a ele, o sociólogo e o antropólogo devem manter a distância necessária à liberdade do juízo crítico, à atualização, com *riscos pessoais*, da decifração social, à manutenção da função exploradora do atual.

Outro perigo de confusão dos papéis se manifesta entre profissionais da informação, da comunicação, e técnicos e pensadores das ciências sociais. Uma fórmula permite identificar melhor esse problema: o sociólogo e o antropólogo intervêm em sua qualidade de "mediadores" a fim de tornar este tempo e as diferenças do alhures mais legíveis para os contemporâneos – não como "figuras midiáticas" vistas por audiências numerosas cuja atenção elas querem fidelizar. A ciência social do atual não deve ser comparada a uma prática pretensamente mais elevada do jornalismo e das profissões da mídia. A sedução dos meios, as encenações midiáticas e o banal desejo de visibilidade podem levar à complacência. Eles entorpecem a capacidade exploradora e a faculdade crítica, contribuindo, portanto, para *formatar* o pensamento social.

Os motores da Grande Transformação supermoderna parecem mais bem identificados. De um lado, a recomposição-concentração do espaço habitado e seus efeitos sobre o meio ambiente, a tecnicização do mundo impelida cada vez mais à frente, o economicismo dominante exacerbado pelo capitalismo financeiro. De outro lado, a mundialização. Ela resulta da comunicação generalizada de todas as sociedades contemporâneas, da obra das redes geradoras do imediato e da mobilidade. Uma mundialização que subverte as relações de poder entre os países, sua hierarquização, pelo advento dos grandes países emergentes e das modernidades diferentes. Um mundo completamente diverso se constitui, seus riscos são inéditos, sua decifração, dolorosamente claudicante, e as crises recorrentes confirmam uma impotência ainda vigente[54].

---

54   Conferência inaugural de Georges Balandier no cinquentenário da Association internationale des sociologues de langue française. *Lettre de l'Aislf*, n. 8, jan.-jun. 2009.

II. Crônicas

Ciências do social, crítica social

Gabriel Tarde, o sociólogo redescoberto

Tudo começa com uma contenda desigual entre um veterano e um novato que estabeleceram o mesmo objetivo para si mesmos: fundar a sociologia, fazer dela uma ciência nova, a ciência de todas as ciências. O mais velho, Gabriel Tarde, perderá essa batalha dos primórdios, embora seu livro mais conhecido, *As leis da imitação* (1890), lhe traga notoriedade e os últimos anos de vida, o reconhecimento institucional, com a eleição para o Collège de France e o Instituto Internacional de Sociologia. O mais novo, Émile Durkheim, embora o afastamento universitário na província e, depois, o acesso à sociologia na Sorbonne por uma porta estreita não facilitem seu projeto, sairá vitorioso dessa contenda. Tornou-se então por muito tempo o fundador da escola francesa de sociologia, apoiada por uma revista, *L'Année Sociologique*, o inaugurador incansável de uma ciência moderna do social cujos domínios e método ele definiu, determinando suas regras. Adquiriu uma autoridade intelectual e moral que o faz ser considerado uma espécie de grande professor da República.

Entre os dois pretendentes, a contenda passa por fases agudas, sem que as relações sejam rompidas. Durkheim vê em Tarde seu principal rival, critica suas teses com veemência, em especial em *O suicídio* (1897). Exprime seu contentamento ao sabê-lo "encaixado" no Collège de France, esperando que ele se ativesse à definição de sua cátedra – Filosofia Moderna – e não ensinasse uma sociologia que fosse "um mau exemplo". Convém admitir que o desafio não é pequeno: atribuir à disciplina nascente o estatuto científico mais conforme ao espírito das ciências então praticadas e tratar do social num período em que as lutas ideológicas, políticas e sociais são intensas. Os dois rivais não se encontram em situação igual. Durkheim, ex-aluno da École Normale Supérieure e *agregé* em filosofia, é desde o início beneficiário de uma posição e de relações universitárias: com menos de 30 anos de idade, é o encarregado do novo curso de "ciência social e pedagogia" na Universidade de Bordeaux. Ligou sua vida intelectual à sociologia.

Tarde não tem nem a mesma formação – estudou direito – nem o mesmo percurso profissional; sua curiosidade precoce o impele à filosofia, mas chega à sociologia por uma espécie de desvio. Empreende uma longa carreira de juiz de instrução em Sarlat, sua cidade natal, depois é nomeado diretor de estatística judiciária no Ministério da Justiça – justamente para onde Durkheim encaminhará seu sobrinho Marcel Mauss a fim de efetuar as pesquisas estatísticas necessárias à redação de *O suicídio*. Gabriel Tarde é conhecido primeiramente por suas publicações relativas à criminologia, ao direito e à filosofia penal, e é aos *Archives d'Anthropologie Criminelle* que ele reserva artigos nos quais se define e se desenvolve sua teoria sociológica. Seu passado de criminologista o segue, suas incursões nas ciências e em múltiplas disciplinas desconcertam. Não obstante afirme ter como objetivo a fundação de uma "sociologia pura", continua inclassificável no campo das ciências sociais. Essa ambiguidade o prejudica, levou ao esquecimento de sua obra e deixou o terreno livre para os durkheimianos.

O interesse renovado por ele é recente; nota-se por algumas reedições nesses últimos anos. Mas é a publicação das obras de Tarde em cinco volumes que indica o acontecimento. Ela incita a buscar as razões que justificam essa nova curiosidade pelo "mais filósofo dos sociólogos". Dois desses volumes, incorporando os comentários de especialistas atuais, acabam de sair. Preparam, complementarmente à redescoberta do sociofilósofo esquecido, para a acolhida de uma obra que, em parte, é conciliável com o pensamento do tempo presente. Num deles, *Monadologia e sociologia*, revela-se o enraizamento filosófico, a constituição de uma ciência social a partir de uma metafísica, até mesmo de uma cosmogonia, pela qual Tarde deixa-se arrastar num "turbilhão de ideias". No outro, *As leis sociais*, ele aponta o que constitui o elo entre suas teses sobre a imitação, a oposição de expressão universal e a lógica social, portanto entre três de suas principais obras. Surge assim como o rompedor das barreiras erguidas entre mundo vivo e mundo inorgânico, natureza e sociedade, filosofia da natureza e ética.

Ali onde Durkheim separa – o social em sua realidade própria e sua autonomia, a sociologia como saber positivo independente da filosofia –, Tarde unifica e "sociologiza" o universo, pois tudo nele constitui "sociedade". Ele próprio se insere numa genealogia filosófica que compreende Spinoza, Leibniz, Nietzsche e Bergson, seu sucessor no Collège de France. Gilles Deleuze retorna a ele num breve comentário, quando teoriza as relações entre diferença e repetição. Duas das chaves da construção tardiana de um mundo em que o social não é senão uma parte ou um aspecto. É sobre o infinitesimal, sobre os elementos provisoriamente reconhecidos como definitivos – o átomo químico, a célula viva, o indivíduo social –, cuja exploração não cessa de revelar a grande complexidade, e não sobre os sistemas constitutivos de conjuntos, de organizações subordinando o que eles incorporam, que Tarde estabelece sua cosmogonia.

É aí que ele situa a origem da inesgotável multiplicidade do real, da criação continuada do novo, que faz da dinâmica das diferenças a geradora das coisas e de seu devir. Porém, a fim de ligar o que desponta sob o aspecto da dispersão e da mudança, ele recorre a dois procedimentos. De um lado, o que foi qualificado como psicomorfismo universal, reportando-se não a um universo de coisas, mas a "pequenos seres" que são "agentes" e a "variações infinitesimais" que são "ações", um universo onde se manifestam "vontades, desígnios", em que operam forças mensuráveis assimiláveis ao desejo e à crença. É a passagem ao pampsiquismo, em cuja oportunidade Tarde dá livre curso à sua imaginação, ao jogo das metáforas e analogias, que confere um ângulo de ataque à crítica durkheimiana. De outro lado, Tarde identifica três princípios que permitem à ciência controlar "a diversidade ondulante do real": a repetição (produção simplesmente conservadora), a oposição (relação de forças) e a adaptação (coprodução criadora). Sua sociologia resulta disso, o que ele exprime ordenando à ciência social que reconheça "seu domínio próprio de repetições, seu domínio próprio de oposições, seu domínio próprio de adaptações". Ao primeiro, ele imputa o caráter imitativo da vida social e da vida psicológica; ao segundo, as formas principais da "luta" (discussão, concorrência, guerra); ao terceiro, as transformações resultantes das derrogações individuais, das inovações, das intervenções, em especial, e de sua limitação.

Neste último ponto, "trata-se de surpreender no calor da hora e no detalhe" as mudanças sociais "para compreender os estados sociais", e não o oposto. Onde Durkheim identifica "coisas sociais", grupos estruturados, instituições coercitivas, estados sociais determinantes, ele identifica atores individuais, "cidadãos infinitesimais", afetos e afinidades, espontaneidade na interação e uma evolução criadora.

Difícil acompanhá-lo em todas as suas explorações, acompanhar suas panorâmicas. Ele permanece o inclassificável, prefigura mas é frequentemente menosprezado por aqueles dos quais foi o anunciador, percorre caminhos erráticos ao imaginar uma "biopolítica universal". Vemos, contudo, o que pode atualizar seu pensamento, o espaço hoje ocupado pela sociologia do minúsculo e do cotidiano, pela consideração dos fenômenos de comunicação, opinião e multidão, de sugestão e contágio imitativo[1].

Le Monde, *19 de fevereiro de 1999.*

---

1 A publicação da correspondência de Durkheim dirigida a seu sobrinho, Marcel Mauss, esclarece o meio sociológico francês da época em que a disciplina se constitui. Nela, Tarde é mencionado: Émile Durkheim, *Lettres à Marcel Mauss*, apresentação de Philippe Besnard e Marcel Fournier, Paris: PUF, 1998.

Dura, dura, a crítica social

Um livro é publicado em tradução francesa, como uma luz vindo de longe, no momento em que o acontecimento francês revelou sua oportunidade. O acontecimento é o mês das grandes manifestações do fim do ano passado; elas exprimiam uma recusa, reivindicações, e diziam mais do que pareciam dizer. Intelectuais expõem suas posições por manifestos opostos, uns para exprimir e explicar sua solidariedade reticente, outros, sua inteira solidariedade. A figura do crítico social ressurge, submetida a efeitos de embaralhamento que resultam de sua posição com relação às do especialista e do "comunicador".

Nem por isso ela deixa de pertencer a uma longa linhagem. Toda sociedade produz seus dissidentes, seus insurgentes por invocação de uma verdade e uma moral superiores, seus porta-vozes da queixa popular. Desde o profeta bíblico furioso com seu povo e não obstante solidário, e de Sócrates criticando o povo pelo bem da *pólis*, até os utopistas, heréticos, revoltados e revolucionários que combatem o mal social e a opressão. É, contudo, com o advento da modernidade que surge "a crítica sistemática das instituições políticas e estruturas sociais". Aquele que a emite não visa mais apenas fazer-se ouvir por uma elite e influenciá-la: reage ao que inaugura o tempo das revoltas populares modernas.

Michael Walzer, num livro estimulante e impertinente, e por isso ainda mais necessário, estuda o que advém da "honrosa companhia dos críticos sociais" durante o século XX. Com Julien Benda na abertura, o intelectual crítico que se pretende exemplar e esbraveja contra a "traição dos intelectuais", e, num quase fechamento, Michel Foucault, que dispersa, pluraliza, localiza a crítica social e finalmente dissolve sua finalidade. Em segundo plano, a simples evocação das figuras confusas que se perderam nas brumas da pós-modernidade. Perfis intelectuais de escritores – Ignazio Silone, George Orwell, Breyten Breytenbach –, de filósofos – Randolphe Bourne, o estadunidense precursor e desconhecido, Martin Buber, Antonio Gramsci, Herbert Marcuse – e filósofos-escritores – Albert Camus, Simone de Beauvoir – balizam o percurso intermediário. Esses perfis perturbam por duas razões. São produtos de um olhar descentrado. Introduzem incidentalmente uma presença-ausência, a de Sartre, presente na discussão de sua contribuição para a teoria crítica social, ausente porque não foi um "praticante de primeira ordem".

Eis um autor que não ameniza suas apreciações, e não só a respeito dos *habitués* da "marginalidade oficial". Rechaça as críticas sociais que se outorgam uma autoridade, uma forma de lucidez, em nome de um saber garantido por Deus, a Razão, a História ou a Realidade empírica. Não existe ponto sublime a partir do qual o juízo possa ser enunciado e lançar sua luz sobre as pessoas comuns. Michael Walzer não tem maior consideração pelos intelectuais que aceitam a disciplina de um movimento, de um partido, de uma organização; eles consentem no encurtamento de uma necessária "distância crítica". Há uma espécie de heroísmo discreto em ocupar a posição crítica correta, defrontando sobretudo a derrota e a decepção. As formas de afastar-se disso são conhecidas: a "capitulação crítica", que induz a fechar os olhos, como foi o caso com o stalinismo; a crítica desde o alto, que permite "submeter o mundo inteiro" à avaliação. A cegueira voluntária ou o ponto de vista do crítico universal.

O que Michael Walzer estuda é mais a prática do crítico moderno que sua mensagem: ela o constitui como "especialista da queixa" contra as condições da vida comum. Da introdução do estudo à sua conclusão, passando pelas variações sobre um mesmo tema em perfis sucessivos, a figura do crítico social vai se definindo. As servidões do uso se revelam. Num primeiro momento, os traços principais são acentuados ou, ao contrário, atenuados. O discurso do crítico deve ter uma autoridade própria, mas sem jamais esquecer que sua linguagem primordial é a do povo. Esse discurso organiza e exprime em voz alta o que permanece "inarticulado" na queixa comum, mas seu ataque não poupa ninguém, nem os poderosos nem os outros. Ele não pode satisfazer a necessidade crítica em sua totalidade – esta surge de todos os lados, multiplicando as aspirações particulares; o "pluralismo crítico" é uma necessidade, e a sociedade democrática moderna mostra isso ao se constituir "como um colóquio de críticos".

O que está em jogo resume-se ao que é chamado de distância crítica. Ela deve ser suficiente para que, sem trégua, possam ser questionadas "as platitudes e os mitos" da sociedade, para que se cultive a "recusa de prestar homenagem aos poderes vigentes". Essa exigência impõe uma ruptura, certa dessolidarização, e a aceitação de uma relativa solidão. Ao mesmo tempo, contudo, a distância crítica não deve estabelecer a separação, o crítico social permanece solidário. Ele fala desde um lugar, prisioneiro de uma história e um meio, armado com o que é uma "consciência cotidiana do mundo moral". É o enraizamento que valida a crítica e a torna eficaz é o engajamento numa "comunidade" que confere à oposição – não global, mas particularizada de acordo com as circunstâncias – seu caráter de autenticidade. Michael Walzer repete uma fórmula de Gramsci que pode inquietar: o crítico que opera segundo o modo "nacional-popular" alcança a eficácia mais provável. O que, segundo ele, designa as condições da lealdade para com os "oprimidos, explorados, empobrecidos, esquecidos" e as condições de uma ação que busque "a solução possível para suas dificuldades no âmbito da história e da cultura nacionais".

A metáfora do espelho, extraída de *Hamlet*, é mais facilmente aceitável. O crítico social pratica o desvelamento, estende inúmeros espelhos nos quais "se vê o sistema". Ele comenta essas imagens, provocando assim uma propensão a outra coisa, em que a esperança e o ideal pesam mais do que a mera denúncia política. Nessa função, ele padece agora a supremacia daqueles que estendem outros espelhos, telas nas quais o real se dá a ver por encomenda.

Le Monde, *8 de março de 1996.*

A trilogia fundadora

Max Weber ou o desencantamento em ação

Max Weber é ilustre, figura ao lado de Marx e Durkheim na trindade fundadora da sociologia moderna. Não foi, contudo, nem o provocador das grandes turbulências históricas, como o primeiro, nem o guia e pedagogo de uma república renascente, como o segundo. Empenhou-se em esposar seu lugar, o Ocidente, cuja singularidade não cessa de questionar (o capitalismo gerador da racionalização em todos os domínios da vida), e sua época, a modernidade, "gaiola de ferro" em que tenta abrir saídas. Mas a união em tudo permanecia incerta. Ele queria ser advogado, professor numa grande universidade; o foi pouco e durante poucos anos. Vinculava a questão social à questão nacional, não se adaptava a partidos, aos quais procurava impor tal preocupação. Buscava a posição política na qual poria em ação suas ideias sem se esquivar da objetividade do cientista; só conseguiu isso marginalmente. Sua mulher, Marianne Weber, organizou uma parte da obra e depurou a biografia após a morte do esposo, em 1920. Sem Else von Richthofen, ele não teria conhecido a conivência amorosa.

Esse desconforto na Alemanha de seu tempo, e em si mesmo – sofreu por diversas vezes o assédio da depressão –, contribuiu para imprimir ao homem e à obra seu movimento e essa coloração que os comentadores qualificaram de pessimista. Por não conseguir se estabelecer, nem ser encaixado e classificado, foi uma figura de exceção. Tanto na extensão de sua cultura, aberta para a economia, a história, o direito, a filosofia – com o encontro dos neokantianos de Friburgo e o tráfico intelectual alimentado por Marx e Nietzsche sobre a arte e a diversidade das civilizações –, quanto em sua infatigável erudição, baseada numa não menos infatigável exigência científica; multiplicou as frentes de trabalho, das quais algumas se tornaram uma "jazida" a explorar. Se procurarmos seu par na história da sociologia francesa, é Marcel Mauss que convém evocar. Ele também era à parte, "sabia tudo", diziam, e sua obra dispersa inspirou antes mesmo de ser reunida. Foi igualmente menosprezado, depois celebrado por um único texto – o *Ensaio sobre a dádiva* –, assim como Weber por *A ética protestante e o espírito do capitalismo*. Em seguida, ambos tornaram-se a referência ilustre pela qual os novos autores fortaleciam sua busca de inovação.

Dirk Kaesler, que propõe um guia para o conhecimento do homem Weber e de sua obra, mostra claramente a celebridade tardia e as relações postergadas estabelecidas com esse "santo internacional do saber alemão". Denuncia o comércio das interpretações, os comentários mais interessados do que esclarecidos. Cita as batalhas em que sociólogos, historiadores e filósofos tentam apropriar-se de Weber. Revela os cálculos que conduzem à descoberta do sociólogo após a Segunda Guerra Mundial. Na Alemanha dividida, é, para uns, o teórico que legitima a reconstrução liberal, para outros, o antimarxista profissional. Em outros lugares, esse contexto de enfrentamento permanece mais discreto e Weber sobressai como um "contemporâneo" alemão, com Raymond Aron, e como um fiador de doutrina, com Talcott Parsons nos Estados Unidos. Dirk Kaesler não deixa de assinalar o papel de muleta lexical desempenhado involuntariamente pelo autor agora "clássico". Weber é muito citado, sobretudo suas fórmulas de sucesso: desencantamento do mundo, ética da responsabilidade e ética da convicção, individualismo metodológico, monopólio da violência legítima etc.

O "manual" de Dirk Kaesler é uma boa introdução, nem devota nem devastadora, ao conhecimento da sociologia weberiana abordada a partir de suas entranhas e naquilo que faz dela o produto de uma época e de um contexto. Explora seus grandes domínios, desde os mais negligenciados – a história econômica e social da Antiguidade e da Idade Média, depois da Alemanha guilhermina – até os mais celebrados – a sociologia das religiões e a economia em suas relações com os poderes sociais e culturais. Examina os três pilares do método: o lugar atribuído à "compreensão", o recurso ao "tipo ideal" como meio de argumentação, o modo de evitar os juízos de valor. Relativiza a revolução weberiana, submete-a ao efeito do desencantamento, situando-a numa genealogia científica que permite reduzir a parte do inédito.

Devemos, portanto, reler Weber e nos constituir juízes. Começar pelos textos da última parte de sua vida não é de todo mal, na medida em que o sociólogo procedia de escrita em reescrita, de comparações em novas comparações, de remanejamentos em remanejamentos da construção conceitual. É no fim que a arquitetura da obra se mostra. Os dez escritos reunidos sob o título *Sociologie des religions*, traduzidos e colocados em perspectiva por Jean-Pierre Grossein, introduzidos por uma "leitura" de Jean-Claude Passeron, dão essa possibilidade. O livro não repete, acrescenta, principalmente, a "resposta" aos críticos de *A ética protestante*, além do estudo dedicado "ao Estado e à hierocracia". O livro esclarece pelo duplo comentário rico e consoante dos apresentadores. É indispensável, constitui um conjunto coerente que, sob tal esclarecimento, revela "as diferentes facetas do trabalho de Weber em sua densidade teórica e riqueza empírica". Abre, por fim, acesso à obra que a mediocridade das traduções em francês havia até então contrariado, incentivando as interpretações equivocadas, ao passo que Weber fez da questão das linguagens, do recurso a todos os recursos da língua alemã, uma preocupação constante. Percebemos o que foi a dupla obsessão do sociólogo a partir do momento em que ele publica *A ética protestante*. De um lado, apreender melhor a particularidade econômica e social do Ocidente, as condições de seu surgimento e desenvolvimento em relação com a ética religiosa. Ele se dedica a essa tarefa passando de um comparativismo restrito a um comparativismo generalizado, procurando as diferentes "configurações históricas" em que se encontra presente o máximo de elementos favoráveis ao nascimento do capitalismo sem que, contudo, este consiga se realizar. Joga com contraexemplos, aproximações e oposições, como quando opõe a ética protestante ao confucionismo, a racionalidade de um sistema à racionalidade dos equilíbrios e compromissos pragmáticos. De outro lado, Weber empenha-se em mostrar que a racionalização religiosa está no começo, que ela está na origem das proposições da racionalização geral na história universal. Segundo ele, a ação racional não se limita à transformação das condições materiais da vida, impondo-se ao universo simbólico a fim de tornar o mundo mais coerente e aparentemente vivível. Conhecemos as críticas apaixonadas ensejadas por essa dupla posição, sustentada, não obstante, por um agnóstico declarado.

O sociólogo aburguesou a sociologia, "desmaterializando-a", buscou, em todas as suas empreitadas, a inversão do materialismo histórico. Os comentários paralelos de Jean-Claude Passeron e Jean-Pierre Grossein corrigem os arroubos da crítica, assim como retificam as interpretações e avaliações apressadas ou equivocadas. Apontam os obstáculos opostos à exploração de uma obra prolífica, em movimento e ainda incompletamente organizada. Assinalemos, a fim de calar as repetições de erros, o que constitui "um método do discurso sociológico de Weber": o manuseio das provas num vaivém entre constatações empíricas e interpretações; o recurso a uma causalidade parcial, localizada e datada; a busca das regularidades sociais, o reconhecimento da impossibilidade de definir um "tipo" de sociedade, de laço social, por propriedades trans-históricas.

Weber resistiu à prova do tempo: ele ressurge. Esse retorno é, em parte, fruto das circunstâncias, efeito do "espírito" do tempo. O terceiro membro da trindade sociológica ocupa o lugar deixado vago pela perda de interesse a respeito de Durkheim e pela folga dada a Marx depois do colapso do comunismo. Acima de tudo, as incertezas atuais do esvanecimento de sentido entram em consonância com a visão desencantada do movimento histórico elaborada pelo sociólogo alemão. Hoje, sob esse aspecto, Weber não pode ajudar a concluir o trabalho de luto do sentido.

Le Monde, 10 de novembro de 1996.

Max Weber faz o contorno pela China

Das obras de Max Weber, são feitos muitos usos. Os durkheimianos, por intermédio de Mauss, acusavam Weber de "decalcá-lo" e limitar-se a "emitir opiniões". Entre eles, Marcel Granet, renomado especialista na China, inaugurava um longo período de silêncio negligente em relação à contribuição do sociólogo alemão para a sociologia comparada e a manifestação das contribuições que ligam uma ética econômica inicial a cada uma das religiões mundiais. Se as traduções da obra em inglês se multiplicaram, não raro exibiam muitos erros ou tendiam a uma validação do funcionalismo estrutural norte-americano.

Na França, o reconhecimento foi tardio, reticente do lado dos sociólogos da religião, brevemente polêmico do lado dos sociólogos de inspiração marxista. Além disso, aqui a obra tornou-se provocadora de orientações muito diversas, da elaboração teórica do individualismo "metodológico" até os empréstimos conceituais de Pierre Bourdieu ao fundar sua sociologia da educação e da cultura, até as diversas empreitadas de interpretação da desorientadora modernidade contemporânea. Max Weber foi muitas vezes relegado ao papel de fornecedor de procedimentos interpretativos e fórmulas incansavelmente repetidas, entre as quais aquela que designa o estado de "desencantamento do mundo". A recente publicação crítica da obra reavivou os enfrentamentos, assim como a curiosidade e o interesse. Ela revela o que desconcerta: o desvio pelas religiões, a fim de identificar sua contribuição à ética econômica, ao advento do racionalismo econômico, o mesmo desvio que visa esclarecer os fenômenos políticos. Uma obra que pareceu recusável em razão de uma união ambígua de pontos de vista idealistas e materialistas.

Weber procura estabelecer uma relação de sentido – em sua inteira complexidade – entre as ideias e a realidade material; faz da visada para o sentido na ação uma componente principal da realidade socioeconômica. O método é necessariamente comparativo, a mediação pelo estudo das configurações éticas e das formas assumidas pelas ideias religiosas no movimento histórico orienta o percurso da pesquisa. É, aliás, significativo que Weber tenha tido como último programa, interrompido pela morte, um vasto estudo comparativo das religiões universais. A maior parte dos resultados foi publicada após sua morte, ainda inacabados ou após remanejamento.

O que os liga, através dos vaivéns entre religiões da China e da Índia, judaísmo antigo, religiões da Grécia antiga e do Ocidente cristão e o islã, é a abordagem comparativa da "ética econômica das religiões mundiais". *Confucionismo e taoismo* inscreve-se nesse conjunto, na forma de duas edições, a segunda mais elaborada, sendo póstuma. Foi para os dois grandes sistemas religiosos da China tradicional que Weber orientou suas primeiras pesquisas dedicadas à comparação das religiões universais: um estudo realizado para servir de contraparte à sua obra mais famosa, *A ética protestante e o espírito do capitalismo*, com o objetivo de confrontar o que permitiu o nascimento e o florescimento do capitalismo num caso, no Ocidente, ao que os impediu no outro, na China.

Em *Confucionismo e taoismo*, constatamos que o procedimento não é mais o dos estudos dedicados ao protestantismo. Grande parte da análise explora os "fundamentos sociológicos" da sociedade chinesa tradicional. Daí a abertura do livro com a tríade composta por "cidade, príncipe e Deus". O Império do Meio, portanto, é visto como um imenso país com grandes cidades submetidas à autoridade de um príncipe, e que aplica uma política fiscal à qual subjaz a racionalização da administração. A cidade chinesa diferencia-se continuamente da cidade ocidental. Ela é uma "residência principesca", mas não dispõe de direitos políticos próprios, de poder político e militar que seria propício a certa autonomia. Contribui para o desenvolvimento da economia monetária, mas permanece constituída sobre "laços tribais" que contrariam a formação de uma burguesia necessária ao florescer do capitalismo.

Nessa busca das condições desfavoráveis a essa expansão, enquanto outras parecem permiti-la, Weber detém-se principalmente na evolução histórica da organização agrária, que não desemboca na formação de grandes explorações racionais, bem como na falta de condições políticas, pressupostos necessários ao nascimento de um "capitalismo racional de empresa". O que se constituiu pode ser designado "um capitalismo de rapina política interna". O que aparece sob o aspecto dos obstáculos ao capitalismo remete à "estrutura do Estado" após a era feudal. Um Estado de tipo patrimonial, que Weber situa no âmago do sistema social chinês.

Por um efeito de deriva da pesquisa, o estudo se desloca do religioso e do econômico para o político: o carisma é politizado, a dominação de forma tradicional, ilustrada, a burocracia patrimonial, mostrada sem concorrência nem contestação. E, embora o imperador fosse "monarca pela graça de Deus" e seu carisma dependesse de seu sucesso – em especial na regulação do curso dos rios –, o desenvolvimento burocrático, que provocou a formação do "grande Estado", colocou o soberano numa relação ambígua com os funcionários e letrados. Ele é seu chefe, mas é deles que resulta tanto uma relativa limitação do poder militar quanto a capacidade de governar "classicamente". Os letrados, guardiões do sistema de qualificação mediante formação e exames, permitiram à cultura chinesa constituir e exprimir sua unidade. Eles alimentam o *ethos* chinês, que valoriza as capacidades bem mais que a posse; eles ocupam, como funcionários letrados, uma posição ambicionada pelo poder central, diferenciam-se por uma "conduta de vida" e pelo aristocratismo da cultura, criaram um estilo de vida duradouramente preservado.

O confucionismo é a ética religiosa adaptada a sua situação e seus interesses, eles o constituem como ética dominante, portadora de um racionalismo burocrático. E também prático, pois o confucionismo é uma ética "intramundana" de adaptação ao mundo, a sua ordem e suas regras. É por seu intermédio que a "conveniência" alia a ordem cósmica inviolável, o equilíbrio do império e o equilíbrio da alma. A canonização de Confúcio, culto fundado numa personalidade histórica, não modifica uma orientação religiosa alheia a toda escatologia, a toda doutrina de salvação. Por comparação, o taoismo é uma heterodoxia adaptada aos não letrados, de visada autárquica, que corresponde às necessidades religiosas das massas.

Esse procedimento weberiano foi criticado: derivando de uma sociologia histórica, ele não periodiza uma história que, não obstante, estende-se por 2,5 mil anos; derivando de uma sociologia religiosa, ele argumenta estudando a mais "laica" das grandes religiões; derivando de uma sociologia econômica, ela se vincula, todavia, a uma civilização mais política do que economista. Mas isso é empurrar para o segundo plano a preocupação dominante: esclarecer por um desvio dois racionalismos de efeitos divergentes, um significando a dominação racional do mundo (o ocidental puritano), o outro a adaptação racional ao mundo (o chinês confucionista), um engendrando o capitalismo, o outro permanecendo estranho a ele.

O confucionismo foi o *corpus* que deu ao império centralizado sua base ideológica. Ele permitiu, no tempo do maoismo, manter viva no exterior, especialmente em Taiwan, a cultura chinesa tradicional. Após ter sido percebido como um obstáculo ao capitalismo modernizador, torna-se um meio de dar aos capitalismos asiáticos uma coloração diferente e, a alguns autocratismos asiáticos, uma legitimação cultural. O que coloca sob uma luz atual a contribuição de Max Weber, trazendo ao mesmo tempo, com esse desvio pela China, outra apreciação da especificidade ocidental.

Le Monde, *1º de dezembro de 2000*.

A sociologia subversiva de Georg Simmel

Era a época em que a filosofia ainda não se divorciara da sociologia, em que esta se pretendia ciência sem subtrair-se ao efeito das grandes correntes de ideias e à influência da cultura em sua constituição. As amizades, os círculos intelectuais e o encontro das diferenças funcionavam como um estímulo; alargavam a curiosidade, quando não apagavam as exclusões. Era a virada desse século. Eram dois, entre os principais fundadores da nova ciência social, nascidos no mesmo ano, mortos com um ano de intervalo: o francês Durkheim (1858-1917) e o alemão Simmel (1858-1918).

O primeiro quer construir o "sistema das ciências sociológicas", critica o segundo por misturar os pontos de vista, ceder às tentações opostas do formalismo e do esteticismo. Um obteve o pleno reconhecimento universitário, o outro recebeu-o muito tardiamente, mas ambos são autores de uma obra imensa, da qual ainda se alimenta, e na controvérsia, o pensamento sobre o social.

Georg Simmel ressurge após uma longa ausência, que sucedeu o período de curiosidade crítica dos durkheimianos e da atenção de alguns filósofos, entre os quais

Jankélévitch, que, em 1925, mostra Simmel como um "filósofo vitalista" próximo de Bergson. Atualmente, o estudo de François Léger propõe uma apresentação da obra na totalidade de seus aspectos. A empreitada pode parecer impossível, quer por serem estes tão múltiplos – filosofia, teoria da história e da religião, sociologia, moral, psicologia e estética –, quer pelo fato de a recusa de constituir sistema mascarar a afirmação de uma "unidade profunda".

Simmel foi um professor e autor da moda. Impunha-se em Berlim, onde, contudo, teve apenas uma posição universitária menor, e não foi aprovado em Heidelberg, apesar do apoio do sociólogo Max Weber, só recebendo a plena qualificação professoral poucos anos antes de sua morte, em Estrasburgo, então alemã. Foi vítima do antissemitismo, considerado um "destruidor", um filósofo e, sobretudo, um sociólogo cuja obra permanece "leve e subversiva".

Simmel é sobretudo um filósofo, mas de uma espécie singular. Está continuamente em movimento, ao retrabalhar sob uma nova luz temas colocados. Passa de um neokantismo a uma filosofia do concreto, que pretende – à maneira de Husserl – retornar "às coisas mesmas"; em seguida, tende ao vitalismo nos últimos dez anos de sua carreira, com a certeza de que a vida se exprime em formas imprevisíveis e sempre novas. É inclassificável: alguns o consideram um eclético, um ensaísta sutil; e Lukács, provisoriamente mais generoso, definiu-o como aquele que introduz a sensibilidade impressionista na reflexão filosófica: um "Monet da filosofia".

Simmel recusava-se a "confinar a plenitude da vida" num sistema, e isso o levava a multiplicar as perspectivas, a fazer de alguns de seus livros um jogo de ensaios encaixados. Considerava a atividade filosófica uma "atitude", uma relação com o real, em que a subjetividade e as circunstâncias têm grande participação.

Mas é para a sociologia que hoje devemos voltar a atenção. Simmel quer construir a nova disciplina conferindo-lhe o estatuto de ciência autônoma. Segundo ele, a sociologia é um método: é isso que a define, e não a ambição de tornar-se a soma de todas as ciências sociais particulares. No começo, devemos propor-nos a interrogação referente à "própria noção de sociedade". Há sociedade a partir do momento em que intervém a "reciprocidade de ação" entre vários indivíduos. Essas interações são deflagradas pelos mais variados sentimentos, interesses e objetivos, e acarretam o processo da socialização. O social é apreendido no movimento, mas, nesse devir em que a vontade dos indivíduos nunca é totalmente engajada, revelam-se regularidades de comportamento, esquemas "constantes", relações estáveis. É então que intervém a distinção entre o conteúdo e a forma da socialização; o primeiro reporta-se aos processos psicológicos dos indivíduos socializados, a segunda, aos modelos segundo os quais se opera a socialização; ambos são ligados por relações muito complexas. Cumpre abstrair as formas a partir de uma realidade social concreta, prolífica, por intuição, compreensão e comparativismo. Essa paixão pelas formas fez de Simmel o fundador da *sociologia formal*, uma espécie de "geometria do mundo social". Esta atraiu as críticas de Durkheim, que o censura por uma sociologia abstrata e vaga "que separa coisas essencialmente inseparáveis". Sua teoria dos conteúdos do social lhe valeu, em parte, ser acusado de psicologismo, de desembocar numa negação da sociedade.

Não é para sua "sociologia pura", mas para a multiplicidade de seus estudos concretos, para essas múltiplas aberturas, que ele arrasta nossa curiosidade. A cultura é manifestada como tendo um caráter essencialmente trágico, é uma "crise perpetuamente retardada". A sociedade não é apreendida senão em estado de nascimento e, por conseguinte, numa perspectiva histórica. Os sentimentos e as paixões, não só os interesses e o cálculo, são reatribuídos aos processos de composição do social. E, uma vez que a exploração se efetua em direções múltiplas, inúmeros estudos tocam problemas que permanecem no espírito de nossa época: a modernidade, a cidade, a cotidianidade, os objetos culturais banais, a sexualidade e as relações homens-mulheres etc. Os textos de Simmel voltam a ser uma mina da qual se extrai de acordo com as necessidades ou os oportunismos. Devemos enaltecer François Léger por nos restituir a obra verdadeira em sua riqueza integral, e seu jovem editor por ter inaugurado seu catálogo dessa forma.

Simmel, ecoando suas preocupações pessoais, consagrou um célebre ensaio ao "estrangeiro". É outro estrangeiro, igualmente judeu, mestiço de cultura e de fé, que uma biografia recente faz ressurgir: J. L. Moreno (1892-1974), inventor do psicodrama, do sociodrama, da sociometria e de muitas outras coisas. O autor do perfil, René Marineau, é fascinado tanto pelo personagem como pelas obras. Tem razões de sobra para isso. De Bucareste a Viena, depois Berlim, depois novamente Viena, as cenas da infância e da adolescência se sucedem; o pequeno Moreno é criado numa família instável, dividida, dilacerada entre o judaísmo (do pai) e o catolicismo (da mãe). A criança brinca do "jogo de Deus", o adolescente invoca uma visão de Cristo, que se torna seu "herói", o adulto escreve um livro, *A renovação de Deus*, no qual define sua concepção do mundo. Misticismo, certeza de uma eleição e uma missão junto aos homens, teatralização constituem sua primeira maneira de ser. Moreno reivindicará sem rodeios seu direito à paranoia e à megalomania.

É em Viena que recebe sua dupla formação, médica e psiquiátrica, e que efetua suas primeiras pesquisas sobre terapia de grupo e os jogos de papéis, sobre a microssociologia, sobre as potencialidades do teatro improvisado. É em Viena que reina Freud, contra quem ele trava uma luta sem fim. O exílio nos Estados Unidos (1926) institui uma distância, sem interromper essa relação dramática.

Moreno atenua então o aspecto profético de sua própria personalidade, tornando-se principalmente um experimentador-empreendedor. Outorga uma constituição ao psicodrama, à psicoterapia de grupo, à terapia teatralizada e à sociometria – medida das inter-relações entre pessoas. Cria suas próprias instituições, associações e revistas, viaja e estende sua rede de influência até a Europa. Nem por isso deixa de rejeitar as "conservas culturais", a cultura congelada, e de exaltar a fecundidade do encontro, a espontaneidade e a criatividade individual.

Le Monde, *23 de fevereiro de 1990.*

Herdeiros
e
dissidentes

A renovação sociológica

A fé dos sociólogos parecia fragilizada, mas está renascendo. O fim das grandes teorias, bem como do real e do sentido, nos escombros da pós-modernidade derrubara as certezas. Na realidade, as ciências do social se movem, avaliam de outra forma os sistemas de referências e os modos explicativos que as orientaram por várias décadas, mudam de objetos ao mesmo tempo que de paradigmas. O conhecimento de seu conhecimento, e de seus efeitos, passa a ser um dos objetivos. Elas devem não só enfrentar a prova das turbulências desse tempo como também redefinir sua posição nas sociedades em que sua contribuição afeta parcialmente as linguagens e o jogo das relações sociais. A paisagem intelectual que elas compõem, mesmo que se torne mais discreta e menos propícia aos enfrentamentos polêmicos, nem por isso é menos diversificada; transforma-se, é mais dinâmica do que era quando as dominações da "Escola"[2] fixavam as perspectivas.

A revitalização sociológica pode ser medida pela multiplicação das publicações, sinal de uma retomada de confiança. Nos últimos meses foram publicados diversos livros, a princípio sem relação aparente e que, não obstante, formam um conjunto significativo. Uns orientam o retorno a obras cujos autores estavam há muito tempo esquecidos ou desdenhados. Outros interrogam, de diferentes maneiras, o procedimento sociológico e o que poderíamos designar novas frequentações da disciplina. Por que essa intensa curiosidade por Frédéric Le Play, "inventor esquecido", segundo a qualificação de seus comentadores atuais[3]? Ainda mais que estes não parecem ter qualquer afinidade com o inspirador de um catolicismo social caduco, com o autor "engajado" da *Reforma social na França* (1864), que chama a

---

2   Referência à escola sociológica francesa, inaugurada por Mauss e Durkheim. [N.T.]
3   Bernard Kalaora e Antoine Savoye, *Les Inventeurs oubliés. Le Play et ses continuateurs aux origines des sciences sociales*, Paris: Champ Vallon, 1989.

atenção de Napoleão III e dele recebe encargos. É o método desse engenheiro, viajante, homem de campo, observador direto a partir de uma ficha analítica dos modos de vida e das condições materiais (os orçamentos das famílias, operárias sobretudo, camponesas num grau menor), que se vê elucidado. Esse empirismo de contato, associado a um amplo comparativismo, é exaltado a fim de ser oposto ao empirismo indireto, que procede a partir de "amostragens", questionários, sondagens, séries estatísticas. A observação direta e a generalização por comparação são regras de pesquisa que acompanham uma recente antropologização – no sentido dos estudos de tipo "etnográfico" – da sociologia.

Com Tarde, o movimento de retorno tem um alcance de maior amplitude; implica, ao mesmo tempo que a descoberta dos ensaios publicados sob o título *L'Opinion et la foule* [A opinião e as massas], a retomada do grande livro consagrado às "leis da imitação", erigidas em princípio constitutivo das sociedades humanas. As questões de método estão igualmente em debate e são atualizáveis: a consideração do número e seu tratamento, a opinião pública assimilada a um produto de consumo e a instituição das sondagens capazes de manifestá-la, a introdução de uma dimensão sociológica na ciência política.

Mas o encontro com Tarde extrai sua força da evidenciação de problemas que são igualmente da atualidade, com outra extensão, outra intensidade. O mais importante, sem dúvida, é o que contribui para revigorar o debate sobre a democracia, sobre o que vem de uma época – fim do século XIX – em que, para alguns, ela era fator de desordem e irracionalidade. Tarde opõe aos detratores uma teoria do público e da opinião pública em que o efeito de massa não é mais negativo; ele considera o sufrágio universal um instrumento de medida das variações da opinião e dos desejos, bem como de definição da identidade coletiva. Atribui ao sistema democrático a capacidade de cumprir uma função essencial: a de informar a sociedade sobre si mesma à maneira de uma ferramenta estatística.

Desde então, os meios de informação se multiplicaram, o ofício de sociólogo se organizou, alimentando a expectativa de uma contribuição para a resolução dos problemas sociais. A demanda não raro decepcionou, o estatuto da sociologia se modifica quando variam a determinação de seus objetivos e a escolha de seus procedimentos. A querela das práticas permanece aberta, mais bem argumentada porque fundada nos resultados obtidos e difundidos durante as últimas décadas. Ela põe em discussão o caráter científico da sociologia, a possibilidade de alcançar uma objetividade que não se reduza a uma explicação aleatória do vivido.

Numa *Iniciação à prática sociológica* visando modificar "a percepção ordinária do mundo social", um grupo de quatro sociólogos procura mostrar o "modo de pensamento sociológico em ação". Confere uma posição central à *construção do objeto* da pesquisa, de maneira a libertar-se da experiência vulgar, de seu cortejo de pré-noções. Afirma, com a exigência da cientificidade, a diferença entre o objeto construído e a realidade empírica: o primeiro é um "sistema abstrato de relações entre o funcionamento de uma instituição determinada e os grupos sociais". Essa dissociação é manifestada a partir de casos, da apresentação de levantamentos, exercendo a crítica dos dados (lembrando principalmente que as estatísticas são um "produto fabricado") e a crítica das técnicas (denunciando, em especial, as sondagens de opinião como formalização com fachada de ciência). Trata-se de um apelo a investir o máximo possível de ciência no conhecimento do social, mas moderado por uma melhor avaliação do que o contraria ou falseia. É assim que a relação do sociólogo com o objeto de sua pesquisa é reconhecida como o revelador de "determinadas propriedades" desse objeto e como uma referência que impõe a "análise ponderada" dos obstáculos sociais, opostos à interrogação sociológica. Uma análise em que a introspecção é banida.

É, inversamente, na implicação do pesquisador que René Lourau se concentra ao tratar do "diário de pesquisa", querendo alcançar o conhecimento *íntimo* de tudo o que está em jogo na prática de levantamento e na formalização final dos resultados. Lourau parte do princípio de que o observador está necessariamente implicado "no campo", muito embora ele não opte por deixar-se implicar pela observação participante. A presença do pesquisador é inevitavelmente uma intervenção, a subjetividade está sempre em ação e, nesse sentido, o ato de pesquisa é um ato científico malogrado. Os diários de pesquisa – esses extratextos que cultivam uma relação complexa com o texto científico – revelam "os aspectos mais secretos da implicação do pesquisador". Eles permitem o desvelamento do que se passa na coleta de dados e da dinâmica pela qual ela se realiza. Compreendemos então o lugar privilegiado que Lourau concede aos diários ou cadernos dos antropólogos e socioantropólogos: são a base de uma ciência das ciências sociais, de um conhecimento dos processos da pesquisa e da descoberta.

Por outros caminhos, ocupando-se da contribuição das diversas escolas contemporâneas, Richard Brown propõe também uma visão do modo de conhecimento sociológico: ele a diz "estética". Ele dá por certo o fato de que "em toda formulação teórica, encontramos sempre as experiências pessoais e os interesses do autor". Afora isso, o que se afirma é a analogia das atividades científicas e pesquisas estéticas: "Elas visam a elaboração de paradigmas cuja função é facilitar a compreensão da experiência humana".

A aproximação das disciplinas se efetua quando Brown considera o conceito de ponto de vista em estética e o problema do ponto de vista em sociologia. O primeiro elimina a distinção entre o objetivo e o subjetivo. O segundo surge em razão da impossibilidade de ocupar a posição do espectador absoluto, de alcançar um "modo de conhecimento livre de todo ponto de vista". Uma parcela de incerteza e de dúvida permanece irredutível. A aproximação entre maneiras de conhecer, todas tratadas como perspectivas particulares, se realiza mais ainda nos desenvolvimentos dedicados à condição da metáfora. O modo de pensamento metafórico intervém tanto nas ciências como nas artes. Nesse sentido, a sociologia deve identificar as metáforas mais fecundas sem hierarquizá-las, definir critérios para uma metáfora que "funcione". As figuras metafóricas básicas – ou paradigmas sociológicos – são examinadas em sua sucessão: o organismo, a máquina e, agora, a linguagem, a encenação, o jogo. Essa exploração efetuada por Brown se revela de grande fecundidade; ela justifica sua busca das chaves de uma "poética da sociologia"; faz de seu livro uma ferramenta indispensável, ao mesmo tempo que uma prova da revitalização sociológica.

Le Monde, *29 de junho de 1989.*

Peritos do social

Nestes tempos de incerteza, os próprios saberes veem-se afetados pela crise de identidade. É o momento de pôr em perspectiva, procurar bases mais sólidas e legitimações menos frágeis, de recomposição dos territórios em que as disciplinas se encontram. A sociologia atual, cujas referências foram abaladas, pode dar a impressão de estar "cansada". Após um deslanchar, depois o sucesso, que lhe valeram atuar em diversos lugares e imprimir uma cor à cultura presente. Vista do exterior, ela parece, dependendo do humor, "uma ciência que desejaria ser" (diz Paul Veyne) ou uma ciência "eternamente jovem" por efeito da renovação incessante dos problemas (segundo a fórmula atribuída a Max Weber).

Pierre-Jean Simon apresenta, em 24 etapas, seu percurso da história da sociologia – história ainda curta, porém amparada num extenso passado. É um itinerário pessoal, e por essa razão ainda mais formador, levando à "busca das ideias sempre vivas", que impelem a interrogar as obras do passado "a partir do estado atual da sociologia". É um encontro renovado com os autores da tradição, um diálogo com os textos abundantemente presentes numa obra enganosamente clássica, uma leitura que não exclui nem o arbitrário – ela dá margem ao esquecimento – nem "a crítica da herança", necessária a todo pensamento vivo. O autor sempre se situa, pratica o que diz ser "um ecletismo sistemático", extravasando seu humor denunciador dos amadorismos, dos olhos vendados e das "parassociologias".

É bem estabelecida a distinção entre um pensamento do social presente em todas as sociedades e em todos os tempos e um pensamento sociológico que resulta do estudo do social com intenção científica. O que se mostra é como o primeiro prepara o segundo e tem uma função cumulativa do saber. Daí nascerá uma ciência dissociada do senso comum e dos dogmatismos, desde a herança grega à do Renascimento, da herança da Reforma à do Iluminismo. Não se perde uma oportunidade de evocar a força das questões fortes, de manifestar esse movimento do qual surgirá não só a sociologia como também a economia (no início considerada como "harmonia dos interesses") e a história (no início vista como progresso e realização do poder da razão).

A sociologia anunciada, desejada, surge com a ruptura criada pela Revolução "nos escombros de um mundo passado". Constitui-se a princípio a partir da descoberta de que as sociedades têm a possibilidade de "mudar por si mesmas". Mudança que Saint-Simon – esse João Batista da ciência social – quer operar por meio da ciência dos fenômenos sociais, que Proudhon e Marx – filósofos combatentes – aliam necessariamente às lutas sociais e políticas. Auguste Comte, que goza do crédito de ter inventado a sociologia, quer ao mesmo tempo reformar a sociedade e elaborar a síntese dos conhecimentos particulares a fim de alcançar uma "ciência da salvação". Na sua esteira, Durkheim, identificado como "o sociólogo por excelência", faz da disciplina uma ciência autônoma e também uma pragmática que associa a ciência social à ação social, a teoria à prática.

Após essa apresentação dos fundadores da sociologia positiva, Pierre-Jean Simon propõe um duplo panorama:

o da sociologia alemã na época de Max Weber (no qual reconhecemos a contribuição de Raymond Aron) e o da sociologia norte-americana na época de suas "ricas horas". E detém-se nesse ponto, excluindo o que se destacaria na história próxima da disciplina, nas décadas do pós-guerra, quando a sociologia começa a se profissionalizar, sem excluir o engajamento militante. Seu percurso é um percurso saudável: ele restabelece ligações frutíferas constituídas ao longo dos séculos, revela a formação de um saber cumulativo que nem o acontecimento nem o enfrentamento crítico ou a dúvida podem destruir completamente. Exprime sua fé numa sociologia não fechada em si mesma, mas livre das tutelas e dos usos servis, capaz de encontrar a "segurança" que a protege de todas as parasitagens.

Essa profissão de fé não eliminará a incerteza. A tal ponto que dois cientistas políticos, e também sociólogos, Mattei Dogan e Robert Pahre, consagram um livro inteiro à procura dos caminhos da inovação e da criatividade nas ciências sociais. Seguem a distinção estabelecida por Thomas Kuhn entre "ciência normal" e "ciência revolucionária": a primeira conserva, explora e enriquece, mediante contribuição discreta, o "patrimônio"; a segunda renova, dá lugar ao inédito, leva seus criadores ao proscênio científico. Mas os dois autores, guiados pelo modelo dos esportes coletivos, valorizam mais a "equipe" do que suas estrelas. Não associam o progresso das disciplinas à contabilidade das citações que fazem a fama; situam-se antes do lado dos anônimos.

O que eles procuram são os processos e as condições favoráveis à inovação, os "lugares" do saber social em que ela pode surgir. De um lado, as disciplinas multiplicaram-se em especializações; apesar disso, alguns de seus domínios acham-se assoberbados. O trabalho científico se sujeita então à "lei dos rendimentos decrescentes", vira rotina, e a busca inovadora se desloca para a periferia, para as zonas de contato com outros saberes. De outro lado, a comunicação entre disciplinas diferentes leva à troca e ao parcial compartilhamento das respectivas contribuições. É nas fronteiras que se estabelecem as relações fecundas, não numa interdisciplinaridade artificial. Dogan e Pahre se deixam seduzir pelo "novo caleidoscópio das ciências sociais".

Os autores convidam a sair do confinamento disciplinar, celebrando a virtude das mestiçagens, sem, entretanto, denotar com firmeza sua rejeição dos "híbridos" nefastos, especialmente daqueles que resultarão da inseminação pervertida das ciências sociais pela biologia. Sua demonstração é mais persuasiva quando trata das disciplinas – por exemplo, a antropologia ou a sociologia histórica – que têm o comparativismo como princípio e as incursões em outros domínios como necessidade. Os defensores da forte identidade disciplinar, particularmente os guardiões da herança durkheimiana em sociologia, receberão com reticência esse elogio da hibridização. Nele, porém, encontrarão uma nova exploração da história das ciências sociais, realizada sobretudo a partir de suas fontes norte-americanas.

Decididamente, a questão instiga a ciência social. A revista *Critique*, sob o comando de Vincent Descombes, reuniu uma série de estudos ligados pela mesma ambição: buscar o "sentido da vida social na ação humana" e "na maneira como os próprios atores a compreendem e justificam". Nessa empreitada, fundamentada em publicações recentes, ciência social e filosofia veem-se estreitamente associadas. De saída, Kant é a referência principal, com sua *Antropologia de um ponto de vista pragmático*, pois Vincent Descombes e outros em sua esteira estabelecem uma equivalência entre ciência social e ciência pragmática.

Isso leva a associar uma "antropologia geral" a uma filosofia da ação, isso impõe "entrar no jogo" a fim de alcançar – do interior e por comparação – uma compreensão das práticas humanas e do "uso do mundo" que elas manifestam. Descombes finca referências nesse percurso: o pensamento do direito, as instituições e a justificação pelo discurso, isto é, pelas retóricas do social. Do vivido, cumpre engendrar sentido, tarefa sem fim, porém mais que nunca necessária nesta época das grandes guinadas e do déficit de interpretação.

Le Monde, 27 de setembro de 1991.

O desafio de Bourdieu

Há empreitadas científicas e pensamentos que não são abordados sem riscos. Eles não se simplificam a fim de permitir identificar um sistema, um corpo teórico completamente modelado. Não se ajustam em fórmulas, ainda que o léxico e o modo de escrita que lhes são próprios deem a impressão (falsa) de certa comodidade de acesso. Cultivam uma exigência principal, inabalável, num movimento que os leva a contínuos retornos sobre si mesmos, alimentando "uma preocupação constante de reflexividade".

A obra de Pierre Bourdieu é dessa estirpe. A despeito dos comentadores, imitadores e críticos, não se deixa apreender facilmente. Por ocasião de um seminário de doutorado realizado em Chicago, sob a instigação perspicaz e livre de Loïc Wacquant, seu organizador, Bourdieu se explica e se expõe – em todas as acepções da palavra –, respondendo a antagonistas reais ou supostos. Em suas respostas, retoma o que foi se manifestando progressivamente em seus livros e artigos, nos quais cada estudo específico (o objeto) alia-se à exposição empírica, à elaboração teórica e à ilustração do que deveria ser a "profissão de sociólogo".

Balizas são posicionadas, mas Bourdieu não demora a deslocá-las, dando a impressão de ser, segundo a própria fórmula de seu apresentador, "uma espécie de enigma intelectual". Ele não se deixa encerrar numa categoria, não obstante atribua extrema importância às classificações, posições, "distinções" que se definem e negociam nos espaços do social. Vale-se dos aportes de uma dupla experiência – a do etnólogo, inicial e decisiva sob muitos aspectos; e a do sociólogo –, dos saberes do filósofo e do que ele extrai de um conhecimento profundo das diversas tradições intelectuais e obras culturais. Move-se por todos esses domínios sem que seja possível encaixá-lo numa genealogia, filiação ou, menos ainda, especialização. Pratica o desrespeito das fronteiras disciplinares, recorre a meios e ferramentas variáveis segundo o próprio objeto de sua pesquisa. Seu projeto é contribuir para uma ciência social total, ser capaz de apreender "a unidade fundamental da prática humana".

Dessa exigência emanam humor e vigor polêmico. Pierre Bourdieu, por ocasião de suas *Réponses* [Respostas], explica suas antipatias e desfere alguns golpes. Denuncia o intelectualismo, sua capacidade de se iludir e suas complacências narcísicas. Recusa uma filosofia que "mal suporta as ciências humanas" – a da consciência e do sujeito – e, num movimento crítico mais amplo, os filósofos do marxismo estruturalista, da pós-modernidade e da comunicação. E esta abominação: a "estetização da filosofia", enraizada "num aristocratismo social, por sua vez fundado num desprezo pelas ciências sociais".

Bourdieu tampouco é indulgente com diversas das sociologias atuais, a começar por aquela dos professores que a norma pedagógica leva a alimentarem-se de "falsos debates". Se, da mesma forma, as sociologias do indivíduo (individualismo metodológico), do sistema e da ação são refutadas, surge ainda uma verdadeira repulsa: a provocada pelas sociologias impressionistas autoproclamadas fenomenológicas ou antropológicas. Bourdieu recusa a complacência e a facilidade, bem como a dogmatização do pensamento; quanto a isso, não podemos senão indicar a aquiescência. Ele é o vigia estabelecido às portas da "cidade científica" e não hesita em reivindicar que os direitos de acesso sejam elevados. Sua aposta leva-o a mostrar incansavelmente – mesmo a partir de objetos empíricos menores, até mesmo irrisórios – a possibilidade e existência de uma ciência do social autônoma, livre da obsessão de "imitar a estrutura das ciências ditas exatas". Uma sociologia atenta aos riscos representados pela "perversão metodológica" (o método satisfeito com seu próprio exercício) e pela "especulação teórica" (geradora de sistemas autossuficientes). A exigência científica leva a aceitar todas as coerções da objetivação.

Um primeiro movimento é o descarte do conhecimento comum, que atribui à relação social um caráter de certa forma natural, o que impede de tomar consciência do social no interior de si mesmo e de cada um. Num segundo movimento, o sociólogo obedece a uma constante obrigação de "reflexividade", realiza uma autoanálise e utiliza seus próprios instrumentos a fim de reduzir o jogo das ilusões, o "impensado social" que carrega durante sua pesquisa. É "a objetivação do sujeito objetivante": uma exigência que coloca em estado de tensão contínua, difícil de manter.

Bourdieu reconhece a dificuldade de sua "posição no campo sociológico". De um lado, ele pode parecer próximo dos autores da "grande teoria", em especial dos estruturalistas. Optou por uma sociologia das relações, em que existem apenas agentes, e não indivíduos, atores ou sujeitos; mas procura romper a "gaiola de ferro" do estruturalismo, introduzindo efeitos de forças, conflitos, concorrência, jogo e história no campo do social, que pode ser visto como o análogo de um campo de batalha. Daí uma concepção da sociologia que a aproxima de uma "arte marcial do espírito". De outro lado, Bourdieu declara-se solidário aos pesquisadores que veem as coisas de perto, mas com a condição de que essa visão próxima não provoque uma espécie de "miopia teórica". Seu método de estudo das práticas sociais implica uma teoria sobre elas, assim como uma teoria da prática teórica. E uma espécie de vigilância que se pretende infalível.

Seria preciso, num espaço maior, proceder ao estudo dos conceitos adotados, dos deslocamentos de sentido que eles operam, das críticas que provocaram – a de um determinismo que restringe o domínio da liberdade e da formação da pessoa, a de um economicismo à qual parecem dar razão os empréstimos tomados da linguagem econômica (capital, mercado, investimento, interesse). Concordo com a escolha de uma sociologia "realmente genética" ou gerativa, de uma prática de pesquisa que cultiva a crítica, transformando o olhar voltado para o social, que revela os efeitos da dominação exercida pelos meios do simbólico.

É preciso, por outro lado, ponderar igualmente o preço pago para alcançar esse estado de sociologia científica que Pierre Bourdieu promove. O lugar concedido ao desejo, às paixões, às aparências, às falhas da racionalidade não pode ser senão mediocremente medido. A recusa, legítima, de ceder às pressões da atualidade e consentir nas complacências pós-modernas não deve conduzir a uma colocação entre parênteses do que é próprio desse período: o lugar das mediações tecno-lógicas nas relações sociais, a irrupção informático-midiática em todos os campos da cultura, o impacto das relações exteriores, que dá outra força ao acontecimento e multiplica as conjunções propícias ao sincretismo, entre outras coisas.

A sociologia é o instrumento da dúvida e da crítica, por essa razão é necessária à prática da democracia efetiva. Sem concessão às demandas que terminam por fazer dela um uso "cínico" ou narcísico. Pierre Bourdieu abre-se apenas em raras ocasiões, explicitando sua "recusa da singularidade". Em suas últimas "respostas", entretanto, fala de sua luta contra os determinantes sociais, imprime flexibilidade a seu rigor ao reconhecer a importância da intuição, do que aproxima a sociologia do trabalho do escritor. Consente numa confissão: como Flaubert, compreende a tentação de "viver todas as vidas"; por trás de Flaubert, aponta um interlocutor falecido, porém com um pensamento situado a boa altura: Sartre.

Le Monde, *24 de janeiro de 1992.*

Norbert Elias caçador de mitos

No último verão, um sociólogo fora do comum, um pensador de raro vigor, faleceu sem gerar grande estardalhaço necrológico. Norbert Elias (1897-1990) vinha a quase completar sua travessia do século, em meio a reviravoltas e provações, sem jamais ter desistido da realização de uma ambição precoce: "contribuir para o saber da humanidade". Conseguiu isso contra tudo e contra todos, embora o reconhecimento de sua obra tenha sido tardio; em especial o de seu trabalho mais importante, que trata do "processo civilizador" no Ocidente[4]. Em diversas oportunidades julgou por bem fazer uma pausa, explicar seu percurso, estabelecer seu pensamento e aclarar seus conceitos. Hoje, a publicação conjunta de uma biografia ("por ele mesmo") e de uma coletânea teórica, composta de três textos de épocas diferentes (de 1939 a 1987), coloca sob um duplo holofote sua vida, seu trabalho científico e os acontecimentos dos quais estes foram indissociáveis. Essa história pessoal é ao mesmo tempo a de uma educação europeia como não existe mais. Elias é filho único numa família judia de Breslau (Wroclaw) da "boa sociedade" e de cultura germânica. Alimenta esperanças, estuda medicina e filosofia; alcança a idade adulta carregando a experiência da Primeira Guerra Mundial, da derrota, da decadência econômica familiar que o leva a trabalhar provisoriamente numa pequena empresa. Retoma seu percurso intelectual em Heidelberg, trocando a filosofia pela sociologia. Essa cidade é o núcleo mais ativo desta: Max Weber foi o fundador, seu irmão Alfred herdou o legado com menos brilho e Marianne, sua mulher, patrocina um salão onde as ideias novas são testadas. Mas é Karl Mannheim, jovem rival de Weber, que exerce atração mais forte sobre Elias. A propósito, este irá com ele para Frankfurt na condição de

---

4   *Über den Prozeß der Zivilisation* (1939) foi publicado no Brasil, com o título *O processo civilizador*, em dois volumes: *Uma história dos costumes* e *Formação do Estado e civilização*, Rio de Janeiro: Zahar, 1993 e 1994. [N.T.]

assistente oficioso quando Mannheim se torna diretor do célebre Instituto de Pesquisas Sociais[5].

As notas biográficas constituem um depoimento sobre a Alemanha do fim dos anos 1920 e início dos 1930. Sobre a efervescência cultural, a fecundidade criadora durante a República de Weimar. Sobre o deslizamento para a direita, o "ressentimento quase fanático" das classes médias e superiores, a escalada da violência armada, que resultam no colapso do Estado e na progressão do poder hitlerista. A "consciência de que uma catástrofe estava próxima", contudo, se forma com atraso. Em 1933, Mannheim, não obstante destruidor de todos os vernizes ideológicos, carrasco das aparências e ilusões, ainda afirma que "toda essa história com Hitler não vai durar mais de seis semanas".

É nesse mesmo ano que Norbert Elias opta pelo exílio, consciente do perigo crescente e seguro quanto à sua "missão": trabalhar numa análise da sociedade "tão realista quanto possível", fazer do sociólogo um "caçador de mitos", recusar as ideias dominantes, as modas, e conseguir "enxergar relações que outros não enxergam". Começa o desterro em busca de um local de trabalho, na Suíça, na França, depois na Inglaterra, onde se estabelece por um período de quarenta anos. Lá, não só redige seu livro mais importante – no qual são considerados o "processo civilizador" do homem ocidental e a relação com as mutações do poder – como também multiplica as relações com os meios psicanalíticos, faz uma análise individual e pratica análise de grupo. Seu aparato teórico é marcado por isso, assim como pela certeza de que o problema da "identidade individual do homem" deve ser uma preocupação central.

É só em 1954, na Universidade de Leicester, que obtém a docência em sociologia; extrairá de seu curso de introdução à disciplina um livro no qual esclarece sua posição:

---

5   Parece haver uma confusão aqui: o Instituto de Pesquisa Sociais tornado célebre com o nome "Escola de Frankfurt" não é o mesmo que o departamento de sociologia da Universidade de Frankfurt, dirigido por Mannheim. Havia, inclusive, certa rivalidade entre ambos. [N.T.]

O que é a sociologia?. Oito anos mais tarde, a aposentadoria lhe dá a possibilidade de um novo deslocamento, dessa vez voluntário ("Sou um viajante", declara). Durante certo tempo, é professor em Gana e lá vivencia uma "experiência indispensável", uma "outra luz". Retorna à Inglaterra, é professor convidado na Holanda e Alemanha, dividindo em seguida sua vida entre Amsterdã, onde morrerá, e o Centro de Pesquisas Interdisciplinares de Bielefeld. É um período de trabalho pesado, que assegura a continuidade do pensamento, bem como a consagração.

A sociedade dos indivíduos, trabalho tríptico, precedido de um esclarecedor prefácio de Roger Chartier, é o que melhor permite apreciar a amplitude e ambição da obra. Em sucessivas declarações, as recusas são nitidamente formuladas. Recusa de uma filosofia que postula a separação do sujeito, apriorística, redutora do que é observável no tempo "a algo intemporal e imutável". A insistência recai sobre a variabilidade histórica das formas de pensamento, da consciência de si e da experiência do mundo; só se apreende alguma coisa sob o aspecto do processo, do devir. O homem nunca está "completamente acabado" e a sociedade permanece em estado de inacabamento. Recusa de uma psicologia individual e social cujas interrogações são formuladas como se existisse um "abismo intransponível entre indivíduo e sociedade". Recusa acima de tudo, obstinada e obsedante, do que é causa de falsidade: a ideologia, os ideais particulares ou os oportunismos "paramentados com o véu da ciência".

Elias orienta de outra forma a empreitada do sociólogo. Logo no início, recusa-se a considerar o indivíduo como existindo em si e a sociedade como "um objeto existente" que se oferece à apreciação. Toda sociedade é uma sociedade dos indivíduos, redes de inter-relações e interdependências, de múltiplas imbricações do "eu" e do "nós". Daí a dupla rejeição do individualismo (mesmo o weberiano ou metodológico) e de seu contrário, o holismo (a sociedade como unidade orgânica supraindividual). Duas noções centrais marcam a posição. A de *configuração*, que permite pensar o mundo social como um tecido de relações no qual se efetua o controle dos impulsos e afetos, em que a pessoa inteira é envolvida nas relações ao mesmo tempo de aliança e de enfrentamento. A de *habitus social*, que designa a "marca específica" partilhada com os outros membros da sociedade, a partir da qual se modelam os "caracteres pessoais". E as duas noções se aplicam a todos os níveis de integração, em todas as escalas pelas quais se constituem as relações humanas.

A abordagem é efetuada em termos de movimentos, distanciamentos e processos sociais "de longo prazo". Ao mesmo tempo que afirma a natureza "integralmente social" do homem, Elias sublinha o efeito das tensões, dos poderes desiguais próprios a cada configuração; daí resulta uma margem de exercício da liberdade, um campo de possíveis aberto aos indivíduos. Na longa duração, é identificada uma correlação entre o processo de individualização e o processo civilizador. A escalada do individualismo se efetua no Ocidente a partir do Renascimento, acelerando-se – e arrastando outra economia psíquica, outra norma dos comportamentos individuais – com o advento do Estado moderno e a diferenciação cada vez mais radical e complexa das funções rumo a "níveis superiores de integração", enquanto o poder se desloca de um nível para outro. As dependências recíprocas ficam mais densas, com o efeito paradoxal de que os indivíduos adquirem uma consciência mais profunda de sua autonomia.

A obra é aberta; impossível, sucintamente, retraçar todas as suas veredas e assinalar as afirmações arriscadas. É sua amplitude que convém sublinhar, a manifestação de um devir em que os homens são constantemente produtores de suas relações e deles mesmos, uma evolução consumada numa "direção que nenhum indivíduo ou grupo de indivíduos vivos quis ou decidiu realmente". Não existe mão oculta[6].

Le Monde, *10 de março de 1991.*

---

6   *Qu'est-ce que la sociologie?* foi publicado em francês pela editora Pandora em 1981. Outras publicações também tiveram tradução prevista em francês, por exemplo *Involvement et detachment*.

O testamento de Norbert Elias

As obras singulares, fortes e perturbadoras, procedem de uma história pessoal que não fica atrás. O percurso do sociólogo Norbert Elias, que termina com sua morte em 1990, é prova disso. Ele vivenciou todas as turbulências do século XX, entre as quais a de uma Alemanha onde o nazismo triunfante o arrasta para o exílio. Após um período nômade, radica-se na Inglaterra, onde escreve seu livro mais importante e ambicioso: o que trata do "processo civilizador" do homem ocidental, das mudanças nos costumes que acompanham as mutações do poder[7].

É nessa obra que seu dispositivo teórico se define, recebendo suas primeiras aplicações e verificações. Não é produto de um fechamento numa disciplina, de uma especialização, mas de uma cultura amplamente aberta. De uma educação e formação em que a filosofia, a ciência médica, a sociologia, a psicologia e a psicanálise conjugam suas contribuições sem concessão ao ecletismo.

Uma mesma exigência é mantida: alcançar um conhecimento da sociedade "tão realista quanto possível", não ater-se às ideias prontas, enxergar relações que os defensores das disciplinas demasiado estabelecidas não enxergam. Uma sociologia do conhecimento está continuamente em vias de se realizar; ela se dedica a seguir a evolução do saber que a sociedade tem de si mesma – desvendando os erros e desvios. Ela rejeita o que separa em detrimento do que está em estado de constante inter-relação: volta a atenção para "os aspectos de ligação e integração" que as divisões disciplinares decompõem. Recusa toda interpretação analítica que julgue poder apreender as propriedades do conjunto a partir dos elementos, a partir dos indivíduos no caso das sociedades.

É a denúncia do "dogma atomístico". O procedimento não tolera mais a comodidade de ater-se à consideração de

---

7   Cf. nota 4 desta segunda parte.

"estados estáticos", negligenciando os "processos", as configurações dinâmicas que deles procedem, esquecendo que "o homem é ele mesmo um processo". Os textos apresentados em *Engagement und Distanzierung* [Envolvimento e distanciamento[8]] retomam os temas, os determinam, complementam e ilustram.

Norbert Elias junta as peças que compõem uma espécie de testamento intelectual e um guia necessário à exploração do que parece ter sido abandonado pela pesquisa sociológica – a dinâmica das relações entre Estados. Nele, encontramos os conceitos que orientaram toda a sua obra. O de "configuração", que permite pensar o mundo social como um tecido de relações em que se efetua o controle dos impulsos e dos afetos, em que a pessoa inteira é envolvida em relações ao mesmo tempo de aliança e de enfrentamento. O de "processo não planejado", que possibilita atribuir um lugar às determinações distantes e invisíveis, aos surgimentos do inesperado, àquilo de que o indivíduo não tomou consciência nem teve experiência.

Em suas próprias palavras, Elias torna-se um "caçador de mitos"; é o detector dos investimentos da afetividade e da imaginação que falseiam a compreensão de todos os fenômenos. Intima a uma espécie de ascese intelectual, que leva a renunciar às categorias normalmente contempladas, a romper as divisórias. Sua ambição não é modesta: contribuir para a "atenuação da coerção exercida sobre o pensamento e a ação humana".

O primeiro dos textos reunidos em *Engagement und Distanzierung* é dedicado a essas duas posições interdependentes, a cujos efeitos o exercício do trabalho científico não pode se subtrair completamente. Utilizando esses conceitos, "remetemos a equilíbrios cambiantes entre dois tipos de impulsos que governam o comportamento e a maneira de viver os acontecimentos". Tratando-os

---

8   Na edição brasileira, traduzido como *Envolvimento e alienação*, Rio de Janeiro: Bertrand Brasil, 1998. [N.T.]

como ferramentas intelectuais, nós os utilizamos como "noções-limite", meios de definir os "diferentes graus de distanciamento e envolvimento nas normas que, de uma sociedade a outra, regem o comportamento e a experiência". Numa perspectiva resolutamente evolucionista, Elias retraça o percurso que reduz a "implicação emotiva" e efetua parte do afastamento emocional.

Isso o leva a considerar essa progressão, sem separar os domínios, em três planos principais: o das relações com as forças naturais, o das relações constitutivas da sociedade e o das relações entre as unidades mais englobantes, os Estados. A capacidade de se distanciar, de marcar esse afastamento que torna possível a interpretação científica, é evidentemente muito desigual de uma sociedade a outra.

Nas civilizações consideradas "anteriores", em que a ciência ainda não se constituiu, a influência "mágico-mítica" prevalece e responde a necessidades emocionais. Mas o distanciamento parece desigualmente consumado, nas civilizações ditas científicas, quando cada um dos três níveis é explorado. Ele decresce passando de um a outro, do que permite o controle dos fenômenos naturais ao que contribui para o controle dos fenômenos sociais, e mais ainda ao que assegura certa regulação da violência nas relações entre Estados.

O inacabamento do distanciamento, os efeitos mantidos no envolvimento, da implicação emocional no conhecimento e nas práticas, provocam uma dinâmica de "duplo vínculo" [*double bind*]. Há aí um processo de circularidade – já observado por Gregory Bateson por ocasião do estudo das síndromes psicóticas – que resulta de injunções contraditórias. Esse jogo das duplas dependências é o que mais trava os indivíduos, em especial nas situações críticas em que as respostas emocionais se acirram, perturbam a apreciação realista e diminuem as chances de adaptação prática.

Elias tampouco poupa os cientistas, os produtores de saberes, embora a capacidade de se distanciar seja muito maior nas ciências da natureza, conferindo-lhes de certa forma um valor exemplar. Ele, contudo, contesta a possibilidade da "transferência de um campo do saber a outro", reconhecendo nisso um "pseudodistanciamento".

Nesse aspecto, aponta as dificuldades singulares no caso das ciências sociais, as dependências que resultam dos interesses, das paixões e das parcialidades, do "envolvimento nos conflitos da época" ou da posição da testemunha implicada. Pede ao pesquisador que objetive sua relação, consinta no "desencantamento emocional" e estabeleça uma distância. O que impõe escapar à armadilha de duas posições inconciliáveis: a do pesquisador desengajado e a do participante de uma sociedade, de grupos especializados, que extrai desse pertencimento determinado "conhecimento do social".

Sem ir muito longe na separação, sem satisfazer-se com um simples "verniz de objetividade". A saída é mostrada na rejeição de uma oposição que discrimina o verdadeiro do falso "de uma vez por todas", na realização de uma "confrontação crítica ininterrupta". É desse conhecimento sempre renovado que resulta o afrouxamento das coerções e uma melhor gestão dos perigos.

Norbert Elias aponta as "configurações" – outros diriam os sistemas – que impõem suas leis aos atores sociais. Revela as ascensões da civilização como reforços do controle conquistado pelos homens, sem desconhecer as defasagens e contradições, os riscos de inversão e retroações. É nas relações entre Estados que ele constata a incapacidade, como "nas épocas arcaicas", de controlar o recurso à força, uma dinâmica que nada tem a ver com os ideais confrontados, e sim com as lutas pela hegemonia. Não existe nenhuma instância exterior que possa limitar a rivalidade dos mais poderosos. Não é uma incitação a aceitar a fatalidade, mas, ao contrário, diante desses riscos e de todos os outros, uma injunção a não admitir que "atingimos o ponto de não retorno".

Le Monde, *28 de maio de 1993*.

A obra revisitada

Há um momento em que, após um longo percurso, o autor de uma obra científica a reconsidera e situa numa perspectiva de sua própria vida. Alguns sentem uma espécie de autossatisfação ao fazê-lo. Albert Hirschman, economista, sociólogo, filósofo, agora professor emérito do Institute for Advanced Study de Princeton, não é desse tipo. Mantém intacta "sua propensão à observação", pratica a "transgressão" que abala as certezas confortáveis. Sua liberdade de espírito reforça seu engajamento a serviço das ideias de progresso, e o exercício da democracia, seu ardor constante em fazer do acontecimento o estímulo para as revisões teóricas. Seu último livro, em que se aliam ensaios e fragmentos autobiográficos, revela isso.

Essa associação mostra em que grau uma obra forte se alimenta das múltiplas experiências de uma vida. As de Albert Hirschman não se inscrevem num curso tranquilo. Oriundo da grande burguesia judaica alemã, jovem militante antinazista, é obrigado a se exilar antes de completar 18 anos. Adquire em Paris e Londres sua primeira formação, de economista, a qual não lhe serve de refúgio. Recusa "o recrutamento ideológico", prefere "a ação política perigosa": um breve engajamento junto aos republicanos espanhóis, uma contribuição ao antifascismo italiano, um alistamento voluntário no exército francês, depois no exército norte-americano – no qual participa da campanha da Itália – após o último exílio. Em seguida, o universo norte-americano não o confina: a América Latina e os países do Terceiro Mundo passam a ser o espaço de suas pesquisas, dedicadas às estratégias e aos processos do desenvolvimento econômico e social. Hirschman, intelectual e militante, não é um pensador isolado. A História que se faz e o mundo em movimento são os horizontes de sua pesquisa. As astúcias de uma e os paradoxos do outro confirmam isso em suas escolhas: a atenção ao imprevisível, a adoção do "estilo exploratório", a "paixão pelo possível".

É incansável em sua vontade de "questionar", "complicar" suas proposições anteriores, retornar aos temas antigos, enfrentando "novos enigmas". Essa mobilidade e agilidade intelectuais levaram os críticos a desconfiar da atividade teórica de Albert Hirschman: ela não parece ter constância suficiente. Ele não optou por formular uma teoria geral e ater-se a ela a todo custo; manifesta o mecanismo, o modo de ser de uma estrutura de relações ou de uma situação, e revela sua extensão possível. Refina suas próprias generalizações. Leva à exploração de "territórios proibidos", esses domínios da pesquisa em que, não obstante, a busca de respostas é frustrante.

A reimpressão, paralelamente à edição de seu tratado da autossubversão, de seus três livros mais comentados incita a avaliar o caminho percorrido[9]. *Bonheur privé, action publique* [Felicidade privada, ação pública] identifica a estrutura essencial de nossas sociedades desde a eclosão da Revolução Industrial. É a alternância recorrente entre o engajamento dos indivíduos e dos grupos na ação pública e o retraimento nos valores da felicidade privada. Cada fase engendra uma satisfação relativa e uma decepção específica, que impele os atores ao momento seguinte. Aos tranquilos anos 1950, sucedem as turbulências dos anos 1960, depois os anos da volta à passividade, que agora chamam os de uma retomada do movimento. Hirschman volta à questão da felicidade em seu último livro, quando aborda a experiência do mercado e as "interpretações equivocadas" da felicidade que ela pode engendrar, destacando especialmente as condições da liberdade política que lhe são necessárias.

Em *Défection et prise de parole* [Defecção e tomada de palavra], é a consideração do declínio e do "descontentamento" que encontra seu lugar na análise econômica, social e política. O estudo incide sobre os dois meios de

---

9   Três reedições pela Fayard: *Défection et prise de parole* (1995), *Bonheur privé, action publique* (1995), *Deux siècles de réthorique réactionnaire* (1992).

que dispõe o público para exprimir sua insatisfação. De um lado, a "defecção", que se exprime pela retração da clientela, caso se trate de uma empresa, ou pelo desengajamento, caso de trate de uma instituição. De outro lado, a "tomada de palavra", que alimenta a ação contestadora empreendida do interior. Uma das opções pode impedir a outra de desenvolver-se, elas estão "em relação inversa", mas a tendência comum é a produção de efeitos de reforma. Hirschman, após aplicar esse mecanismo a situações diversas, complica-o mediante um novo estudo: o do desaparecimento da República Democrática Alemã. Nesse caso, a defecção e o exílio privado terminam por não mais contrariar a tomada de palavra (o protesto público), ambos se adicionando em "um poderoso movimento cívico e vitorioso".

Deux siècles de rhétorique réactionnaire [Dois séculos de retórica reacionária] explora o universo frequentemente enganador do discurso pelo qual, desde dois séculos atrás, se combateram as reformas políticas e sociais. É a avaliação crítica dos pensadores e políticos que se opuseram sucessivamente às ideias liberais da Revolução Francesa e à afirmação dos direitos do homem e do cidadão, à democracia e ao sufrágio universal, e depois ao advento do Estado-providência. Três domínios de argumentação são assim esclarecidos. A tese do "efeito perverso": toda tentativa de reformar a ordem social produz geralmente resultados indesejados; a tese da "inutilidade": a ação humana é impotente para modificar o universo social; e a da "periculosidade": uma nova reforma pode ameaçar uma conquista anterior obtida arduamente. Albert Hirschman reavalia os argumentos, desmascara as fachadas de imparcialidade, descarta as "teorias da intransigência", tanto reacionárias como progressistas. Define as condições do autêntico diálogo que caracteriza uma sociedade verdadeiramente democrática, reconhecendo a impossibilidade de "precaver-se contra todos os riscos e perigos possíveis".

A lição não convida nem a nos satisfazer com uma democracia açucarada nem a cultivar a ilusão de que pode existir uma sociedade inteiramente boa. A conclusão, entretanto, permanece prudente: "É preciso iniciativa política, imaginação, ora paciência, ora impaciência, e muitas outras formas de *virtù* e *fortuna*."

Le Monde, *28 de abril de 1995.*

A visão paradoxal de Yves Barel

Há empreitadas intelectuais realizadas de maneira solitária, ou quase, fora das fronteiras que dividem os territórios científicos. Uma paixão, às vezes uma obsessão, as fez nascer e as sustenta. Elas manifestam uma liberdade pouco preocupada com estratégias que contribuam para a promoção dos saberes e o brilho das posições na hierarquia dos pesquisadores. São arriscadas e dificultam as identificações, são exploradoras. O percurso de Yves Barel é um desses que levam longe e alhures.

Ele atravessa os espaços da economia, do pensamento político, da história, da sociologia, da estética, das ciências biológicas e das disciplinas voltadas ao conhecimento do conhecimento. Multiplica seus diálogos, com os helenistas, os medievalistas, os teóricos e os observadores da modernidade. No caminho, golpeia as ideias estabelecidas, o "estruturalismo mecanicista", o sistemismo e seu fechamento, a lógica do terceiro excluído e, sobretudo, o que aparece como um pensamento simplificador. Barel impele o seu sempre mais adiante, obstinadamente, até o ponto em que considera que todos os seus escritos são o mesmo texto, que ele "retrabalha incansavelmente".

Seu livro intitulado *Le Paradoxe et le système* [O paradoxo e o sistema], publicado em 1979, colocado em perspectiva num longo posfácio por ocasião desta nova edição, revela as razões dessa obstinação. Pelos próprios termos associados no título, segundo uma ordem significativa. A ideia de sistema é preservada, mas não o sistemismo. Este impõe progressivamente um uso pouco especificado, tudo lhe pode ser reportado, anulando com essa generalização o que constitui seu valor. Mas a crítica incide mais sobre uma concepção que impõe ao sistema uma coerência, uma racionalidade, uma lógica dominante, as quais excluem o acaso, a contingência e o que não é funcional.

Inversamente, o sistema é visto como indissociável "do que lhe resiste ou busca lhe escapar". Numa das fórmulas chocantes que tanto aprecia, Barel afirma: o sistema "é e não é sistemático". Eis um paradoxo cujas implicações ele explora, tanto na realidade como no pensamento, desde os sistemas da natureza até os sistemas sociais, as linguagens e as lógicas inerentes aos diferentes saberes. O paradoxo é perseguido e encontrado em toda parte na obra e objeto de manipulações. Evidentemente, não é reduzido ao aspecto de absurdo lógico que o senso comum lhe atribui. A condição de paradigma, segundo toda pesquisa vista na longa duração, lhe é conferida. Ele permite transformar radicalmente a concepção dos sistemas. A relação da parte com o todo não é mais apreendida na diferenciação e na hierarquização, mas numa "identidade essencial", numa espécie de "redundância de um ao outro". A auto-reprodução do sistema manifesta um paradoxo fundamental, na medida em que faz ver o que vive como "capaz de agir sobre si", de confundir os níveis "lógicos", de ser "um processo paradoxal que se estrutura".

A visão paradoxal leva a considerar, sem redução ou eliminação, as contradições, as ambiguidades, as potencialidades capazes de se atualizar contra o sistema, logo, as estratégias alternativas para as quais este é o lugar. Aplicada aos sistemas sociais, ela se demarca das interpretações dominantes durante certo tempo: a do funcionalismo, regida pela ideia de coerência; a do marxismo, orientada pela ideia das contradições internas do sistema. Em ambos os casos, há valorização da lógica dos sistemas, tendo como diferença o *status* oposto conferido ao "contraditório".

Em vários momentos de seu estudo, Yves Barel ilustra sua sociologia paradoxal com estudos concretos. No começo, a cidade medieval, "sistema social, sistema urbano". Um aspecto é privilegiado: a existência do patriarcado, recrutado na fração mais rica da burguesia, assumindo funções múltiplas – econômicas, políticas, militares, jurídicas, honoríficas e culturais. Surge então um paradoxo: o patriarcado, como supergrupo social, "contém em germe outros grupos que não ele mesmo"; ele mantém-se criando a possibilidade de outros sistemas sociais; prepara sua destruição reproduzindo "as componentes de sistemas alternativos". Numa ilustração contemporânea, o paradoxo é apreendido sob a figura da marginalidade, que instaura o problema de uma ruptura estimada necessária, e não obstante impossível, com a sociedade circundante. Impossibilidade para os marginais e também para o sistema, que "deve se resignar, se quiser permanecer sistema".

Em busca constante do paradoxo, a exploração de Yves Barel encontra propriedades do social que começam a ser menos desconhecidas. Ela descobre os limites da onipotência social, bem com a parte invisível da vida social, trabalho subterrâneo que permite ao indivíduo escapar em parte às coerções dos sistemas – e cuja atualidade traz provas aparentes. Ela apreende as sociedades como definidas tanto pelo que lhes é exterior como pelo que lhes é próprio; e que essa era da comunicação generalizada não permite mais ignorar.

Por fim, essa exploração evidencia o que é potencial em todo sistema social, o que abre o caminho dos possíveis e constitui obstáculo ao fechamento, entre outras manifestações dos ganhos de uma busca sem fim. Barel evita ceder ao "fetichismo do paradoxo". Impossível acreditar nele plenamente, de tal forma o paradoxo impõe sua onipresença, quer se trate do real quer dos procedimentos pelos quais os homens lhe atribuem uma significação.

Ficamos perplexos, para não dizer mais, quando o paradoxo torna-se "a dupla obrigação de escolher e não escolher entre duas ou várias soluções de um dado problema".

Em seus estudos mais recentes, Barel aborda "um paradoxo trans-histórico fascinante": a produção social do sentido, não dissociável da questão da relação entre imanência e transcendência, entre autorreferência e hetero-referência. Seu terreno passa a ser a Grécia antiga, em primeiro lugar a considerada clássica, a do século v a.C., em que a democracia é estabelecida, depois, num último livro, a considerada arcaica, onde a invenção democrática ainda não se consumou. Entrar nesse livro é engajar-se numa exploração vertiginosa em companhia dos helenistas; uma progressão que conduz do colapso da cultura micênica a estados de cultura definidos sucessivamente pela epopeia e a exaltação do herói, a poesia lírica e o reconhecimento do indivíduo e da subjetividade, a primeira filosofia e a nova apreensão do mundo e do político. Um percurso que tem como pano de fundo as remanescências dos "séculos obscuros", as relações sociais definidas segundo a tribo, o clã, o *genos* e, sobretudo, a "revolução do século VIII [a.C.]", que sacode toda a paisagem, valoriza a terra e o território, concebe a *pólis* e dá acesso à ideia de cidadania.

A epopeia – a começar por Homero – visa "dizer tudo sobre o mundo". Por seu intermédio, tudo que acontece adquire uma amplitude cósmica até amplificar os acontecimentos mais banais; a história do mundo e a dos homens não se dissocia. Dos deuses aos heróis e à aristocracia, o mesmo modelo se impõe: o de uma superioridade subentendida, de uma hierarquia por essência que não precisa ser legitimada, de uma liberdade plena com relação às coerções sofridas pelo homem comum. Segundo Barel, a inversão se consuma claramente com Hesíodo, que lança para o mundo e a sociedade o olhar "de baixo", que valoriza o trabalho, introduz a consideração do mal e do justo, interpõe distância entre os homens e os deuses.

Com a poesia lírica, um novo salto é realizado, o indivíduo torna-se o centro e o mito tem menos influência, o jogo das circunstâncias e o sentido da desrazão aparecem, os problemas da cidade e os valores implicados encontram seu lugar. É com o nascimento da filosofia que a ruptura se efetua: o filósofo "fala contra o mistério", não respeita mais o segredo dos deuses e propõe uma nova forma de apreensão do mundo.

Yves Barel retraça as etapas desse deslocamento do lugar de produção do sentido, constata as hesitações em resolver "o debate entre a autorreferência e a transcendência", em abandonar uma parte da herança mística e esotérica. Procura no pensamento do político, e na prática política, o momento em que a cidade-Estado pode também se definir na ausência da transcendência.

A invenção da política na Grécia é indissociável da invenção da democracia, é então para esta que a atenção se volta. Um panfleto do fim do século v [a.C.], atribuído a Xenofonte, depois ao sofista Crítias, já submete a democracia direta à prova corrosiva da crítica. Seu título: *A Constituição de Atenas*. O historiador italiano Luciano Canfora acaba de propiciar-lhe uma nova edição e um comentário. Aqui, tudo é visto numa óptica política, tudo é reportado ao povo e a sua lei. E o paradoxo retorna: a democracia é recusada, mas se constata que ela é bem organizada e defendida pelos atenienses; a lógica do sistema introduz a igualdade e os regozijos, mas em detrimento da liberdade. Velha discussão, argumentação não raro repisada, mas hoje, mais do que nunca, a ideia democrática alimenta uma paixão nova.

Le Monde, *22 de dezembro de 1989.*

Origem sociológica da antropologia

O sobrinho de Durkheim

Eles fundaram juntos a sociologia francesa, forneceram-lhe seu centro intelectual – o grupo de *L'Année Sociologique* – e suas bases universitárias e científicas. Durkheim, o tio, e Mauss, o sobrinho, são ao mesmo tempo indissoluvelmente ligados e profundamente diferentes. "Formei-te", lembra o primeiro, enquanto o segundo, que "não quer ser conduzido à força", nunca deixará de prosseguir a discussão com o "tio", mesmo muito tempo após a morte deste. Seus inimigos os associaram num mesmo ataque, denunciando os perigos do sociologismo devastador da filosofia, propagador do socialismo e da irreligião. Alguns de seus amigos zombaram deles, entre os quais Bouglé, ao evocar o "Partido Sociológico Unificado".

Durante muito tempo Mauss foi uma espécie de ilustre menosprezado. Sua obra imensa, variegada, permanece dispersa até o momento em que são publicados *Sociologia e antropologia* (em 1950, mesmo ano de sua morte) e os três volumes intitulados *Oeuvres* [Obras], organizados e apresentados por Victor Karady no fim dos anos 1960[10]. Sua influência exerce-se por meio de uma erudição com manifestações múltiplas – "Mauss sabia tudo" –, por sua função de instigador continuamente voltado a "desvelar o desconhecido", por sua palavra colocada a serviço da proliferação das ideias. Ensinava desconcertando, provocava e era muito exigente. Seu círculo – na École Pratique des Hautes Études, no Instituto de Etnologia, depois no Collège de France – compunha uma família erudita moldada pela sedução e a solidariedade. Mas Mauss não se deixa encerrar nesse universo.

A excelente biografia intelectual redigida por Marcel Fournier, primeira a lhe ser dedicada, revela, em todos os

---

10   Marcel Mauss, *Sociologie et anthropologie*, precedido de uma introdução de Claude Lévi-Strauss e um prefácio de Georges Gurvitch, Paris: PUF, 1950. [Ed. bras.: Sociologia e antropologia, trad. Paulo Neves, São Paulo: Ubu, 2017.] E Marcel Mauss, *Oeuvres*, precedido de uma apresentação de Victor Karady, Paris: Minuit, t. I, 1968, t. II e III, 1969.

seus aspectos, um itinerário ao mesmo tempo "intelectual e social". Mauss acha-se ali presente por inteiro, restaurado pela interpretação dos arquivos, da correspondência e de inéditos, pela exploração de diversos escritos políticos e a transcrição de depoimentos. Esse trabalho de erudição crítica, energizado pela simpatia, faz aparecer "uma personalidade rica e complexa", engajada numa "série de acontecimentos históricos", no movimento das ideias e no estabelecimento de uma ciência social que não deve se limitar a um interesse especulativo.

Durkheim e Mauss, dizia-se, eram cofundadores do "clã tabu-totem", mas as duas figuras não se definem senão por seus contrastes. À austera gravidade, ao espírito sistemático aplicado à realização da tarefa empreendida e à reserva do primeiro opõem-se a liberdade mais desenvolta, a erudição mais aberta, as concessões consentidas à intuição e o engajamento militante do segundo, de cuja "suprema elegância" Peguy zombava.

O livro de Marcel Fournier não propõe uma última apresentação teórica do pensamento de Mauss – este já foi atraído para muitos caminhos divergentes. Faz melhor, esclarecendo o conjunto dos escritos a partir do "relato de uma vida". Topamos ao mesmo tempo com o acadêmico, que constrói uma ciência e forma aqueles que devem servi-la, o homem de cultura, atento a toda irrupção do novo, e o cidadão vigilante que nunca deixa de tomar partido. A história pessoal inscreve-se na de várias gerações intelectuais, durante um período muito agitado e gerador de rupturas, que vai das últimas décadas do século passado a meados do século xx. Embora Mauss, provocando, se diga "pouco afeito à vida intelectual", é um de seus atores mais importantes, por sua obra, seu ensino, suas influências e seus arroubos de polemista.

Essa biografia revela uma época em que saber, cultura, política e moral podiam se associar. Ao preço de opiniões vecmentes – que não poupavam a "seita" dos sociólogos –, Mauss soube replicar, optando pela "ação indireta por meio da ciência" e pelo engajamento político, muito cedo, a despeito das advertências de Durkheim, preocupado em encarnar tão somente a "figura social do cientista". Marcel Fournier faz um duplo perfil, intelectual e político. O segundo tem algo de uma revelação. Mauss não hesitou em se atirar no "caldeirão da bruxa", segundo sua própria expressão. Acompanhou o movimento socialista, desde a época de Jaurès até a de Blum. Entrou na luta desde o caso Dreyfus, no qual apoia Zola. Não refugou a entregar-se à escrita: foi jornalista no *L'Humanité*, colaborou no *Populaire* e em diversas publicações militantes. Participou da ação cooperativa, meio de preparar a nova sociedade, até fundar uma cooperativa socialista, "La boulangerie" [A padaria].

Mauss pagou um preço alto por seu engajamento. Para o economista Charles Rist, ele é "essencialmente um político que não produziu nada de sua lavra". Essa apreciação totalmente falsa e mesquinha revela a exacerbação das paixões sectárias. Mauss, tanto ou mais que Durkheim, estabeleceu as seguintes disciplinas, que julgava indissociáveis: a sociologia, a etnologia e a antropologia. Marcou-as com o selo da escola da qual foi o "grande semeador de ideias", alheio a todo dogmatismo. Deu-lhes um método do qual exigia, muito mais que a submissão aos fatos e a produção de generalizações prudentes e sucessivas, a capacidade de mobilizar uma grande diversidade de saberes. Abriu diversos atalhos, de uma questão a outra, de uma ciência a outra, cuja colaboração era julgada necessária. Embora sem a prática da observação direta, Mauss não ignorou nenhuma das obras que recorriam a ela. É a exploração dos textos que lhe permite reunir seus "materiais" e abrir seus "canteiros de obras".

Sua reputação consolidou-se com um trabalho que terminou por cumprir uma função iniciatória na formação dos antropólogos e sociólogos. O *Ensaio sobre a dádiva*, publicado em 1925, traz muito mais que uma contribuição fundadora para a antropologia econômica. O estudo da dádiva tem um "valor sociológico geral". Manifestando um "fenômeno social total", no qual tudo se encontra em ação, demonstra a necessidade de estudar o "concreto, que é o do completo". Esse texto famoso não deve levar ao esquecimento dos outros, em especial dos que promovem o pleno desabrochar da sociologia do sagrado e da religião, da sociologia do conhecimento e das mentalidades, da sociologia do direito. E, dentre todos eles, fragmentos incomparáveis que permaneceram inacabados: a tese sobre a oração, o trabalho sobre a nação, a crítica do bolchevismo, o estudo dedicado à tecnologia. Mauss impunha-se "não fugir dos objetos de estudo que inflamam as paixões".

Avaliamos uma obra por seus efeitos. Mauss criou a antropologia social, ao contribuir para suas extensões inglesa e norte-americana. Soube conservar a postura do acadêmico, exercendo ampla influência intelectual. Inúmeros e variados são seus tributários. É a ele que Roger Bastide se dirige quando acaba de publicar os *Elementos da sociologia religiosa* e planeja dedicar sua tese ao estudo das condições sociais do misticismo. A relação entre os dois homens não se transformou numa afinidade duradoura, a despeito dos pontos de semelhança: mesmo engajamento político, mesma insaciável curiosidade pelos textos e pela vida intelectual – em Bastide, levada até a prática literária –, mesma atenção centrada no religioso, mesmo leque de interesses que dá vida à antropologia e a estabelece no presente.

Bastide também é, mais ainda do que Mauss, um menosprezado, que preferiu situar-se à margem dos dogmatismos e das modas. A coletânea de textos que Philippe Laburthe-Tolra organizou atribui-lhe seu merecido lugar, o do cientista e intelectual que "abriu caminhos nos quais a imaginação se alia ao rigor". Bastide é um "transmissor", "lança pontes em toda parte": entre as escolas – durkheimianos de um lado, weberianos de outro –, entre as disciplinas, rastreando o social em toda parte, até nos sonhos e na loucura, e sobretudo entre as civilizações, cujos "entrecruzamentos" estudou. Denunciou a "superstição do primitivo", colocou sob um mesmo olhar a exploração do "perto" e do "longe".

Assumiu o risco de "sobrancear os precipícios", permanecendo ao mesmo tempo atrelado à razão. Estudou e viveu o transe místico, aderindo ao candomblé brasileiro e retornando às fontes africanas. Conheceu o que dizia ser o "regozijo do abismo", mas evitando perder-se nele.

Le Monde, *28 de outubro de 1994*.

Margaret Mead e Gregory Bateson: a antropologia como paixão

Já sabíamos que a descoberta dos outros, na diversidade de suas culturas, em suas maneiras de ser, pensar e crer, conduz inevitavelmente à descoberta de si. O conhecimento dos outros não pode se dar somente a distância, tomando-se a postura do observador ou do espectador absoluto. Sabia-se menos sobre como se forma entre si, pelo jogo dos parentescos e das amizades, das afinidades e das oposições, das afeições e dos dilaceramentos, um espaço intelectual de configuração instável. Nesse sentido, o livro de Mary Catherine Bateson, antropóloga e filha de dois antropólogos estadunidenses célebres, Margaret Mead e Gregory Bateson, é original, exemplar e precioso. Volta seu "olhar" para seus pais e o círculo deles; opta, com razão, por não propor um livro objetivo, e sim resgatar sua experiência e expor vidas fora do comum, até mesmo turbulências, desafios de carreira e aventuras científicas, manifestações de uma antropologia ambiciosa, exigente e inovadora.

Num universo em que os amores são volúveis, o casamento de Margaret e Gregory foi breve e tempestuoso; só voltam a se ver realmente no momento derradeiro, quando o câncer ataca os dois. Um universo em que as famílias se imbricam, em que os personagens circulam constantemente e conjugam suas diferenças, em que os jogos intelectuais são um prazer, tudo se torna objeto de curiosidade, busca e movimento, mediante o que o conhecimento, a arte e a afetividade se ligam. É um mundo aberto às culturas mais contrastantes, às ideias mais recentes e também às mais antigas, e aos encontros fecundos. As figuras fundadoras ocupam um lugar importante na obra de Mary C. Bateson, contra um fundo de cenas de família: Franz Boas, pai da antropologia norte-americana, Ruth Benedict, intérprete da cultura como "configuração", Norbert Wiener, inventor da cibernética, Erik Erikson, renovador da psicologia, e muitos outros naturalistas, sistemistas e lógicos que acompanham Bateson em seus percursos para além da antropologia estabelecida. O olhar voltado para Margaret, Gregory e os outros é uma rara oportunidade de apreender na intimidade, muitas vezes no cotidiano, a formação de um duplo pensamento antropológico. Duas formas da antropologia a partir da mesma intenção inicial, bem como uma notável preparação para a reflexão sobre a natureza do empreendimento antropológico.

Mary C. Bateson marca nitidamente as diferenças em suas relações com o casal parental. Com Margaret, o cultivo de uma proximidade e uma cumplicidade alimentadas pelo fascínio provocado pela celebridade, defendida com vigor quando o antropólogo australiano Derek Freeman desfecha um ataque tardio contra uma obra científica relegada ao nível de "mito". Com Gregory, relações mais distantes, mais afrouxadas, mas uma conivência intelectual que se forma desde a infância, por ocasião das explorações naturalistas do pai e da filha, que se transforma em colaboração, quando a morte já realiza seu trabalho, durante a redação dos últimos dois livros, *Natureza e espírito* e *O medo dos anjos*.

Os retratos contrastados das duas figuras se delineiam. Margaret é estadunidense até em sua vitalidade voraz – por seu enraizamento, seu pragmatismo experimental (aplicado à educação da própria filha) e sua vontade de organização, sua necessária adesão a uma religião e a crença na possibilidade de "encontrar soluções" para todos os problemas individuais e coletivos. A mobilidade, a grande curiosidade intelectual, a empatia e a participação constante definem sua maneira de ser. Gregory pertence acima de tudo à burguesia intelectual inglesa. É em Cambridge que recebe sua primeira formação; estuda zoologia antes de se dedicar à antropologia e partir para um primeiro trabalho de campo, na Nova Guiné. Torna-se estadunidense, mesmo manifestando uma espécie de aversão pela cultura de seu país de adoção e, sobretudo, pelo "papel da mulher no lar norte-americano", rejeição que convém relacionar com suas pesquisas dos anos 1950, dedicadas às "famílias esquizofrenogênicas". Gregory, ateu, cético, sem engajamento político e com um sarcasmo beirando a misantropia, pretendia introduzir certa "desordem" na vida norte-americana. Terminou sua vida em Esalen, foco da contracultura californiana, "na pele do guru e do cético de plantão". Já Margaret morre no hospital, com a única exigência de obter de uma curandeira a ilusão de não ter chegado ao fim da linha.

Na realidade, para além das diferenças ligadas ao temperamento, à história pessoal e ao itinerário intelectual inicial, são duas realizações da antropologia que se opõem e depois divergem: uma resulta do "desejo de proximidade", a outra, do "desejo de distância". Margaret Mead, após as temporadas em Samoa, Nova Guiné e Bali que lhe dão fama, não abandona o "trabalho de campo", o concreto, os encontros, que lhe revelam *modos de humanidade diferentes*, a ação influenciando as coisas. Permanece constantemente em posição de observação ou intervenção, preocupada em multiplicar os detalhes mais do que em simplificar para abstrair. Todo intercâmbio lhe proporciona uma informação a ser "reciclada", e seus cadernos se enriquecem infindavelmente com apontamentos que o acaso e a peripécia lhe fornecem. Margaret Mead contribuiu para o desenvolvimento dos domínios antropológicos, na época os menos submetidos à análise de especialistas, especialmente ao tratar da sexualidade e das estruturas da personalidade associadas aos papéis sexuais. Muito cedo, em consonância com sua amiga Ruth Benedict, leva em conta o que imprime coesão e confere identidade às culturas da tradição. E, a fim de aplicar seus conhecimentos, busca as condições da manutenção dessa identidade por meio da "adaptação ao impacto do mundo exterior". Rejeita a antropologia que se conforma "aos modelos de laboratório para verificação de hipóteses", o que não a impede de considerar questões mais teóricas, por exemplo as que incidem sobre a natureza do "discurso", permitindo às ideias e à herança cultural comum evoluírem. Mas o problema da utilidade constitui um dos pontos de divergência entre suas próprias pesquisas e aquelas realizadas por Bateson: "partir do que é útil", evocando Margaret, são as últimas palavras do último livro de Gregory, que o deixa inacabado.

Bateson posicionou-se à margem das instituições, em ruptura com as disciplinas científicas bem-estabelecidas, à procura constante do que pode conferir unidade ao seu próprio pensamento. Este, como seu estilo, leva-o sempre à abstração, ao nível de generalização mais elevado e à manifestação das similitudes formais. Ele dá prioridade à pesquisa pura, que reconhece por trás dos fenômenos as configurações segundo as quais eles se organizam. Com esse fim, explora diversos domínios do conhecimento, confronta as epistemologias com a Epistemologia, tenta apreender o que liga (a "estrutura que liga" é sua formulação) os diferentes saberes. Seu nomadismo intelectual, tão contestado por alguns, não passa de aparência. Bateson impele sempre além, deixando atrás de cada exploração uma contribuição marcante: do trabalho de campo etnológico, a consideração do social em termos de trocas, interações e riscos de ruptura do sistema; da descoberta da cibernética, outra maneira de pensar a comunicação e o fenômeno humano; do estudo do comportamento e da psiquiatria, a manifestação do "duplo vínculo", da contradição entre tipos lógicos provocadora da perturbação específica da esquizofrenia.

Bateson faz de seu trabalho uma "maneira de pensar", um objetivo sustentado pelo seu interesse constante em saber como o conhecimento é *fabricado*. Toma sua distância com relação a seus colegas cientistas, evoca, impiedoso, o "profundo pânico epistemológico" deles. O ataque não se limita a eles, remonta a Descartes: considerado o "resultado de uma longa decadência" e não um começo, permanece a referência de todo pensamento dissociativo, ao passo que "o espírito e a natureza formam uma unidade necessária". Assim, é preciso aprender a "lançar um olhar novo para o mundo, visto como um conjunto integrado"...

A paixão unificante arrasta Gregory Bateson. Alimenta sua "esperança de um remanejamento profundo da cultura ocidental". Leva-o, a ele, ateu por tradição, intelectual cético, a abordar os territórios do sagrado e da religião. Ele conclama a "crer" no sagrado – esse "tecido integrado do processo mental que envolve todas as nossas vidas". O sistema que liga torna-se a figura do deus oculto.

Le Monde, *24 de novembro de 1989*.

Bastide e Devereux, na fronteira dos saberes[11]

O percurso de vida de Bastide poderia ser visto como previsível: da filosofia às ciências humanas, do liceu à universidade, à Sorbonne e à École des Hautes Études en Sciences Sociales, onde dará seu apoio à candidatura de Devereux num momento crucial. Esse percurso não é ele. O professor que se torna observador das culturas provinciais francesas e defensor dos regionalismos sonha com outros horizontes.

---

[11] Extraído de "Devereux et Bastide, frontaliers des savoirs", *Le Monde des livres*, 10 de abril de 1998.

O professor universitário inaugura sua carreira com uma longa temporada no Brasil, na Universidade de São Paulo, e de lá traz as "imagens do Nordeste místico", bem como sua tese, dedicada às religiões afro-brasileiras. Calvinista, o nativo das Cévennes adere a uma delas e vai para a África a fim de conhecer suas formas originais. O que o apaixona é o encontro das civilizações e grupos sociais opostos por suas diferenças, os modos de relação do indivíduo com situações que põem à prova sua adaptação, sua construção identitária, suas defesas pelo imaginário. Com a mística, o sagrado, o transe e a loucura como objetos de estudo e domínios de aplicação de sua antropologia, Bastide experimentou a "sedução dos abismos". Mas sempre esteve à procura da "racionalidade do irracional".

O itinerário de Devereux é ainda mais singular, efetuando-se nas turbulências, na descoberta de uma intangível identidade, numa constante certeza que alimenta a obsessão do suicídio. Élisabeth Roudinesco, valendo-se da obra e dos arquivos, mostrou pela primeira vez as imbricações de uma vida jamais apaziguada e uma aventura científica fecunda, realizada apesar dos obstáculos. Judeu húngaro, tornado cidadão romeno após a queda dos impérios centrais, exilado e francês por afinidade, depois estadunidense após suas pesquisas efetuadas nas reservas indígenas, mudando de nome ao longo dessas peripécias e de religião, tornando-se cristão, falante de diversas línguas, formado na escola de múltiplas disciplinas e apaixonado por uma nova decifração dos mitos gregos durante seus últimos anos, Devereux foi "um cientista solitário, sem pátria nem fronteiras". A princípio, a antropologia é sua disciplina. Nela, inicia-se no Instituto de Etnologia de Paris, em contato com Marcel Mauss, e sobretudo nos Estados Unidos, onde é aluno de Kroeber, que se dedica integralmente ao estudo dos índios da Califórnia. Publica seus primeiros artigos, realiza seus primeiros trabalhos de campo entre os indígenas do Arizona e do Colorado, depois na Nova Guiné e na Indochina, entre os sedang-moï. Só consegue trabalhar por afinidade; prefere as culturas do sonho e do imaginário às culturas excessivamente "ritualistas", o que o liga aos indígenas das planícies, dos quais afirma ter aprendido o melhor de si mesmo. Devereux não atribui a tal afinidade um significado de redenção de uma culpa a respeito das tribos indígenas dizimadas. Não tem por que partilhar o erro. Em contrapartida, sente-se próximo dessas pessoas ainda sob o choque de suas derrotas, doravante prisioneiros de duas culturas, traumatizados e desamparados. Quer conhecê-los melhor a fim de remediar seus sofrimentos subjetivos. Seu interesse de antropólogo desloca-se para a etnopsiquiatria nascente, que diferencia as doenças mentais em função das diversas culturas em cujo seio se manifestam.

Le Monde, *10 de abril de 1998*.

O antropólogo confesso[12]

Por formação e ofício, o antropólogo é um grande mestre na arte da entrevista. Ele instiga a fala, transcreve, decifra, interpreta. A situação ganha certo caráter paradoxal quando se inverte. O interrogador torna-se o interrogado, é pressionado a comunicar o que guardou de seu longo intercâmbio com os povos e as civilizações da diferença. É a vez de ele falar, colocar-se na berlinda, num gênero de confissão em que a experiência pessoal mal se separa do que advém da prática científica. Revela assim quanto a riqueza de uma condiciona a fecundidade da outra.

Ficamos convencidos disso ao ler as entrevistas com o antropólogo Jack Goody. O interlocutor não é qualquer

---

12 A propósito das entrevistas concedidas por Jack Goody, publicadas em 1996, e de meu artigo "L'anthropologue confessé", *Le Monde des livres*, 7 de junho de 1996.

um, e não só em razão de uma obra considerável e uma atividade universitária que teve Cambridge como sede. É um personagem no sentido nobre do vocábulo, um homem em perpétuo movimento, com a curiosidade sempre alerta, anticonformista por paixão. Sua base inicial, a do trabalho de campo da iniciação, permanece sua referência principal, entre os dagabas de Gana. Mas recusa o encerramento nela que caracteriza os especialistas e os eruditos minúsculos. Abre amplamente o campo das comparações, dando maior pertinência à interpretação das múltiplas situações sociais particulares. Percorre o mundo a fim de multiplicar as observações. Alimenta-se incansavelmente de leituras com a avidez de um enciclopedista. É disso que a obra se enriquece, na diversidade de seus objetos, entre os quais figuram o parentesco e a família, a oralidade e a escrita, o mito e os ritos, o feudalismo e o Estado, mas também a cozinha e o cultivo das flores.

Jack Goody abre sua confissão com a recordação de uma dupla experiência, a dos anos de guerra e a do aprendizado, que o constitui "conhecedor do homem". A primeira arranca-o dos estudos universitários e do engajamento político. Ele se torna oficial, é feito prisioneiro durante a guerra do deserto, cativo na Itália, evadido, preso novamente na Alemanha. Esse tempo de provações também é o dos acasos que afetarão sua carreira científica: primeiramente isolado e sem livros, reflete sobre o que pode ser uma sociedade sem escrita. Mais tarde, abastecido de alguns livros, descobre pela obra de Frazer a sedução do antropólogo comparativo. Será sua escolha, e a formação continuará em Oxford e, sobretudo, Cambridge.

É então o "momento conquistador" da antropologia britânica. Os herdeiros de Malinowski dão-lhe impulso, em especial os dois professores em quem Goody se espelha, Meyer Fortes, o bem-amado, e Edward Evans-Pritchard, o "polemista". Ficamos impressionados com a exuberância cultural desse período, quando a codificação da profissão ainda não havia exercido seus efeitos coibidores.

A curiosidade se abre para toda contribuição, derruba divisórias. A literatura tem seu lugar ao lado da linguística e das primeiras ciências cognitivas. A sociologia permanece presente, os durkheimianos por intermédio de Radcliffe-Brown, os outros pelas intervenções de Talcott Parsons. A história exerce uma grande influência graças à relação com o grupo francês dos *Annales* e à autoridade dos novos historiadores britânicos, entre os quais Eric Hobsbawm. Marx e Freud tornam-se mais inspiradores do que fontes dogmáticas. Um único culto prevalece, o do *trabalho de campo*, isto é, da pesquisa direta efetuada em longa duração. Isso o leva a depreciar a obra dos antropólogos de gabinete.

É nesse meio intelectual, e no campo africano, que Jack Goody se forma e se realiza. Ele define seu projeto. Determina seu método: apreender os fenômenos sociais e culturais em seu devir e movimento, a complexidade das relações que os afetam e a mobilidade de suas significações. Identifica as situações mais reveladoras: por exemplo, entre os dagabas de Gana, o tempo dos funerais, que põe a coletividade em agitação e revela todas as suas tensões. Sabe que convém igualmente dar liberdade ao método, praticar o que é qualificado de "etnologia pessoal" e procedimento "relativamente caótico".

Esse antropólogo submete-se à coerção dos fatos e recusa-se a forçá-los ou isolá-los a fim de produzir mais facilmente um sistema. Sua obra herda dessa escolha um caráter aberto e luxuriante. Uma ilustração pode ser fornecida pelo comentário de seu magistral *The Myth of the Bagre* [O mito do Bagre], uma "recitação" dos dagabas, gravada e registrada em diversas oportunidades... O mito, e isso não é o menos importante, é visto como uma produção contínua. As sucessivas gravações revelam-no "sujeito a adaptações criativas". Essa forma de tratar o mito leva Goody a contestar os trabalhos que costuram fragmentos de mitologias, isolando-os de seu contexto e carregando-os de "intuições pessoais".

Goody não tem papas na língua. Sua crítica destrói as notoriedades estabelecidas, em especial quando avalia a etnologia francesa e alguns de seus colegas britânicos. Também não poupa suas relações privilegiadas. Sua antropologia histórica, muito ligada à Escola dos *Annales*, reconhece o que é devido a Marc Bloch, mas recusa o privilégio concedido à história das mentalidades. É ainda menos indulgente com os estudos norte-americanos dos caracteres nacionais; até mesmo as falecidas Margaret Mead e Ruth Benedict atraem sua reprovação. Reserva sua compreensão inteira àqueles que tomam os "caminhos oblíquos" e sabem associar, aproximar, colocar em perspectiva.

Jack Goody afirma e repete o que se tornou sua exigência constante: "considerar os acontecimentos de nossa época na perspectiva crítica ampliada". Quer aborde a família, a cozinha, as flores ou a vida rural, em que tem experiência própria, não abdica dessa obrigação. É, no entanto, o que ele expõe ao abordar a memória, a relação entre oralidade e escrita, o lugar atribuído à representação icônica, à imagem, que confere à sua obra grande atualidade. Goody não nos desenraiza simplesmente, recorre ao desenraizamento para nos permitir defrontar o que estamos em vias de nos tornar.

Le Monde, *7 de junho de 1996*.

À flor das palavras

Os antropólogos identificam e interrogam as culturas, cada qual segundo uma curiosidade e um percurso pessoal. Uns fazem das bibliotecas seu campo e da erudição sua exigência primordial. Outros, na longa duração, tornam-se os decifradores de um único sistema cultural. Trabalham na evidenciação do que lhe é peculiar e do que ele compartilha com todas as culturas. Outros multiplicam as experiências, as ocasiões de acessar a diversidade; a comparação cultural opera como um revelador. Alguns dispõem de uma rara capacidade, podem jogar com todas as possibilidades, nem a geografia nem a história lhes opõem fronteiras intransponíveis. Exploram amplamente e descobrem novas relações e similitudes. Jack Goody, da Universidade de Cambridge, é um destes.

Ele rejeita o que discrimina e separa radicalmente. As sociedades de nosso passado remoto, as sociedades antropologizadas e as da modernidade são postas em comunicação e suas culturas se esclarecem mutuamente. Goody utiliza, para esse fim, a partir de sua própria competência de antropólogo africanista, todas as informações recebidas de outros especialistas. Privilegia o que favorece as passagens, a coexistência ou a mestiçagem dos pensamentos e práticas, não suas oposições. O título original do livro em que ele estuda as relações entre oralidade e escrita é revelador: trata-se de considerar sua "interface".

Jack Goody não subestima o que a escrita, modificando os meios da comunicação e a "tecnologia do intelecto", traz de "mudanças revolucionárias na cultura" e na organização das relações sociais. Ele a revela na medida em que ela permite uma "abordagem intelectual da realidade", deslanchando o "movimento rumo à ciência" e criando as condições para novas realizações. Ainda assim, atém-se às situações de coexistência de uma tradição oral, bem como aos usos do discurso e da escrita aos quais o indivíduo moderno se encontra atrelado.

Nesse sentido, o contexto "literário" da África negra contemporânea combina com o da Grécia no tempo de Homero. Um e outro suscitam o problema da composição e transmissão oral, da forma e da natureza das obras assim produzidas, dos efeitos propiciados pelo advento da escrita, fixando-as. No caso dos Vedas, textos sagrados dos hindus ortodoxos, a guarda confiada a uma casta de especialistas instruídos cria uma situação paradoxal, conferindo maior importância à emissão oral do que aos textos.

A transcrição impõe seu selo, mas a palavra (divina) valoriza a transmissão oral do saber e continua a tornar necessária e legítima "a função do sacerdote-mediador". Na África negra, onde não havia "desonra em não saber ler e escrever", a lenta introdução da escrita árabe e dos textos islâmicos foi primeiramente utilizada na "comunicação com o supra-humano", afetando progressivamente o "conteúdo da crença e sua prática". Oralidade e escrita interagem, conformam-se de maneira recíproca.

Jack Goody explora com outros fins seu "material", que ele qualifica de literário e submete à prova de rara erudição. Examina os efeitos da escrita sobre a constituição dos saberes e os modos de acesso a eles, as relações entre a formação de um "saber instruído", a desvalorização do que não está escrito e as hierarquizações sociais. Considera de maneira nova o funcionamento da memória, conforme a aprendizagem se efetue "com ou sem escrita"; diferencia a "rememoração criadora" – em que o recitador é criador – da "rememoração mecânica", ligada à escrita. Mostra como as realizações individuais em cada um dos dois registros, oralidade e expressão escrita, são dependentes da estrutura de classe.

Linguagem e escrita são confrontadas, em última análise, em função das "mesmas aptidões básicas". A segunda muda as "dimensões de nossos esforços criativos, a forma de nosso saber, nossa compreensão do mundo e nossas atividades no interior desse mundo". Mas a linguagem está em toda parte, e é sempre sobre isso que ela incide. O que concede às culturas da oralidade capacidade plena de investir mais na criação e não se fechar na repetição, não figurar necessariamente uma espécie de barbárie diante da civilização das cidades e do texto.

Em sua busca incansável da interpretação dos fenômenos culturais, Jack Goody abre novas vias de acesso: após a consideração da fala e de sua tradução na escrita, a do cultivo das flores, tomado nas inter-relações complexas, submetido às vicissitudes dos movimentos políticos e religiosos que o rejeitam, condenando o luxo. É o objeto de seu livro mais recente. O método permanece o mesmo, comparativo segundo as dimensões histórica e geográfica; ele associa os procedimentos do observador direto e o "trabalho de um predador", que se apodera de uma informação prolífica. Essa descrição das culturas a partir do que as flores e os jardins dão a ver, pensar e viver é fascinante; acompanha as "visões de mundo" de cores e perfumes, de simbolizações de conteúdo erótico, de evocações estéticas e literárias.

Se o cultivo das flores exerce as funções de traduzir as atitudes em relação à natureza, de aliar-se por meio das relações que os homens estabelecem com os deuses e entre si, de servir e adornar a vida cotidiana, seu caráter universal, não obstante, não está estabelecido. Jack Goody opõe, na abertura do texto, uma "África sem flores" a Bali da luxúria floral.

Associa esse papel apagado das flores nas sociedades africanas a uma economia ritual que não as utiliza, a sistemas figurativos que recorrem pouco a elas e, sobretudo, às parcas possibilidades de expansão de uma "cultura do luxo". É esse o impulso inicial de sua pesquisa. Mas a comparação se alarga, confrontando os sistemas culturais do Oriente e do Ocidente, desde o passado remoto até os tempos modernos, em que o cultivo das flores se mercantiliza e orienta a estética e as linguagens.

O Oriente antigo está nas origens; é lá que esse cultivo aparece nos centros de alta civilização do Tigre e do Eufrates, e o paraíso bíblico "encontra seus modelos mais antigos nos jardins da Babilônia e da Assíria". A tradição continua na Grécia e na Roma clássica. Tudo está em seu lugar: o uso religioso que liga as flores aos sacrifícios e oferendas, a relação com as manifestações de força e de poder, com os faustos dos "triunfos" e das festas, a presença dos temas florais nas artes e na literatura, os sinais de um luxo que se exprime no esplendor dos jardins e no recurso à cosmética e aos perfumes.

Em contrapartida, tais culturas suntuosas carregam em si forças de rejeição: as do moralismo, que condena os costumes luxuosos; as das religiões, que associam a recusa das imagens e representações da criação à desconfiança a respeito das flores. Para essas religiões, somente a Palavra e o Livro podem ligar a Deus. O islã virá traçar uma separação estrita entre o que está excluído das representações sagradas e profanas e o que contribui para o cultivo das flores por meio da arte dos jardins internos.

O cristianismo é o primeiro a desconfiar das flores, por muito tempo associadas às práticas idólatras; ele esposa a tradição anicônica, alimenta a suspeita quanto ao corpo e ao uso dispendioso dos bens deste mundo. Começa por proibir o uso das flores no culto, depois as aceita a fim de homenagear a memória dos mortos, "cristianiza-as" e reconhece progressivamente o direito a gozar delas.

É o Ocidente medieval que contribui para o "retorno da rosa", que aparece nas representações da Madona. Ela estimula a promoção das outras flores nos jardins dos nobres e monges, na cultura popular, no imaginário e na poesia. E, graças à arte gótica, as flores vêm "florir a pedra das igrejas".

O Renascimento acelera, apesar das correntes contrárias, a restauração floral: as flores entram no universo doméstico, é o momento da passagem à era dos buquês. Em seguida, a expansão urbana, o advento da "civilização dos costumes" e depois o consumo de massa farão do luxo floral uma necessidade. A Índia, a China e o Japão conduzem a outros percursos. Enriquecem o inventário das relações existentes entre ecologia, ideologia e usos estético e simbólico das flores. Mostram como se formou e se diversificou ao longo dos séculos, no Oriente e no Ocidente, a "linguagem das flores". Guardemos a lição: a história econômica e política, cultural e religiosa da humanidade mostra-se menos desencantada quando expressa por intermédio das flores.

Le Monde, *22 de julho de 1994.*

O rito e a festa segundo Turner

Os ritos desconcertam, não se adaptam às sociedades tecnicizadas, programadas, submetidas aos efeitos de número e massa. Não são, contudo, descartáveis. Ainda ditam o calendário de nossas festas e celebrações, permanecem inscritos no espaço privado, remodelam-se nas margens da cultura, nas quais a experiência individual está à procura de um sentido novo ou revigorado. O sentimento confuso de uma deficiência, ou de uma falta, instiga a curiosidade a procurar *alhures*, ou no *passado*, culturas de forte ritualização. A fascinação dessa pujança ritual, que nada deve às máquinas, que não se contabiliza mas se sente, permanece ativa.

O antropólogo Victor Turner dedicou grande parte de suas pesquisas à exploração dos domínios do rito; seu livro principal acha-se agora acessível em francês. Nele, discorre sobre o que está em jogo: símbolos, fala, dramatizações, efeitos de ordem e desordem, imaginário e também todas as "emoções" que emanam das relações problemáticas que os homens mantêm entre si e com os "poderes" superiores. As práticas rituais "solicitam a pessoa inteira", para além do conjunto sociedade e cultura, bem como da natureza, capaz de inversões nefastas. Por estar associado ao sagrado e ao poder, o rito trabalha pela ordem, porém num palco onde o perigo, a violência, a paixão, o medo de transgredir e a "aflição" permanecem protagonistas do drama. Turner enuncia uma espécie de lei: "A uma grande multiplicidade de situações conflituosas corresponde uma grande frequência de cerimônias rituais". Isso confere à linguagem do conflito e da culpa uma ampla extensão. Alguns dos aspectos do rito são conhecidos: ele exprime por intermédio de símbolos, dá acesso a "mistérios", é uma liturgia, contribui para a organização das vidas individuais e da sociedade. O que é menos conhecido são os procedimentos de seu exercício. A maneira pela qual ele liga, instaura correspondências, estabelece uma comunicação generalizada, torna propício ou retifica.

O que fascina Turner, e o que nos fascina em seu livro, são os momentos em que o rito estabelece uma ruptura na vida social organizada, com seus estatutos e partilhas desiguais. Nesses momentos de marginalização, transição, o vivido imediato prevalece sobre a submissão aos códigos e às regras da existência ordinária. Ultrapassando a definição antropológica do rito, Turner teoriza a partir de uma oposição entre estrutura (ou o instituído) e "*communitas*". Esta última não corresponde a um tipo de sociedade, muito menos à "sociedade arcaica". Ela designa o que se situa nos interstícios das estruturas e instituições: "A *communitas* surge ali onde a estrutura não está", ali onde as normas se dissolvem, onde o concreto prevalece e onde se efetua a experiência dos limites. A *communitas* é o sonho cultivado em todas as sociedades, sempre chamado a se realizar e imediatamente absorvido pelas estruturas.

Turner a rastreia em diversos espaços culturais e períodos da história. Mostra suas múltiplas manifestações, evoca algumas figuras fundadoras. É uma grande exposição das experiências da *communitas*: provoca desconcertantes aproximações e costuma ilustrar o precário e ritual poder dos fracos. Por exemplo, a Festa do Amor na Índia – celebração religiosa da primavera em que tudo se inverte, em que todos os transbordamentos devem resultar na "renovação do mundo" – pode suceder a evocação da pobreza franciscana, desse despojamento "subversivo" do qual é esperada a fraternidade espiritual. Espremido nas estruturas sociais, o homem carece de momentos em que a vida em conjunto se realize de outra forma.

Por meio do rito, tudo é colocado em correspondência, em comunicação, em intercâmbio, tudo pode contribuir para alimentar as linguagens e práticas que ele requer. Nesse jogo, o corpo, a sexualidade, a culinária, o remédio e o sacrifício tornam-se elementos de configurações complexas. É a tradição bramânica que afirma que o homem "cozinha" o mundo e a si próprio ao realizar os ritos. Ela associa o cozimento ao sacrifício e faz do brâmane o cozinheiro por excelência.

Os antropólogos revelaram as relações profundas que aliam cultura, sociedade e pessoa à culinária. A tal ponto que esta foi apresentada como uma via de acesso à compreensão das culturas, como uma linguagem, um sistema de classificação e um domínio de expressão do imaginário e de manifestação das ritualizações.

Num livro fecundo, Claude Fischler mostra todos os aspectos do "homnívoro", do homem em relação com o que escolhe comer, cozinhar, e mediante o que ele se define, se liga aos outros, aos próprios deuses e ao que forma seu mundo. É um quadro muito rico em informações, evocador de todos os sabores, em que encontramos os modos de cozinhar e as maneiras à mesa de culturas diferentes, bem como suas variações no tempo. O "comedor eterno" encontra o "comedor moderno", tão generoso com seus "discursos sobre a comida".

O que enfatizo aqui é o que é mais diretamente antropológico. A "ideia da alimentação" é tão importante quanto a contribuição para a manutenção da vida. Ela revela a ambiguidade do princípio de incorporação, do que constitui o alimento como bom ou mau "meio de intervenção sobre o corpo", podendo transformá-lo em remédio ou malefício. Ela contribui para a formação do gosto, a expressão do desejo e da aversão, do medo da contaminação, a produção de efeitos simbólicos ou imaginários. Do corpo humano ao corpo social, a comida traça múltiplos caminhos; distribui prescrições ou interditos, sublinha as diferenças de condição, reúne ou separa no consumo.

Comer junto é diluir-se na festa ou comungar no ato sacrificial que conduz ao sagrado. A alimentação serve para marcar a humanidade do homem, sendo o mais alto grau na "cozinha do sacrifício" ou, inversamente, a ruptura da civilização, quando intervém nos ritos de transgressão – dos quais a figura arcaica é a desordem dionisíaca. Ela tece a rede das relações em que a gestão dos corpos, do sexo e o comércio com o divino geram obscuras alianças – aquelas das quais nossa época do racional banalizado e da disciplina dietética nos separou progressivamente.

Le Monde, *28 de dezembro de 1990*.

A provocação do barroco

Nesses tempos de proliferação de obras pós-modernistas, surgem, em consequência da erudição e do imenso talento de Piero Camporesi, ensaios engenhosamente reunidos compondo uma "antropologia e uma teologia barrocas". Como se estivéssemos incitados a um desconcertante desvio a fim de considerar de outra forma, e em outra seara, nossa modernidade.

A provocação do barroco – que o fez ser inicialmente definido como o "paroxismo do bizarro" – ressurge, com suas conotações de estranheza, de excesso, de mistura. O barroco caracteriza uma época, do fim do século XVI ao XVIII, e um lugar difusor, a Itália, em especial Roma. Nasce no momento em que uma arte se desfaz, a do Renascimento, dando origem a múltiplas transformações. Um período intermediário, de transição entre um classicismo em declínio e um neoclassicismo que se manifesta na segunda metade do século XVIII. Um tempo de misturas por meio da coexistência de obras antitéticas – estilo severo da Contrarreforma, barroco da Igreja e da corte, barroco burguês – e da antítese presente no seio de cada obra. Mas esse período também é, mais além, o dos grandes sismos no saber e no conhecimento do mundo.

Nesse sentido, o barroco é apreendido como categoria estética associada a outras formas que exprimem visões contrastadas do mundo, do homem, da vida. Ele abraça todas as artes e é, ao mesmo tempo, tragado por um movimento que o supera. Muita tinta se gastou a esse respeito, vendo nele tanto uma manifestação da consciência inquieta quanto uma "floração múltipla e mórbida do Eu", uma liberdade concedida à sensibilidade.

O que surge então é uma antropologia nova, de formação compósita. É à exploração desta última, ainda indissociável de uma teologia, que se dedica Camporesi. Ele a conduz fazendo-se o detector de textos raros, surpreendentes, com temas aparentemente menores e heteróclitos, cujo tratamento e ligação dão forma a uma visão contraditória do homem. Ele é o observador da "oficina dos sentidos" e o viajante que frequenta os caminhos desse imaginário passado e parcialmente ainda presente.

Um percurso efetuado especialmente "sob o vento da ebriedade anatômica" que sopra do Renascimento ao Barroco. O "atroz desejo de saber" pouco se preocupa com a ciência moderna nascente, tomando liberdades a seu respeito ao mesmo tempo que utiliza seus meios. Ele interroga com paixão o corpo do homem. Cultiva o "prazer fremente de penetrar" nas zonas proibidas e entregar-se à observação do "segundo universo". A curiosidade anatômica toma a identidade de uma descoberta, viagem estarrecedora por ocasião da qual surge a *divina arquitetura*. A prática da anatomia – as dissecações em público – se transforma num espetáculo raro e rebuscado. É o acesso aos segredos da natureza, a esse livro cifrado que é o corpo humano, a um conhecimento do homem interno que se constitui em antropologia e teologia.

A paixão não é nova, mas adquire então uma força nova que afeta de maneira irresistível o imaginário da sociedade científica e artística italiana. Uma tensão daí resulta. Se o corpo pode ser exaltado como objeto de fascinação, prova de uma arquitetura do mundo oponível à argumentação ateísta, ele é também associado ao imundo e ao lodo, ao que é a causa dos tormentos. Ele provoca o horror das entranhas, onde está "imerso na sujeira" o "corpo do cordeiro imaculado" no momento da sagrada comunhão. Ele cultiva o medo da cozinha infernal onde os danados são condenados à tortura dos sentidos, que se transformam em carrascos, à podridão e ao fogo. Uma anatomia negativa impõe-se assim à outra; e ambas se veem superadas na imagem de um Cristo doravante anatomista do pecador.

Na era barroca, aponta Camporesi, anatomia e autópsia são "pontos de referência mental e cultural". Elas engendram diversas analogias, metáforas, imagens, jogos de correspondência. Triunfam no "simbólico e no real, no figurativo, no poético e no erótico". É com os mesmos efeitos, em que o corpo permanece fortemente implicado, que a excursão antropológica se volta aos alimentos e aos costumes à mesa. Neles, tudo é apreendido em contrastes, concordâncias e discordâncias.

No começo, é o leite. Um líquido nutriz primordial, menos desconcertante por sua associação com o esperma e o sangue do que por suas transformações. O misterioso coalho torna-se proteiforme, manifestação de um trabalho oculto que produzirá o queijo, processo assemelhado ao da formação da carne humana. Mas a fermentação, o cheiro, o verme roedor e a degradação putrescente fazem do queijo um maldito. Ele é aliado ao excremento numa relação de equivalência, faz do ventre um criadouro de vermes.

Por meio dele é traçada a fronteira entre a civilização e a barbárie; é considerado um alimento maléfico e grosseiro, com o qual se satisfazem os povos semianimais e nômades, os grosseiros e os escatófagos. Por meio dele se revela a "bivalência primordial" entre a humanidade e a animalidade, entre o puro e o imundo, entre o alto e o baixo. É uma linguagem polimorfa ao mesmo tempo que um condensado da arte rústica. É um dos hieróglifos pelos quais se opõem maldades e beatitudes.

Este último estado, que os santos procuram por meio do jejum e da abstinência, pela eficácia de uma culinária às avessas na qual a rejeição do alimento acompanha a punição. Todos os graus de uma conduta alimentar que se pretende conduta de vida, desde as batalhas travadas com o corpo a fim de ser um "atleta de Cristo" até as regras conventuais que levam frequentemente a fugir da animalidade e as prescrições dos idealizadores das cidades ideais, até a definição de uma nutrição equilibrada aliando a saúde à salvação. Todo um mundo onde o imaginário se alimenta da ambiguidade, da incerteza nascida do jogo confuso da vida humana, da passagem aos extremos. Um mundo onde os "doces convites dos sentidos" não são abolidos, mas os sentidos abrem as portas do pecado, onde a doença persiste como o instrumento de um cristianismo heroico e onde a hóstia significa a transfiguração da carne.

Em contraponto à arte das *villas* e dos jardins, onde o barroco introduz uma nova disciplina, Camporesi mostra como se manifesta uma verdadeira "teologia vegetal". A árvore e o fruto são seus pretextos, este último em especial. A maçã torna-se um fruto ao mesmo tempo sagrado e profano, um concentrado de ambivalências. Ela evoca o Éden primitivo, os tempos em que simbolizava a santidade. Mas também permanece associada à mulher, ao seu corpo e à volúpia, ao pecado. O imaginário do pecado e da morte, essas obsessões da consciência barroca, extingue a suculência por meio da putrescência; os frutos degradam-se em "fúnebres alimentos macabros". A natureza revela-se especialista em *trompe-l'oeil*, em engodos e armadilhas fatais.

Essas elaborações exuberantes mostram um imaginário desenfreado, exasperado, num período em que se realizam grandes transformações e se prepara o advento da deusa Razão. O Iluminismo deixou esse imaginário na sombra. Mas ele não nos é totalmente estranho. Sua forma é a das culturas de transição; ela resulta das tensões entre ordem e desordem, entre fascinação e angústia, entre incerteza e apego às certezas herdadas ou reafirmadas. Sua interrogação dos subterrâneos da cultura, de certa maneira, é homóloga àquela que a psicanálise efetuará no começo de nossa modernidade.

Le Monde, *21 de julho de 1989*.

Alhures, longe da modernidade

Ainda restam lugares no mundo que a modernidade só acessa por acidente, onde suas turbulências morrem como ondas antes de quebrarem, onde suas máquinas e seus objetos são muito raros e seus modelos e valores se perdem no mal-entendido, no desvio de uso ou na derrisão; onde pessoas, pobres segundo nossas convenções e nossos costumes, preservam antiquíssimas tradições e as defendem: dão sentido às suas vidas, codificam suas relações e práticas, orientam suas paixões.

Não são paraísos perdidos em consequência do isolamento, de uma geografia protetora; lá, os males, as doenças e as feridas também acompanham a condição humana. São "alhures" cujas imagens nos chegam de quando em quando, dos quais nossas nostalgias e fantasias se alimentam episodicamente. E depois o esquecimento logo os relega ao passado remoto, pelo qual se medem orgulhosamente as conquistas e os desempenhos, o avanço de nossa civilização sempre em movimento.

Essas regiões culturais distantes, onde os postos avançados das burocracias mal conseguem se manter, ainda são as da exploração e da aventura. Para uns, em busca de riquezas inexploradas ou fabulosas, para outros, no encalço das almas perdidas em idolatria, para outros ainda, atrás de emoções inéditas e curiosidades pouco acessíveis. À parte, situam-se os antropólogos, recenseadores, intérpretes e defensores das civilizações desconhecidas ou mal conhecidas. É a profissão deles, conforme as convenções antigas, aquelas que os impelem à prática de um "trabalho de campo" e os levam a fazer um pacto de aliança e reconhecimento mútuo com o povo estudado. O percurso do saber torna-se, então, um percurso iniciático, com provas.

Acabam de ser publicados simultaneamente os depoimentos excepcionais de dois antropólogos, que nos arrastam com eles até os confins da Amazônia venezuelana, num caso, e até os maciços montanhosos do norte de

Camarões, no outro. O primeiro, Kenneth Good, se estabelece entre os ianomâmis – índios de má fama, qualificados de "gente feroz" –, o segundo, Nigel Barley, reside entre os dowayos – agricultores rudimentares espalhados num universo de caos rochoso, reputados "selvagens e ariscos".

Duas incursões comparáveis, ao que está mais longe da modernidade, sob pressão de um meio acadêmico que arrasta o americanista estadunidense para uma polêmica relativa às causas da violência ianomâmi, que impele o africanista inglês, bastante cético, a efetuar "a obrigação do trabalho de campo", a despeito de sua propensão à abstração e à especulação teórica. Duas empreitadas realizadas malgrado as confusões burocráticas, os riscos e a doença, as incompreensões e os desânimos, aliando aventura pessoal, paixão e amizade à prática científica. Mas a imersão na vida do povo estudado prevalece sobre o estrito respeito pelas regras da disciplina. É uma experiência transformadora, os dois textos dão testemunho disso, e disso extraem sua incontestável qualidade literária.

Nigel Barley é o mais arisco, por muito tempo distante dos aldeões dowayos que o receberam – e de si mesmo. Julga-se visto como um "imbecil sem malícia", desajeitado até a obscenidade em seu aprendizado da língua, bom apenas para "trazer algumas vantagens" e prestígio; permanece vigilante a fim de não ceder à carolice do antropólogo que adota como crença o que lhe dizem. Sabe-se observador observado, com curiosidade, ironia e cálculo. Precisa esperar um ano antes de ser realmente aceito, ajustar-se aos ritmos de seus anfitriões, alcançar a fala, que é a essência de toda a coisa, entrar nas relações de troca e convívio propiciadas pela conversa, o tabaco e a cerveja. E beneficiar-se das confidências que as amizades liberam.

Os fatos então abundam, e o antropólogo não é mais "o homem que engole toda e qualquer coisa". Os dowayos tornam-se diferentes, despojados da nulidade selvagem que lhes atribuem os burocratas locais. Humanizam incansavelmente um meio hostil entregue aos excessos da natureza, combatem com suas armas a escassez e as doenças, que identificam como ataques de feitiçaria. Aprendem a domesticar seus medos, a lutar contra a fome sempre ameaçadora, a aplacar seu desejo e sua cólera – sem esquecer a parte do jogo, da ironia, do gracejo e dos desafios verbais.

Trabalham tanto com o simbolismo e o ritual como com a ferramenta. A fertilidade e a fecundidade são suas preocupações constantes, respondem a elas associando os ciclos do milho, da sexualidade e da maternidade. Há nisso uma espécie de concepção vitalista do mundo, vivida na penúria e no calor das cerimônias, numa intimidade com a morte e os mortos que o culto das caveiras torna propícios.

Nigel Barley, um autêntico escritor, faz de seu relato uma espécie de romance de aprendizagem cultural. Não esconde nada das armadilhas em que sua "inocência" cai, das mistificações e da malícia com a qual os dowayos tratam suas crenças e práticas. Com Kenneth Good, a aventura ganha uma nova forma, embora o começo seja o mesmo e a prova, ainda mais dura. Os ianomâmis dos confins venezuelanos, seminômades, geralmente em busca de carne de caça e produtos de coleta, desconfiados a respeito de qualquer estrangeiro ao ponto da violência, arrastam seu observador para uma ruptura total com suas maneiras de ver, fazer e ser socializado. Ele precisa aprender tudo feito uma criança, tomar distância, perdendo a obsessão de efetuar a todo custo uma pesquisa muito especializada, saber esperar, imergindo progressivamente.

Dois anos para fazer parte da comunidade, aceitando que "os motivos de seus atos não interessam" seus anfitriões, para "passar ao estado de elemento permanente" e ser envolvido "na vida social e emocional do grupo". Kenneth Good não mora mais separado, mas no interior da única grande casa que forma a aldeia, sob o olhar dos outros; participa de inúmeras e penosas expedições, de festas e cerimônias; torna-se útil, presenteando-os com ferramentas e ministrando-lhes remédios. Renuncia aos seus critérios de juízo moral, diante das mentiras, das demonstrações agressivas, dos ataques de jovens confinados que "querem sexo" e estupram. Descobre, para além da rudeza, um gênero de vida "feito também de camaradagem, compaixão" e "harmonia comunitária".

Finalmente é conquistado, adotado, comprometido a ponto de não conseguir mais se desvencilhar. Em consequência das amizades e, sobretudo, de um amor que cresceu lentamente. Uma mulher – "no auge de sua beleza" – lhe é concedida segundo o costume: Yarima. Termina se casando com ela pela lei estadunidense, após diversas peripécias; dois filhos, "os primeiros iano-americanos", nascem dessa união. O livro de Kenneth Good é muito mais que uma descrição do mundo ianomâmi, é o relato de uma paixão que vence todos os obstáculos e abre os caminhos para o conhecimento do outro. A Amazônia torna-se para ele a terra dos "momentos mais felizes".

Essas duas histórias de antropólogos terminam de modo paradoxal. O mais reticente, que confessa sua "alegria histérica por deixar a região dos dowayos", reencontra sua modernidade com reticência e dificuldade e sonha em voltar. O mais envolvido retorna à vida norte-americana, à sociedade do "organizado", como estrangeiro. Mas é Yarima o verdadeiro paradoxo: em sua residência de Nova Jersey, logo nada a desconcerta mais, seus dois filhos crescem alimentados pela televisão. Duas histórias de verdade em que a ciência não constrói os calabouços onde está encerrada a autobiografia.

Le Monde, *26 de junho de 1992*.

A antropologia como gaio saber

Um antropólogo é, por necessidade, nômade, por função, decifrador de culturas diferentes, e, por sedentarismo, teórico. A disciplina científica enobrece uma interminável procura, a ser sempre retomada. Eis os princípios. Alguns os respeitam, porém sem grandes ilusões ou devoção; sabem que sua tarefa não pode se efetuar encerrado na tranquilidade dos laboratórios. Nigel Barley, antropólogo vinculado ao British Museum, é um deles. A bem da verdade, reincide. Já havia revelado, por ocasião de uma pesquisa realizada no seio de uma cultura arcaica de Camarões, as razões de sua própria "desorientação". Num relato de chorar de rir, contou o percurso aventureiro de seu estudo e as desventuras que o balizam. Com rabugice, humor e autoironia. Seu gaio saber é por vezes áspero.

Dessa vez, não se trata mais da África. O acadêmico britânico não gosta dela. Para ele, as "sociedades exóticas" devem ser menos provedoras de "estruturas a descobrir" do que de "pessoas a encontrar"; sua experiência evidentemente não permitiu bons encontros. Mudando de rota, escolheu Sulawesi (Celebes) na Indonésia. Prepara-se para a descoberta dos torajas, gente das montanhas, antigamente muito hierarquizados e guerreiros, talvez antropófagos, conhecidos pelos diletantes da arte por seus bonecos funerários de madeira, hoje ricicultores e criadores de búfalos, bem como construtores de belas casas e silos esculpidos, e cristãos amantes de hinos repletos de palavras rituais ancestrais. Essas pessoas não são da espécie comum e seu mundo não cabe em fórmulas. A Nigel Barley, que se recusa a vestir com ordem aquelas que são primordialmente "relações pessoais e emocionais", não faltarão nem umas nem outras.

O relato de suas viagens, sua nova experiência, tem a forma de uma narrativa exótica e pitoresca e de um caderno de campo com anotações discretas. É o que lhe permite praticar uma espécie de etnografia total e distanciada. Desde o começo e depois, ao longo de um percurso sinuoso que transita por Moscou, Singapura e Jacarta, até o lento trajeto "irreal e pesadelar" que leva aos locais de sua pesquisa. O que ele reconhece primeiramente é um universo abastardado, desconjuntado, um *"no man's land* do

Leste e do Oeste". Encontros modestos, calorosos e muito solícitos, mais preocupados em servir-se dele do que em servir sua curiosidade, amenizam, contudo, sua desilusão. O interrogador é interrogado, seus contrassensos culturais são objeto de gracejos partilhados e ele mesmo zomba do estado de regressão resultante de sua dependência.

A chegada a Sulawesi é desconcertante, os burocratas, os poderosos, os turistas compõem a mistura mais dissuasiva. Nigel Barley está impaciente para alcançar a montanha dos torajas, transpor a "fronteira etnológica". Consegue isso, não sem ser manipulado nem ficar desconcertado ou mostrar-se desconcertante para seus anfitriões. Diverte-se descobrindo que dois negociantes duvidosos de esculturas torajas têm como prenomes Hitler e Bismarck, constatando que a mulher toraja aburguesada na Holanda que volta para honrar seus mortos não abandona seu casaco de peles durante a cerimônia, encontrando um técnico em informática do MIT estadunidense reinterpretando o ritual de sua aldeia dedicado à nova vestimenta dos esqueletos dos mortos recentes. O acaso o favorece na figura de um homem jovem, liceano ocasional e rizicultor por solidariedade familiar, que se torna seu assistente. É por seu intermédio que ele entra em relação com Nenek, o avô, guardião local das tradições, servidor da "velha religião" e hábil escultor em madeira. O personagem é fascinante e faz o papel de herói principal no relato, que se transforma então em folhetim etnográfico.

Também há espaço para o saber sério aí, mas sempre mantendo a distância crítica, cedendo lugar ao ceticismo dos próprios envolvidos. Os funerais, as festas que homenageiam os ancestrais, os sacrifícos que acompanham toda atividade criadora e os usos são respeitados e adaptados ao mesmo tempo. Os ritos, os mitos e as palavras reverenciadas deixam sempre aberta a possibilidade de justificar as ações.

A tradição faz uso do moderno, a religião antiga complementa um cristianismo de fachada, e o turismo traz recursos financeiros propícios a todas as inflações rituais. Nigel Barley, fascinado pela arte toraja de construir e esculpir, concebe o louco projeto de levar o velho Nenek e uma pequena equipe de escultores à Inglaterra, a fim de construírem um grande silo de arroz no British Museum de Londres. Consegue isso em dois anos e cinco viagens.

 Seus amigos torajas adaptam-se rapidamente a uma vida londrina da qual não conhecem nada, e seu interesse constantemente em alerta leva-os a praticar uma espécie de etnologia reversa. Sabem ver, comparar, interpretar. Para os espectadores de sua oficina, são menos uma curiosidade do que um revelador de uma arte de fazer, de uma estética refinada. E de uma sabedoria: seus comentários sobra a cultura do desperdício e do endividamento, sua lógica impertinente e suas zombarias desorientam os observadores, induzindo-os a refletir sobre suas próprias inconsequências. A astúcia de seus amigos torajas engana até o antropólogo: é ferido de surpresa a fim de que seu sangue seja o substituto do impossível sacrifício do búfalo no silo terminado.

 Nigel Barley introduz, com anotações esparsas, suas livres observações sobre a prática da antropologia. Ele é daqueles que privilegiam os encontros e, portanto, os indivíduos, antes de se preocupar com generalizações. Mostra a participação do acaso e a importância do envolvimento pessoal. Em certos momentos, dá a impressão de que a profissão põe em estado de sonho acordado, com sequências felizes e fases de pesadelo.

 É um método decerto eficaz, apegamo-nos a seus personagens, terminamos por aderir ao universo toraja. Sua narrativa prende, sua verve reconforta, libertando por meio de um humor contagiante. Ainda há alegria entre a gente dos trópicos.

Le Monde, *5 de julho de 1997*.

Clássicos, menos clássicos

A natureza em todos os seus estados

Já vai bem longe o tempo da divisão desigual entre natureza e sociedade. O homem então determinava os fins e a natureza dava-lhe os meios, o direito confirmava a apropriação e a técnica servia a uma exploração cada vez mais conquistadora. A relação era avaliada pela medida do progresso. As sociedades pouco técnicas, de alguma forma "mais naturais", eram julgadas atrasadas por essa razão. Hoje está tudo virado. A escalada em poder tem como companheiros a desnaturação, a multiplicação dos riscos, as incertezas e os malogros do controle. O pensamento não tem sucesso em reinscrever a natureza nos limites do contrato social. Os especialistas não conseguem suprimir as dúvidas, aplacar as reações emocionais. A crítica se radicaliza, para além da posição mediana que define o homem como senhor e – eis a novidade – protetor da natureza. Uns denunciam o processo "tanatocrático" em que homens e meio ambiente se extinguem em conjunto. Outros recusam uma paixão pelas coisas "naturais" que esconde o ódio à modernidade, gera a promoção dos "geocratas". Nessa confrontação, a ecologia, que era científica, torna-se também filosófica e política.

Parece bem difícil formar um juízo, de tal forma as argumentações se opõem frontalmente, de tal forma se misturam razões e arroubos afetivos. A urgência enfraquece a capacidade de tomar a distância propícia a um conhecimento mais bem informado. Cumpre, portanto, apontar a importância de dois livros complementares organizados por Dominique Bourg: um manifesta a diversidade das relações que os homens mantêm com a natureza, as múltiplas maneiras de "habitá-la" segundo as civilizações e o curso de sua própria história, segundo as representações que a religião dominante faz prevalecer; o outro explicita de que maneira se efetua a inscrição da natureza no espaço do político. Ambos são agora indispensáveis: esclareçam os debates contemporâneos.

A polêmica induz a oposições radicais. Ela coloca face a face sociedades ocidentais, centradas no homem e em seu poder transformador, agressivas em relação à natureza, e sociedades com outras tradições, capazes de ter cultivado com esta uma conivência e relações de harmonia. Às primeiras, o fardo de um antropocentrismo dominador, às segundas, a modéstia de um antropocentrismo atenuado, propício a uma aliança benéfica. A bipartição é enganadora, simplifica por comodidade retórica. É um intelectual africano, Joseph Ki-Zerbo, que exprime a advertência: "O olhar de uma sociedade sobre a natureza é sempre plural". Não aparece, em nenhum dos ensaios, um sistema de representações único, totalmente unificado e resistente como tal aos ataques da História. Mesmo no caso extremo das sociedades modeladas pelo hinduísmo, aquelas do "homem em natureza", segundo a fórmula de Jean-Claude Galey, em que a ordem humana deve realizar-se em plena conformidade com a natureza, em que a pessoa não carrega consigo nenhuma parcela de autonomia, a simbiose não basta para garantir o apego ao meio ambiente.

A comparação traz mais ensinamentos quando vinculada a dois países que são os artífices da hipermodernidade, mas com base numa sedimentação cultural bastante diferente um do outro: o Japão e os Estados Unidos. O primeiro é o da História longa, em que a tradição originária, informada pela religião xintoísta, é a de uma vida "em harmonia com as forças da natureza". É o que Philippe Pons constata ao retomar os belos estudos de Augustin Berque, com um deslizamento para uma concepção culturalista e estética: a natureza torna-se um "produto da cultura", "junta-se ao artifício". A "natureza ecológica" é ignorada "em prol da natureza construída", a irrupção das técnicas nela se realiza ainda mais facilmente – e a desnaturação é vivida "como um destino". A ação favorável ao meio ambiente é tardia, seletiva, depois que a contestação politizou a natureza, inspirando-se nas antigas rebeliões camponesas. Doravante, a relação com o mundo natural engendra sentimentos contraditórios.

Nos Estados Unidos, onde a História pesa menos e onde o espaço abunda, o movimento das ideias e a transformação das sensibilidades revelam-se diferentes e às vezes se correspondem. A princípio, a concepção pioneira e a ideologia da "fronteira" prevalecem: a terra deve ser dominada pelo trabalho, "civilizada" junto com seus ocupantes "selvagens". A exploração e a especulação são assim legitimadas, embora a roupagem ideológica faça "o elogio da sociedade rural americana". Em seguida, de maneira a compensar o que parece ser um déficit cultural em comparação com a Europa, é a natureza selvagem e seu esplendor que se tornam objetos de admiração, um fundamento do sublime e de uma estética da paisagem, um lugar onde se realiza o reforço moral mediante a aproximação de Deus. Nesse imenso país onde a diversidade e a juventude da História não proporcionam um enraizamento firme para a ideia de nação, a natureza é patrimônio e meio de revitalização do patriotismo. É em seguida, como Michel Conan mostra muito bem, que a natureza se transforma em inspiradora de uma "sabedoria" estimada de alcance universal e sincrética pela abertura a outras sabedorias. A ecologia "profunda" encontra nela uma de suas bases.

Num estudo notável, tratando do conceito de natureza em sua relação com o cristianismo, Stanislas Breton revela a prevalência da referência à Criação, ao ato criador "sem pressuposto". Aponta principalmente dois aspectos. O privilégio do humano situado no centro do universo: "O homem se faz em ligação com um universo mudo de que ele se encarrega". O homem não é um "dado", mas um "possível": precisa realizar-se, "a técnica é então incorporada ao seu ser". Nem por isso ele deve ceder ao impulso do poder dominador, ele tem a obrigação de respeitar a natureza "no que ela é, em seu ser como ser". Não tratá-la somente como um meio, descobrir a parte de gratuidade do ato criador, este é o ensinamento em sua forma atualizada.

Desse duplo inventário, um mais filosófico, o outro mais político, Dominique Bourg tira sua própria lição. Insiste no fato de que nenhum dos sistemas de representação da natureza elimina o antropocentrismo, exclui totalmente "certa centralidade" do humanismo. Isso se deve ao fato de a espécie humana ocupar uma posição singular: sua capacidade de agir sobre a natureza a "isola efetivamente". Isso também se deve ao fato de que ela é a fonte dos valores, mesmo quando imputa alguns deles à natureza. Isso se deve, ainda, ao fato de que toda ação provém do homem e que, nesse plano, o antropocentrismo é incontornável. Dominique Bourg afirma nosso "direito de dispor de uma terra plenamente habitável", o que nos compele a definir "menos os direitos da natureza do que os direitos para com a natureza". Mais além, constata que a novidade de nossas relações com a natureza leva a "uma reorganização profunda de nossas sociedades".

Isso levanta claramente a questão política. Uns querem respondê-la primeiramente pela moral – promover um "ascetismo ecológico", como faz a antropóloga Mary Douglas – ou primeiramente pelo direito – definir uma responsabilidade incluindo todos os seres naturais. Outros esperam tudo da resposta especializada, apesar da incerteza dos dados científicos e da pressão da urgência. Outros ainda encontram no ecologismo uma ideologia e uma fé de substituição, dado que a História e os deuses parecem estar mudos. Há uma certeza, contudo: a necessidade de "uma verdadeira tutela política da natureza". É o que tenta a ecologia política: seu avanço permanece lento, insuficientemente esclarecido porque o saber é incompleto e bloqueado pelas armadilhas políticas.

Le Monde, *25 de junho de 1993.*

O imaginário extramuros

Antigamente, no tempo dos mitos, lendas e crenças recebidos da tradição, uma linha divisória, material e imaginária ao mesmo tempo, separava o espaço civilizado pelos homens do espaço abandonado à natureza selvagem. Dois mundos por meio dos quais se manifesta a oposição da cidade e do que se estende fora de seus muros; do interior, onde tudo é familiar, regulado pela lei e os costumes, e do exterior, onde se instalam, sob o abrigo natural, as potências temidas, e de onde o inimigo pode surgir.

Um é o lugar dos vínculos com um território, uma terra dos ancestrais, uma morada, sítios portadores de significações e carregados de memórias; o outro é o lugar onde o homem só se aventura para enfrentar o desconhecido e os perigos, ou sofrer as provações e receber as iniciações que o ligam à caça, à guerra e à prática dos poderes adquiridos em segredo.

A relação estabelecida entre os dois mundos é sempre ambígua, como se cada um deles tentasse retomar o que concedeu ao outro. As sociedades da tradição recorreram a uma espécie de pacto de não agressão, de acordo com duplo proveito, respeitado pela mediação dos símbolos e ritos. As nossas, a partir do momento em que o homem se vê e comporta "como dono e senhor da natureza", entregam esta última ao olhar das ciências, ao empreendimento das técnicas e ao cálculo das economias. Nem por isso relegaram ao esquecimento total a herança imaginária e o medo de um regresso que nos transformariam em vítimas de uma natureza subitamente insubmissa e novamente conquistadora.

No mais distante de nossos horizontes históricos erguem-se as florestas: eles estavam ali "primeiro", permanecem presentes em nosso imaginário cultural. Foi em seu seio que "a civilização ocidental desbravou seu espaço": Robert Harrison, no mais apaixonante e necessário dos livros publicados nos últimos anos, lembra isso e revela um mais além da simples consideração ideológica. Ele guia a exploração de uma memória cultural, de uma história do imaginário efetuada sob o dossel das florestas – ali onde o Ocidente desmatador estabeleceu, à custa destas últimas, seus instigadores principais, a religião e o direito, a família e a cidade; ali onde se situam "as origens metafóricas do pensamento" e onde as significações se efetuam por meio de personificações imaginárias.

Pelo próprio movimento de sua demonstração, Robert Harrison faz dessa história da relação com a floresta, com o universo selvagem, uma história fantástica da civilização ocidental. Na Antiguidade, esta se definiu em oposição às florestas, numa relação com a natureza "instaurada como um trauma", da qual nascem os primeiros mitos e as primeiras fábulas.

Ártemis, deusa temível para os gregos, virgem inviolável como as regiões onde reina, caçadora aliada dos animais e, não obstante, cruel, governa um mundo estranho aos homens, onde as distinções claras não têm lugar e as metamorfoses se realizam. Dioniso é seu emissário na cidade, com as mesmas aptidões para jogar com as formas que a razão rege e com os limites que a lei estabelece. Ele é o emblema da subversão no helenismo, da irrupção selvagem que sacode a ordem social e leva ao paroxismo uma tensão em que a tragédia encontra sua origem.

Da Idade Média ao Renascimento, o recuo das florestas se acelera; elas tornam-se mais ainda o exterior, "um mais aquém ou um mais além da humanidade". De um lado, o lugar da animalidade, da perdição, da errância dos proscritos, dos cultos pagãos e das feitiçarias; do outro, o lugar da aventura do cavaleiro, atrás das provas de valentia e das loucuras resultantes do despeito amoroso, o refúgio dos justiceiros, inimigos da corrupção da lei.

Além disso, a floresta inscreve-se num campo de significações mais complexas: escura, ela é o equivalente do "mundo temporal privado da luz de Deus" (com Dante); abrigo dos apaixonados, sua sombra estabelece o desejo "à margem da lei civil"; espaço de paz, permite opor aos tumultos da vida em sociedade as demandas da nostalgia lírica (com Petrarca).

Após Descartes, que traça os caminhos do método e abre a era da possessão da natureza, nos séculos XVIII e XIX a floresta torna-se objeto de ciência e riqueza explorável.

Rousseau assim a considera em seu *Projeto para a Córsega*, ao mesmo tempo que a descobre em seus "passeios" como a cena imaginária das origens, a provedora das imagens dos "primeiros tempos" – aquelas que permitem "denunciar as ambições progressistas".

As florestas regridem, as das terras da empreitada colonial revelam os outros "corações das trevas", as outras "selvagerias" pelas quais a imaginação tem acesso a novas fontes. As cidades conquistam, asseguram o triunfo da razão organizadora, extinguem o reino vegetal, que passa a ser lugar de memória, meio de visão poética ou incitação a fugir – como faz Roquentin, o herói sartriano de *A náusea* – do "círculo da Vegetação".

Periodicamente, a floresta ressurge do imaginário. Os guardiões do folclore a povoam com o que alimentou a antiga cultura popular. Os simbolistas veem nela o verdadeiro sítio dos símbolos, das analogias e correspondências propícias a "uma efusão do espírito e dos sentidos". E descobrimos melhor agora que, sem esse mundo exterior, não disporíamos de um "interior" onde habitar plenamente.

Robert Harrison termina seu percurso evocando a angústia confusa "de perder essa fronteira de exterioridade", afirmando que o homem não reside na natureza, mas em sua "relação com a natureza". Isso é mostrar o essencial, é colocar seu livro nas alturas – fazer dele o indispensável companheiro de toda reflexão insatisfeita com a mera pregação ecologista.

A floresta é a terra dos animais, e estes podem manifestamente representar a agressão da selvageria contra o homem e seu universo doméstico. Eles também assombram nosso imaginário. Num livro-relatório, montado à maneira de um drama, Michel Louis faz ressurgir a "fera do Gévaudan", que devastou a região, matando e devorando mulheres e crianças a partir de 1764. Um pesadelo, uma carnificina consumada ao longo de vários anos, e sempre o animal monstruoso se esquiva, escapa das armadilhas e dos golpes, encontra abrigo nas florestas mais profundas.

É uma luta mortal entre a Fera e a sociedade progressivamente envolvida por inteiro: os aldeões, arrastados numa "verdadeira sublevação em massa", com seus notáveis, seu clero apelando à "misericórdia de Deus", e depois os dragões, ineficazes, e o próprio rei, que ordena o fim daquilo e promete recompensa e honrarias ao vencedor.

Ao fim de três anos de terror, a Fera é abatida, o país volta à calma, mas o enigma de sua identidade subsiste. Foi o trabalho do imaginário que de fato a definiu. A Fera significa a irrupção desastrosa da selvageria no universo humano, com os meios que são os dos homens associados às potências obscuras do mundo natural. O animal monstruoso tem a inteligência da astúcia, a invencibilidade dos heróis nefastos, a capacidade de metamorfosear-se. Por ele, revela-se uma espécie de pacto diabólico entre as forças da natureza e as forças do mal, uma guerra jamais terminada, alimentada nas fronteiras da terra dos homens.

A Fera talvez fosse um dos lobos do Gévaudan. Michel Louis proclama a "inocência" destes últimos. Segundo ele, tratava-se de um animal fabricado, adestrado para matar e devorar – por "um louco sádico", revoltado, licantropo ou aristocrata degenerado. Paul Éluard, na clandestinidade, encontrou o território da Fera e seu imaginário: obteve refúgio no castelo de Saint-Alban, centro das operações contra o animal monstruoso, transformado em hospital psiquiátrico. O poeta descobria outra terra do surreal.

Le Monde, *24 de julho de 1992.*

Um antropólogo em busca do tempo perdido

Lembremos o princípio: a antropologia tem como função o conhecimento das sociedades e culturas "diferentes", de todas aquelas, por mais numerosas e diversas que sejam, constituídas fora do mundo dito ocidental. Ela se definiu, formou, profissionalizou ao longo de pesquisas realizadas em múltiplos lugares, antes de encontrar um emprego tardio em seu mundo original, o nosso. Lembremos a dificuldade: como tratar das *diferenças* manifestadas de maneira tão múltipla por essas sociedades e culturas? Como tirar ensinamentos gerais, cientificamente aceitáveis, de tantas particularidades? Num primeiro período, as diferenças foram apreendidas em termos de falta ou atraso, quer se tratasse da economia produtiva, da administração das coisas, do governo dos homens ou da inserção numa história transformadora. O Ocidente moderno era a referência a partir da qual defasagens eram determinadas, o universo das sociedades tradicionais era o dos encerramentos em si, o da reprodução das configurações sociais e culturais, o da presença numa espécie de "eterno presente".

Se a antropologia mudou muito ao instituir-se, diversificar-se em "ofícios", multiplicar as redes de observação e as "escolas" que a abastecem com ferramentas teóricas, nem por isso deixou de conservar determinadas características recebidas de sua constituição inicial. Entendemos, a partir disso, os *a priori* que lhe imputam uma espécie de pecado original. Nicholas Thomas, antropólogo, especialista nas sociedades do Pacífico e especialmente da Polinésia oriental, procura, num ensaio crítico e impertinente, remediar os males que daí resultam e afetam duradouramente o "discurso antropológico". O título do livro: *Out of time* [Fora do tempo]; é ele que designa a doença principal de que padece a disciplina: a marginalização da história, o tratamento dos objetos estudados "fora do tempo confuso dos acontecimentos e das ingerências" (sobretudo coloniais). Essa falha gera ao mesmo tempo "erros teóricos e contrassensos quanto aos fatos" e, no fim, "uma cegueira profunda do raciocínio antropológico".

A polêmica não deixa escapar nenhuma presa: nem a etnografia dita "de museu", que coleciona monografias sem data, congelando os povos e suas culturas numa espécie de eternidade asséptica; nem os estudos mais modernos que mascaram a antiga carência com um suplemento indigente evocando "mudanças" sociais e culturais; nem certos grandes nomes da disciplina, Edward Evans-Pritchard, Claude Lévi-Strauss, Clifford Geertz, que deploraram a exclusão da história na antropologia sem que suas propostas tenham encontrado "tradução" em suas obras mais importantes; nem os trabalhos que incorporam dados históricos sem superar o mais das vezes "as limitações do paradigma a-histórico clássico"; nem sequer os ensaios neomarxistas, que ressuscitam um evolucionismo dos estágios e das etapas, ao longo de um percurso único ao qual toda formação social está atrelada e que não raro substitui a turbulência dos processos históricos pela lógica das relações de estruturas.

Nicholas Thomas procura compreender "a persistência de ideias desacreditadas". É principalmente a definição do objeto antropológico que está desde o começo na berlinda. Seja a procura das bases da diferença no sistema das representações coletivas e simbolizações, seja a procura de leis funcionais ou estruturais capazes de superar em generalização a diversidade das sociedades antropologizadas e o relativismo. Essas escolhas iniciais explicam que haja menos uma omissão da história que uma "exclusão sistemática". As estruturas e os sistemas são apresentados com uma forte coesão, a ordem que lhes é atribuída na descrição e análise não sofre ao ser subvertida pelos jogos dos acontecimentos e do imprevisto. Na realidade, a lógica do sistema ou da estrutura é o único registro conservado em sua explicação. "O caráter sistemático (ou estrutural) foi erigido e mantido por oposição aos acontecimentos e à história."

A polêmica em relação a uma "reconstituição" da disciplina parte de uma reflexão salutar. Foi acima de tudo a profissionalização que desenvolveu certa arrogância. Ela incita a negligenciar fontes necessárias: depoimentos, descrições, documentos e trabalhos pré-antropológicos costumeira e injustamente desacreditados. Imputa-se a eles um conhecimento imperfeito, portanto inutilizável, do passado; a exclusão dos processos históricos legitima-se pela afirmação de que é impossível identificá-los claramente.

É também a evidenciação das fraquezas da prática antropológica: fatos selecionados, pois recebidos de informantes escolhidos, "pretensos dados" implicitamente carregados de teoria, descrições que não excluem pressupostos, e a produção de textos sob efeito de contextos pouco ou nada explicitados, em especial na época das colonizações. A exigência crítica leva o autor a sugerir que as descrições dos especialistas são "questionadas", assim como as descrições dos não profissionais. Ele o faz em outro lugar, partindo de sua própria experiência, ao avaliar os grandes conjuntos de trabalhos dedicados às sociedades polinésias, ao analisar os tipos de discurso antropológico daí resultantes. Ele evidencia, excetuando algumas novas iniciativas, entre elas a de Marshall Sahlins, a divisão em duas tendências: uma se liga às "variações da tradição" no âmbito de certa área cultural, a outra retraça uma evolução, um movimento progressivo na direção de uma hierarquia e de uma complexidade crescentes, na direção da formação de um Estado primitivo (no Havaí e no Taiti). A primeira tendência alimenta a impossível busca de sistemas tradicionais, pois "as sociedades mudaram de forma dramática" antes da época das pesquisas; a segunda está ligada à detecção de um movimento progressivo, negligenciando a regressão possível, as transformações divergentes, as discordâncias resultantes de novas práticas sociais.

A última conclusão é imperativa: cumpre abolir a divisão sempre aceita entre "a coerência dos sistemas tradicionais e o curso aleatório e turbulento da história posterior". A separação exclui não só as dinâmicas internas como as dinâmicas externas, engendradas pelas relações desiguais entre sociedades e pelas dominações coloniais. O ensaio de Nicholas Thomas é necessário, contribui para arrancar a antropologia de seu torpor. Resta, contudo, levar em conta contribuições anteriores, em especial as da antropologia dinamista francesa, e desembocar na exploração das grandes transformações atuais com uma antropologia do contemporâneo menos timorata.

Le Monde, *11 de setembro de 1998*.

Ernesto de Martino, um decifrador de crises

Uma obra esquecida reaparece mais de trinta anos após a morte de seu autor, impondo-se não só pela liberdade de espírito e pela erudição daquele que a produziu, como pela força do que ela ajuda a conhecer e compreender nos dias de hoje. Ernesto de Martino não era nem facilmente classificável nem dócil. Fizeram-no pagar por essa pouca complacência: obteve uma cátedra universitária (Universidade de Cagliari, na Sardenha) somente no fim da vida; ensinou história das religiões sem confinar-se nessa especialização. Era rebelde a toda forma de clausura. Historiador do cristianismo e de outras formas de vida religiosa, filósofo, etnólogo de campo e folclorista, aberto às contribuições da psicologia e da psicopatologia, realizou todos os seus estudos recorrendo à luz multidisciplinar. Não era nem uma concessão às facilidades do ecletismo nem uma maneira de justificar a diversidade dos temas tratados.

O inventário sumário destes últimos – a magia situada nos confins da religião e da ideologia, os cultos de possessão e o xamanismo, as teorias camponesas do Sul italiano, os rituais da crise do luto e, mais tardiamente, as representações do apocalipse na história cultural e na patologia individual – pode dar a impressão de dispersão. O caráter unitário do projeto é mascarado por isso. A unidade deve-se primeiramente a uma exigência intelectual que o constante diálogo cultivado com os filósofos robustece. Formado sob a influência de Benedetto Croce, do idealismo neo-hegeliano, e, depois, do historicismo italiano, que o aproxima de Antonio Gramsci e o leva a aderir ao Partido Comunista, De Martino nunca suspendeu as tertúlias filosóficas pelas quais demonstra suas próprias proposições. Em debate com o existencialismo de Heidegger, marca sua distância e toma empréstimos ao mesmo tempo. Atento à obra de Ernst Cassirer, esclarece ainda mais sua concepção do simbólico e das configurações culturais que dele recebem a forma. Mas é Gramsci que o incita a mudar a orientação de suas pesquisas, estuda então os camponeses da Itália mais indigente – a do Mezzogiorno pobre, à margem da modernização – e as práticas mágicas e religiosas que separam esse campesinato da cultura dominante. Torna-se seu intérprete e o intelectual solidário com suas lutas.

A unidade, que se revela progressivamente, resulta do método e da visada a serviço da qual é colocada. O método não dissocia o comparativismo antropológico nem da história, permitindo alcançar a gênese dos dispositivos culturais e levar em conta os efeitos do "ambiente" histórico, nem da psicologia, permitindo alcançar as raízes subjetivas dos fenômenos estudados. É o que leva De Martino a refutar as antropologias que excluem a história, e o sujeito, de sua interpretação das configurações sociais e culturais. Quanto à visada, tem como origem uma constatação dominante: "A polêmica antimágica atravessa o curso da civilização ocidental. [...] As nações modernas são modernas na medida em que participaram desse processo em que ainda estamos engajados". De Martino, tendo uma concepção imanentista da história e do espírito humano, afirma igualmente a necessidade de não subtrair à jurisdição da razão o interesse pela magia, pelo mito e pela religião. Tanto mais que permanecemos concernidos: "Ao lado das técnicas científicas, damos igualmente um valor imediato ao domínio das técnicas mítico-rituais, à potência 'mágica' da fala e do gesto". O notável estudo de Silvia Mancini, que acompanha essa nova publicação, restitui à obra seu alcance inovador e corrige as interpretações equivocadas.

Três livros principais balizam o percurso científico do pós-guerra. Os dois primeiros devem ser lidos conjuntamente: um propõe a exploração do "mundo mágico", o outro aplica o procedimento à interpretação das "remanescências" em Lucânia, no Sul da Itália, à procura do que funda a manutenção de um regime arcaico de existência. A magia é vista em sua acepção mais ampla. Ela é, como o mito, o rito e a religião, um "dispositivo", do qual é preciso explorar a gênese, a lógica interna, os modos de manifestação e a eficácia cultural. Nesse sentido, aparece primeiramente sob o aspecto das técnicas que ela adota e das estratégias culturais de que se provê. A interpretação poderia parecer banalmente funcionalista. Não o é, na medida em que o recurso à magia é compreendido como resposta complexa às crises da "presença" (no mundo, no meio social, na história em vias de se fazer), como reação diante das situações críticas, proteção contra os riscos reais e imaginários. A magia, assim como a religião, torna possível enfrentar a "potência do negativo", as situações insuportáveis, os descontroles na regressão e no caos. É no mundo mágico que De Martino examina as condições psicológicas que explicam os poderes da magia, que ele confronta sua elaboração teórica com as contribuições dos filósofos contemporâneos e recorre a alguns conceitos do existencialismo.

Sud e magia [Sul e magia] resulta de uma pesquisa direta que define os quadros fundamentais da magia na Lucânia: o fascínio exercido sobre o "ser-dominado-por", a possessão, o feitiço, o exorcismo. É também ocasião para uma demonstração dupla. A ligação de um "momento mágico" com as provações da vida cotidiana, com um modo de existência frágil e precário que cultiva o medo de "soçobrar numa negação que golpeia a própria possibilidade de um comportamento cultural qualquer". Esse momento abre "perspectivas de socorro de urgência" quando a exacerbação da crise individual parece confiscar toda capacidade de decisão e escolha. A segunda parte da demonstração revela, com insistência, que a magia e os arcaísmos que a acompanham não são configurações residuais, isoladas, enquistadas. São efetuadas costuras com as formas mais elevadas da vida cultural. Encontramos a componente mágica não só no catolicismo popular como até no cerne do próprio catolicismo.

É num terceiro livro, *La terra del rimorso* [A terra do remorso], que De Martino revela plenamente o vigor de sua empreitada. Nele, expõe seu trabalho na região da Apúlia com uma equipe – composta basicamente de um psicólogo, um psiquiatra e um musicólogo – sobre o que subsiste de um culto de possessão cuja origem remonta à Idade Média. Esse complexo religioso hoje menor, próprio do meio camponês mas tendo afetado as classes superiores, é conhecido pelo nome "tarantismo". Associa o tema mítico e o simbolismo da tarântula, que morde e envenena, com a prática ritual que liberta o "tarantulado" do mal, da possessão que o entrega à desordem do espírito e do corpo. A explicação do fenômeno não deriva da competência médica, mas da análise cultural. A crise põe em jogo a doença, o infortúnio, o mal e o remorso, e todas as relações simbólicas tecidas de um a outro. O tratamento só pode ser realizado por meio da eficácia simbólica, que promove uma catarse ao conjugar fala, música, dança e força das cores. De Martino submete as observações de campo ao seu método: utilizar todos os recursos do comparativismo, descobrir o condicionamento histórico--cultural do fenômeno e lançar luzes sobre este último mediante as reações opostas que ele provocou no seio do catolicismo ou do positivismo. E, mais além, propiciar uma validação suplementar à tese principal, formulada e retomada em formas diversas nas publicações sucessivas. É o estado de crise, a explosão de situações críticas resultantes de um vivido de frustração ou miséria que abre caminho para a despossessão de si.

A "terra do remorso" não é apenas uma região singular, ela é de todos os lugares, de toda parte onde se efetue o "retorno do passado ruim". A antropologia do remorso também nos é destinada: ela concerne a "essa parte do nosso planeta que entrou na zona de sombra de seu passado nefasto".

Le Monde, *14 de janeiro de 2000*.

A última aventura do capitão Cook

No livro mais recente de Marshall Sahlins desenrola-se uma história que desemboca na História: a dos povos do Pacífico e das ilhas, da dupla descoberta no século das grandes explorações marítimas, o XVIII. Da história, o capitão Cook é não só o herói como a figura mítica e sacrificial – uma vez que tudo se consuma entre o momento da acolhida triunfal do navegador que aporta no Havaí e o de sua execução por um jovem notável guerreiro. Entre essas duas datas, toda a extensão do duplo mal-entendido.

Os acontecimentos servem de revelador, iluminam de outra forma o procedimento antropológico e permitem a Sahlins mudar de rumo. Mas voltemos antes ao relato e à sua exploração teórica, ao que se apresenta como uma espécie de "Suplemento" à viagem de Cook. O encontro deriva de três sistemas de significações. O antropólogo mantém de certa forma três registros, nos quais se distribuem os comentários, segundo se trate dos polinésios, do capitão ou da tripulação; ele revela um conflito nas interpretações do acontecimento e de seu alcance, em que todas as partes estão envolvidas, com seus códigos culturais específicos.

No caso dos marujos, o apelo da felicidade e o convite ao regozijo são unanimemente partilhados. É a sedução das ilhas bem-aventuradas e, em primeiro lugar, das mulheres que invadem o navio, se oferecem e trazem alimentos. As

Vênus surgidas das águas tornam-se reveladoras de uma cultura afrodisíaca, de uma onipresença do sexo. Para os havaianos, este era tudo: "os homens e o poder, a riqueza e a terra, e a segurança em toda parte". Os marujos de Cook não enxergam muito longe, gozam o gozo. Falseiam a relação recompensando os serviços prestados; depreciam-se convidando suas amantes a partilhar suas refeições, pois assim rompem um tabu: veem-se "dessacralizados, conspurcados".

Cook é o único a preservar sua imagem, sua morte sacrificial o estabelece definitivamente no estado de divindade. Pois, segundo a interpretação havaiana, é de fato de um deus que se trata. O mito dá um sentido ao acontecimento e uma identidade ao capitão quando este irrompe com sua tripulação. O sacrifício de sua vida permite, no fim, "entronizá-lo como divino predecessor dos chefes supremos havaianos".

Quando Cook aparece, é percebido como aquele que vem das regiões invisíveis, situadas além do horizonte, pátria das divindades soberanas e dos antigos reis. É assemelhado a Lono, deus-ano, senhor do crescimento da natureza, da renovação e da reprodução humana; é revestido com o pano de cortiça vermelha que paramenta as efígies nos templos, oferendas lhe são feitas e o povo se prosterna.

Cook joga o jogo, mas não passa de um "Lono-burguês", que contribui para a expansão comercial britânica e assimila a multiplicação das riquezas ao progresso *da* civilização. Tudo vira um drama com a história de uma chalupa roubada, que resulta na captura do "bom e velho rei havaiano", não obstante inocente, como refém. O drama transforma-se rapidamente em operação sacrificial. De objeto de veneração, Cook passa a objeto de abominação: a multidão torna-se cúmplice de sua execução e, em consequência de uma inversão ritual, seu corpo é oferecido em sacrifício. Essa trágica aventura, complementada com uma incursão aos fijianos orientada por Dumézil, permite a Sahlins enfatizar o que a antropologia política evidenciou faz muitos anos. Em seus próprios termos: a soberania política se relaciona com um além da sociedade; nesse sentido, ela é estrangeira antes de ser domesticada; o poder deve ser simbolicamente exprimido e ritualmente cultivado. Deixa de destacar, contudo, o caráter *ambíguo* de todo poder; o que explica, entre outras razões, a inversão de que Cook foi vítima.

Sahlins faz a História surgir da própria história do encontro fatal do navegador com os polinésios.

Mostra como o inesperado e o imprevisível, dotados de sentido por meio do mito, tornam-se prontamente uma conjuntura que ganha forma de acontecimento e engendra um modo de ação histórica. Adere a uma antropologia que recusa as divisórias, as dicotomias, as oposições binárias e as analogias enganadoras. Realiza sua própria descoberta num "arroubo de entusiasmo": descobre que os povos do Pacífico "tinham efetivamente uma história". Uma revelação que não deve surpreender aqueles antropólogos que sabem há muito tempo que todas as sociedades são permeáveis ao fluido histórico e que não deixaram de deduzir as consequências disso.

Marshall Sahlins aponta claramente o que agora refuta: um "estruturalismo tipo *yin-yang*", certo estruturalismo para o qual "a história e a estrutura são antinômicas". É uma firme incitação a renunciar ao jogo da antítese, a reconhecer que a cultura "age como uma síntese da estabilidade e da mudança, do passado e do presente, da diacronia e da sincronia". Com efeito, são despachados, conjuntamente, o funcionalismo britânico e o estruturalismo inspirado na linguística saussuriana.

De uma só vez, as estruturas ganham vida. São feitas de relações cambiantes entre as categorias; carregam em si a contradição (e a tratam); adaptam-se às situações e conjunturas, a ponto de dar a impressão de que as regras são improvisadas. As práticas sociais não estão mais ligadas às significações numa relação de servidão. Há jogo, logo história. Sahlins torna-se anunciador de uma antropologia estrutural e histórica, sua posição aproxima-se daquela de uma antropologia qualificada de dinamista. Quer provocar o esfacelamento do conceito de História a partir da experiência antropológica. Para culturas diferentes, historicidades diferentes: o pluralismo prevalece. É a uma nova aliança que a antropologia e a história se veem convidadas, uma aliança a ser firmada à margem dos mal-entendidos.

Le Monde, 30 de junho de 1989.

Falas indígenas, narrativas de vida

Julgamos saber claramente o que é uma autobiografia. Tornamo-nos consumidores ávidos de narrativas de vida, que abundam. É por seu intermédio que vivemos de certa forma por delegação – por conta de outro – recolhendo migalhas de glória passada e de celebridade atual, invadindo à força intimidades ilustres ou interessantes. Somos parte interessada nesse "pacto autobiográfico" definido por Philippe Lejeune. A história individual escrita em primeira pessoa fascina ao aguçar a curiosidade. Se toda autobiografia é uma ficção do eu, é a própria ficção daquele que a produz. Verdade da história pessoal e mentira narrativa imbricam-se; dessa liga resulta uma forma literária que não se reduz à simples cronologia das confidências, das "confissões".

Eis, agora, que outro universo autobiográfico se revela, formado em plagas distantes, sobre as ruínas das civilizações indígenas da América do Norte. Monumentos de palavras que, para constituírem memória e celebrarem o passado, associam elementos da história tribal, elementos da história pessoal em graus variáveis e fragmentos de mitos. Relatos pelos quais a América reabilitou o que foi outrora – antes e durante o chamado "tempo das reservas" – devastado. Uma espécie de culto da memória que se pratica no esquecimento das facilidades enganadoras de antigamente, como os "espetáculos do faroeste", em que Buffalo Bill se destacou, ou as obras de uma variedade de literatura romanesca colonial com personagens indígenas. Por iniciativa de etnólogos e historiadores amadores, primeiro alguns poetas e depois antropólogos e sociólogos, as palavras indígenas foram recolhidas. Histórias de vida proliferaram, às centenas. E em tradução francesa conhecemos especialmente uma das mais célebres, *Sun Chief* [Chefe-sol], de Don Talayesva, um índio de dupla cultura.

David Brumble, especialista em literatura inglesa da Universidade de Pittsburgh, aplicou sua arte à decifração das autobiografias indígenas. Abordou cerca de seiscentas, das quais faz um inventário. Expõe os resultados de sua pesquisa num livro apaixonante, no qual a crítica textual desemboca numa crítica antropológica e a prática da autobiografia é reavaliada pelo viés das obras ameríndias. Define sua ambição sem rodeios: estudar "a maneira como os seres humanos falaram de suas vidas", isto é, a autobiografia em si mesma, e não só em razão dos fatos que revela. O "interesse teórico" acompanha aquele que é levado ao conhecimento do outro e de sua diferença cultural.

O estudo tenta identificar aquilo que é muito anterior à autobiografia moderna e ao culto do indivíduo singular. Aproxima as primeiras maneiras indígenas de falar de si daquelas que eram próprias da Antiguidade grega e romana: exaltação dos grandes feitos, das façanhas que distinguem os heróis, do que se impõe à memória contra os efeitos do tempo e do esquecimento. Definindo o ciclo que conduz das autobiografias do começo àquelas incontestavelmente literárias, mesmo quando adotam "a maneira de um contador de tradição oral", David Brumble mostra as consequências da aculturação, da passagem da oralidade à escrita. Os jogos de influência que operam de uma narração a outra. Faz-se arqueólogo a fim de encontrar uma espécie de camada autobiográfica propriamente indígena. Esta é constituída de histórias não ligadas – histórias de "feitos", guerras e caçadas, de conquista de poder por meio de visões, de práticas com função educativa e moral. Nela não aparece a construção de uma individualidade, de uma personalidade, através do relato de uma vida; no máximo uma busca de prestígio suplementar para o narrador e seu povo. Vemos apenas ações de adulto com valor exemplar.

Tudo muda a partir da época das mestiçagens culturais e do momento em que os antropólogos fazem dos relatos de vida uma fonte de informação privilegiada – e remunerada. Progressivamente, os narradores-autores manifestam uma dupla identidade, indígena e estadunidense, passam da escrita silábica em língua vernacular à escrita em inglês. Entram então no domínio da avaliação literária, até o ponto em que o célebre livro de um deles – *Black Elk Speaks* [Alce Negro fala] – continua objeto de exegeses e comentários. David Brumble pratica uma crítica textual e contextual devastadora. Desvenda muito mais que os pressupostos dos autobiógrafos indígenas e redatores anglo-americanos. Mostra como esse gênero autobiográfico foi, em grande parte, construído por antropólogos americanistas, às vezes atribuindo-se o lugar do *"ghost writer"*, por meio de que se faz parecer que *"o índio se dirige a nós sem mediação"*.

David Brumble é veemente. Aponta as solicitações com as quais o pesquisador-patrocinador capta informações em conformidade com as necessidades de sua própria pesquisa. Mostra como o relato é frequentemente organizado e modelado segundo nossas concepções da autobiografia: cronológica, quando a temporalidade indígena é descontínua; dando lugar aos anos de formação, quando apenas os da vida adulta valem; reconstituindo uma unidade e uma orientação do percurso, quando ele não deriva de "uma história, mas de histórias distintas". A que se acrescentam os "postulados de ordem narrativa", aos quais inúmeros narradores indígenas se submetem. O ataque mais pesado volta-se contra *Sun Chief*, obra conjunta de Don Talayesva, índio hopi com duplo pertencimento cultural, e Leo Simmons, sociólogo. Ele questiona a seleção dos materiais, a implicação do redator não indígena, a incitação premente a ser o mais subjetivo possível. O ataque mais indireto investe contra o uso ambíguo de textos ambíguos, tratados como reveladores do pensamento e das crenças indígenas em suas partes mais tradicionais, e como escritos já científicos em seus aportes de espírito moderno.

Justiça é feita, contudo, aos "apaixonados pelo mundo indígena", aos antropólogos que souberam marcar os limites de sua presença, fazer com que a história do narrador permanecesse o mais possível dele. São, contudo, os relatos de vida que traduzem uma experiência humana muito forte, numa forma incontestavelmente autobiográfica, que chamam mais atenção. Eles se tornaram próximos de nós e dão imediatamente a certeza de estarmos lidando com uma obra veraz, quando não de verdade. Examinando seus autores, David Brumble redescobre sua função primordial, literária. A apresentação fascina. "Trovão ensurdecedor" reinventa a autobiografia sem nenhum conhecimento do gênero; organiza sua narrativa a partir de uma experiência religiosa entre pecado e salvação, trata suas confissões "como santo Agostinho" as suas. Charles Alex Eastman, o sioux mais aculturado (após ser caçador e guerreiro) e o mais célebre por seus escritos, médico em Wounded Knee na época do massacre pela cavalaria estadunidense, exalta a liberdade de sua "infância indígena" e faz do índio o "mais elevado tipo de homem pagão e não civilizado". Porém, sob a influência do darwinismo social e do evolucionismo, situa no topo a cultura dos brancos e aceita ser um "civilizado" que se constitui orgulhoso guardião de outro grande passado.

Outros também apresentam suas versões intercambiáveis do eu. O mais surpreendente fecha o cortejo: Scott Momaday, o kiowa que se tornou professor universitário. Ele retoma os procedimentos da tradição oral; produz, diz ele, um relato "em *staccato*", mas tem como referência Faulkner, Lawrence e Joyce. A história de uma vida é então uma grande obra literária, o acesso a um personagem, a uma escrita nova e a outra maneira de ver o mundo.

Le Monde, *26 de novembro de 1993.*

Tempo
e
imaginário

A lentidão perdida

Cada vez mais depressa, eis a divisa atual. Tudo contribui para essa submissão. Os meios materiais de comunicação encolhem o planeta e tentam arrombar as portas do espaço cósmico. Os meios imateriais realizam uma espécie de ubiquidade, dão acesso imediato às mensagens, às imagens do mundo, aos acontecimentos; a proximidade abole o distante. A concorrência e o desempenho convertem a velocidade num agente econômico decisivo. Os ritmos da vida social se aceleram e a lentidão se torna estranha ou exótica. Em tudo, o movimento constitui a lei. Essa dupla supressão da duração e da distância realiza a menos contestável e mais duradoura das revoluções, nada escapa a seus efeitos.

Dois séculos bastaram para que a velocidade, por tanto tempo almejada, aparecesse, conquistasse e subvertesse um modo milenar de existência. Christophe Studeny refaz esse percurso, arrastando-nos na mais vertiginosa das viagens. Mostra como a França saiu da lentidão, como os franceses foram arrebatados pelo "desejo de velocidade", arrancados do confinamento, depois transportados para a agitação. Sua exploração é total; não se limita à coleta comentada das cifras que exprimem os ganhos de tempo com o surgimento dos novos meios de locomoção, a expansão e melhoria das redes, a busca de rapidez pelos serviços de mensagens e correios. Revela como um país se transforma, construindo-se sob novas formas e unificando-se diversamente, quando ocorre a passagem de um mundo "ao passo do homem e do cavalo" a uma civilização da velocidade. Christophe Studeny também é um explorador das mentalidades, sensibilidades e paixões. Com esse fim, estabelece um "diálogo mais cerrado da história com a literatura", tentando desvendar o segredo da "fascinação da velocidade". Memórias e relatos de viagens, diários íntimos, correspondências e depoimentos proporcionam-lhe o mesmo que a travessia dos arquivos e da imprensa.

As traduções materiais são as mais fáceis de apreender: do labirinto dos caminhos às redes de estradas, vias férreas e itinerários aéreos, do emaranhamento das habitações e espaços de circulação nas velhas cidades às ruas abertas com tráfego crescente. Os ganhos de tempo efetuados nos trajetos entram nas estatísticas, nos horários das companhias de transporte, nos primeiros guias de viagem; a apreensão sensível das distâncias curtas e dos lugares próximos dá lugar à mensuração dos percursos – a hora e suas frações substituem a jornada – e à avaliação estética do distante, do alhures. Os períodos decisivos, que permitem escapar a um "universo terreno", ao "jugo da terra", sucedem-se cada vez mais rapidamente, a princípio imbricando-se. No século XVIII, as estradas "novas" e os transportes públicos, que melhoram a qualidade dos coches e os desempenhos dos cavalos; no século XIX, as máquinas propelidas a vapor, que invadem os "caminhos trilhados" (*railways*) e encurtam os trajetos marítimos; no XX, a primazia da velocidade já constituída é consumada com a "aceleração aérea".

Christophe Studeny, ao mostrar como se adquire a posse da mobilidade – coletiva e individual –, como se afirma uma espécie de "direito à velocidade", faz surgir as figuras e metáforas que acompanham essa história. O cavalo é envolvido na "conquista do galope" e a mala-posta permite deter o privilégio da rapidez. A diligência torna-se uma espécie de nação móvel, com seu rei (o cocheiro) e seu ministério (o postilhão), com suas três classes distribuídas nos três compartimentos. A locomotiva é vista como uma "máquina de chamas", uma "caldeira errante" (Chateaubriand) ou uma "besta humana" (Zola); para alguns, "a poesia do século XX é o vapor". O automóvel é visto no começo como um "animal mecânico selvagem" que espanta os animais e as pessoas, um bólido, um "pequeno expresso autônomo", e o avião a princípio parece ser um "monstro híbrido", útil apenas para façanhas espetaculares.

Três pontos do fantástico percurso que conduz à invenção da velocidade chamam a atenção. A paixão pela rapidez coexistiu com a submissão às coerções materiais de lentidão, com a busca dos sabores do percurso; as cavalgadas rápidas, a procura de "emoções fortes" pelos cavaleiros e o apelo da viagem, que distancia da proximidade tacanha, antecipam a atração da velocidade mecanicamente conquistada. A multiplicação dos meios de transporte e a intensificação do tráfego, especialmente na cidade, engendram muito cedo os mesmos problemas. Desde a época de Francisco I de França, é preciso proceder a um policiamento do tráfego; em seguida, de maneira recorrente, vêm a queixa do pedestre, o medo do acidente provocado pelos "motoristas enfezados", o nervosismo devido aos engarrafamentos e à violência no trânsito não param de aumentar.

O debate entre os que estão à "frente do movimento" e os nostálgicos da lentidão termina por acirrar-se, embora o florescimento do turismo e o consumo das distâncias fortaleçam o primeiro partido. É o surgimento da velocidade mecânica contribuindo para fazer da celeridade uma coisa essencial, que imprime pleno vigor à confrontação. De ambos os lados, surgem defensores ilustres. Claudel celebra o automóvel, que "nos deu a posse da terra", escreve um elogio da motocicleta, montaria que permite alcançar a "velocidade em estado puro". Duhamel acusa: "O automóvel não venceu o espaço, estragou-o: não existe mais solidão, silêncio, refúgios". E Auguste Renoir, radicalmente, ataca as novas mecânicas, veículos da decadência, vendo no automóvel simplesmente "uma coisa idiota".

Esses entusiasmos e essas denúncias destoam hoje em dia. Parecem surgir de tempos bem remotos. A velocidade conquistou tudo, a comunicação multiplicou e estendeu suas redes. A lentidão inscreve-se sub-repticiamente, frágil compensação para a separação dos lugares e o afastamento do passado. O mundo parece estreito, sempre presente em sua integralidade, e o olhar já se volta para outros espaços, com a curiosidade visando a exploração dos mundos simulados.

Le Monde, *23 de junho de 1995.*

Sensual e sonhadora sociologia

Na época de sua fundação, mais precisamente no século XIX, a sociologia recebeu como herança grandes tarefas a ser realizadas e a obrigação de não rescindir o estatuto científico. Foi conduzida de modo que não cedesse às facilidades do conhecimento vulgar, às complacências que permitem as observações apressadas e confusas da vida social maquiadas por efeitos de escrita. Daí nasceram experiências práticas, instituições as organizaram, linguagens especializadas e teorias guiaram sua prática. Foi assim que a disciplina progrediu, definiu seus métodos, diversificando-os – e impôs o reconhecimento de seus resultados, de sua utilidade para os atores sociais.

Hoje em dia, não menos que os outros saberes, a sociologia vê-se afetada pela tão falada Grande Transformação, nomeada "pós-modernidade", que opera primordialmente por "desconstrução". Efetuam-se rupturas, embora a afirmação de profissionalismo contribua para proteger-se delas. Num espaço científico mais instável, menos configurado pelas doutrinas, que perderam parte de sua força coercitiva, audácias se libertam. A impossibilidade de manter o ponto de vista da pura objetividade é agora amplamente admitida. Não é mais indecente propor, como fez o estadunidense Richard Brown, "chaves para uma poética da sociologia". O claustro científico se abre, um diálogo mais direto com as pessoas se estabelece. E deixou de ser pressuposto que o texto acadêmico, na medida em que a disciplina da prática sociológica foi respeitada, não suscita problemas de escrita. A relação com a literatura em sua acepção mais ampla levanta agora uma atenção menos reprovadora. O tabu da evitação é menos observado.

Alguns sociólogos descobrem caminhos outrora abandonados. Pierre Sansot é um deles. Ele segue sua trilha, consentindo apenas nos desvios sugeridos pela curiosidade do observador e pela empatia, manifestando sua indiferença às classificações. Acontece-lhe, aliás, marcar distância, evocar "os sociólogos" como se ele mesmo se situasse à parte; constitui-se "sociólogo-etnólogo" quando fala de seu trabalho em sintonia direta, "sociólogo-mitólogo" quando narra a parte do "lendário" que é característica das pessoas e lugares ordinários, das maneiras de viver que são as dos "seres modestos". Os próprios títulos de seus livros, que balizam uma verdadeira obra, singular e inovadora, são reveladores: a cidade se casa com a "poética", as paisagens são vistas em suas "variações", a vida social revela suas "formas sensíveis", as "pessoas modestas" são despojadas do que parece marcá-las pela insignificância e o rúgbi mostra o que é, uma "festa"[13]. Esse observador do social está para a sociologia como o Bachelard dos sonhos e dos devaneios está para a filosofia.

Pierre Sansot definiu seu método e o que o alia, em seus próprios termos, a uma "postura existencial", uma "intervenção empática do pesquisador", um procedimento "abrangente". Opta por estudar modos de vida: o que constitui laço duradouro "em consequência dos prazeres, das necessidades e dos usos comuns", o que revela criatividade nas circunstâncias triviais e cultiva, a despeito de tudo e contra tudo, certa "avidez pelo presente". Detecta igualmente as encenações "um pouco mágicas" da intimidade, os momentos de completude, os instantes de felicidade que surgem apesar da "dificuldade de sobreviver". Essa sociologia demarca-se nitidamente daquela que faz do cotidiano um culto, uma religião de substituição, cuja "sedução" é denunciada. Para praticá-la, é preciso o dom da observação participante, a sensibilidade e a sensualidade que inter-relacionam os lugares e os seres, a cultura que ajuda a compreender as transfigurações do banal, e

---

13   Citemos, entre as obras de Pierre Sansot: *Pöetique de la ville*, Paris: Klincksiek, 1973; *Variations paysagères*, Paris: Klincksiek, 1980; *Les Formes sensibles de la vie sociale*, Paris: PUF, 1985; *Le Rugby est une fête*, Paris: Plon, 1990; *Les Gens de peu*, Paris: PUF, 1991. E uma série de confidências e reflexões sobre o ato de escrita, sobre os "papéis" e a proliferação do escrito: *Papiers rêvés, papiers enfuis*, Saint-Clément-de-Rivière: Fata Morgana, 1992.

a competência, que contém os delírios da interpretação e das palavras.

Com uma ponta de modéstia provocadora, Pierre Sansot definiu-se como "observador da vida social que está a passeio na mesma medida que à procura de fazer uma pesquisa". Vamos tomá-lo ao pé da letra e acompanhá-lo em sua exploração dos *Jardins publics* [Jardins públicos], cujos segredos seu último livro desvenda. Ele nos diz que esses lugares, domínio do vegetal e do paisagístico, são capazes de "deslumbrar nossos sentidos" e incitam a "interrogar-nos sobre nosso destino"; o que é uma alusão a Nietzsche, que neles já descobrira "um porto seguro para a nobreza da alma". Desses lugares nascem poesia, oportunidades para desatar o imaginário segundo o humor do momento e o acaso dos encontros. Mas são também – sob o olhar do sociólogo, dessa vez – espaços onde a vida cotidiana põe-se em cena. Figuras em parte reais, em parte lendárias os povoam: o guarda, a mãe de família, a criança, a comadre, o "paquerador", o marginal, o passante; muitos ali se submetem a ritos que lhes permitem "tirar o melhor de um espaço público". Trata-se de considerar o espaço público não mais em sua acepção metafórica, domínio em que se exercem direitos e poderes, em que são reconhecidas liberdades, em que se partilham bens culturais, e sim em sua realidade concreta: conjunto dos lugares que nos dão um "direito de cidadania em meio a nossos semelhantes", onde percebemos ao mesmo tempo a copresença e a solidão e onde se produz certa abertura para o aleatório. Os jardins, praças, parques estão entre eles. Eles "falam conosco" e devem ser distinguidos dos lugares que têm pouco a nos dizer: espaços verdes, que tentam dar uma "alma" ali onde ela faz falta, têm uma espécie de função anestesiante num ambiente quase insuportável; parques de diversão, que são "máquinas de divertir" modeladas segundo cálculos e estratégias de ordem precipuamente comercial. E também todos os lugares produzidos pelo "frenesi paisagístico", em que o jardim é submetido ao espírito de sistema, em detrimento do investimento simbólico, esquecendo que a beleza é "sem porquê", pois "a emoção basta para justificá-la".

Esse vaguear, às vezes lento e nostálgico, praticado em todos os espaços públicos provocadores de nossas questões e sonhos, pode desorientar; ele é uma aventura pessoal incansavelmente empreendida. Convém prestar-se a ele com igual disponibilidade, adquirir outro olhar e ter acesso àquilo de que a hiper-urbanidade nos afastou. Acontecem então encontros inesperados, transfigurações imprevistas. O guarda da praça não é mais um personagem modesto, dotado de um frágil prestígio: ele representa com convicção, para as crianças que estão ali, o "papel do pai severo". Os frequentadores do jardim público tornam-se membros de um "clube", com suas regras, seus ritos e ritmos. Os próprios lugares fazem surgir o que habitou sua história, figuras notórias e acontecimentos memoráveis, revelando uma "cumplicidade indubitável" entre os jardins e as artes, na qual estas, em determinados momentos, podem ser o teatro.

Não devemos nos enganar. O livro mais recente de Pierre Sansot não se refere apenas aos devaneios de um sociólogo de folga de sua disciplina. Ele efetua diferentemente a mesma pesquisa a serviço de uma mesma ambição: contribuir para "tornar este mundo mais bem habitado e mais habitável". Descobre os lugares que não são banalizados por sua função, invadidos pela "impessoalidade", onde se misturam "homens de todas as proveniências sociais", onde as coisas revelam o que carregam de cultura viva e ajudam a criar civilidade.

Le Monde, *26 de março de 1993*.

O romance *noir* de Los Angeles

O sul da Califórnia é cada vez mais Los Angeles, aglomeração em expansão contínua e em recomposição sem fim.

Uma galáxia urbana tão extensa quanto a Irlanda, mais rica do que a Índia, dispondo do maior crescimento do mundo industrializado. Essa vitalidade inesgotável é a de uma megalópole inaudita, plantada numa falha geológica capaz de trazer a destruição, cercada pelo deserto, carregando consigo uma espécie de Terceiro Mundo interior. Uma megalópole que permanece uma extraordinária usina de produzir futuro e grande exportadora de sonhos que fascinam e assustam.

Os otimistas veem nela a realização antecipada de um futuro prometido a todos os adeptos da "mundialização" e da liberdade de empreender tudo. Os deslumbrados pelo pós-modernismo fazem peregrinação até lá em busca de uma forma de hiper-realidade. Luz radiosa para uns, perturbadora para outros, é isso que a Los Angeles sonhada propaga. Mas eis que surge um filho da terra, sociólogo incomum, panfletário com conhecimento de causa, que mostra o lado sombrio do "lixão dos sonhos". Mike Davis nasceu em Fontana, cidade-satélite, numa família operária, trabalhou em abatedouros, foi caminhoneiro, intercalou seus estudos, depois suas pesquisas, com períodos de trabalho e ação militante. Conhece por experiência pessoal, pela paixão de interrogar a memória histórica de uma cidade tornada amnésica por uma cultura que não ignora nada das imagens culturais contrastadas de que Los Angeles foi moldura e pretexto. Com uma exigência constante de não ceder nem à fascinação nem ao catastrofismo de que, não obstante, é frequentemente acusado.

Ele enxerga sem se deixar enganar pela ilusão; é o que diz o título de seu livro mais conhecido, *Cidade de quartzo*, que incita a não tomar por diamante o que se lhe assemelha sem ter seu valor. Esse livro é tão inclassificável como seu autor. Entre dois retornos a Fontana, como prólogo e último capítulo, efetua-se um percurso complexo, que alia a pesquisa dos vestígios da história à meditação, que explora os territórios onde se erguem as fachadas do capitalismo pós-moderno e se manifestam a evitação e o enfrentamento. Embora aborde, na abertura, "as ruínas do que poderia ter sido um outro destino" - o imaginado no início do século na efêmera cidade radiosa de Llano del Rio -, Mike Davis não se entrega à sedução de uma estética do desastre.

Los Angeles apareceu primeiro sob a imagética de uma terra prometida, de um lugar ensolarado onde se preserva o sabor de viver, propício à regeneração. A crise dos anos 1930 rompe o sonho, causa a decadência da classe média e uma visão entristecida com implicações racistas. Após o abalo, o movimento que leva à urbanização insensata do deserto californiano, que permite aos idealizadores "fazer ouro com pó". Tudo se conjuga então, o *boom* petrolífero, a febre imobiliária, a indústria do sonho com Hollywood, a imigração que povoa Los Angeles de trabalhadores atraídos pela expansão rápida e cientistas ou intelectuais que desertam da Europa dos totalitarismos. Entre estes últimos, os filósofos e sociólogos da Escola de Frankfurt, que logo cedem ao desencanto. Adorno não descobre senão uma "anticidade", um lugar sem "urbanidade civilizada", já se formando aí uma concepção crítica da modernidade.

Durante a última guerra, e sobretudo nos anos subsequentes, Los Angeles conhece um sucesso sideral "como meca do setor imobiliário, da mídia e da tecnologia". O que Mike Davis mostra é como o mito se constrói - que faz de LA uma "cidade mundo", um "laboratório do futuro" - e se desconstrói sob o impulso da luta de classes, de raças, da violência, do motim. As turbulências sociais acompanham uma efervescência cultural incomparável. Os "promotores do sonho" engendram seu oposto, "os mestres da escuridão". Os primeiros terminam por rentabilizar a promoção cultural, por fazer da cultura em todas as suas formas e manifestações um estimulante do lucro imobiliário. Os segundos produzem uma visão sombria da pretensiosa "capital do futuro" e "adoram detestá-la". Apreciam a literatura que denuncia o inferno racial e os fracassos da urbanização, o cinema do realismo subversivo, as subculturas do *underground* e da violência étnica, a paixão científica e técnica degradada pelas seitas científicas, e revelam o lado da sombra. O que os intelectuais estrangeiros, "turistas da modernidade", que vêm acompanhar a peregrinação californiana, conhecem pouco.

Mike Davis é, em primeiro lugar, sociólogo, e nessa condição apresenta uma sociologia urbana que restitui à cidade seus rostos sem maquiagem. Ele a mostra sob o aspecto das lutas em que se enfrentam raças, classes e, no interior destas, o enfrentamento dos poderosos, dos ricos, dos pequenos beneficiários do modernismo conquistador. Descreve a destruição dos espaços públicos acessíveis a todos, a dupla polarização em bairros fortificados e "espaços do terror" que não conseguem esconder um centro da cidade que deixa uma impressão de renascença graciosa. Evoca não só a violência cotidiana, os motins, como também as astúcias pelas quais as "elites" dissimulam seus bens e seu estilo de vida. A obsessão securitária faz de Los Angeles uma "fortaleza", com seus espaços fechados ou vigiados a fim de alcançar a "segurança absoluta". A arquitetura policial é destinada a proteger o "paraíso em perigo". Mike Davis não pratica os desvios da linguagem. Levanta todos os véus, desnudando "a brutalização dos bairros pobres e a sul-africanização crescente do meio urbano".

Seu livro, único no domínio sociológico, deixa, após a leitura, um sentimento misto de sedução e pavor. A vitalidade de Los Angeles atrai, sua realidade social assusta, fazendo aparecer o que está em devir alhures, em outras megalópoles. Esse grande livro é necessário, deveria tornar-se o texto de referência de todos os que têm a responsabilidade ou a preocupação de controlar a sobremodernidade.

Le Monde, *13 de fevereiro de 1998.*

Lugares e não lugares

As cidades vedam o horizonte, devoram o espaço, empurram para cada vez mais longe as saídas que os séculos precedentes haviam aberto para um mundo mais "natural". Tornam-se aglomerações de pessoas, meios, estruturas materiais, que se estendem e se conjugam, onde lugares modelados por uma história social, cultural e política transformam-se em espécies de ilhas surgidas do passado. Inscrevem-se em redes de comunicação cada vez mais densas, incorporam-nas também, como se a circulação fosse sua função principal. Não se deixam mais ver num relance, a partir dos "pontos de vista" em que a cidade parece exposta; mostram-se no despedaçamento, na fragmentação, na divisão dos setores que as compõem. A visão total é a imagem da fotografia aérea, que permite reconstituí-la, mas que só se efetua mediante um artifício.

A cidade se recusa cada vez mais à apropriação pela vista e pela deambulação, empregadas na descoberta do espírito dos lugares, na busca do inesperado e da felicidade dos encontros. Nela, circulamos astuciosamente driblando os obstáculos, a azáfama, fechamo-nos em dependências funcionais ou reservadas à defesa da vida privada. E o consumo da cultura se realiza em primeiro lugar como acesso ao espetáculo e à exposição de espírito museológico. É justamente em um reconhecimento dos lugares e não lugares que Marc Augé nos inicia, numa série de três ensaios que se sucedem como as etapas de um percurso.

O procedimento é o do antropólogo, que esclarece a exploração do próximo – do que é um universo regido pela "sobremodernidade" – mediante a experiência adquirida por ocasião da exploração do distante, das maneiras de viver e das culturas exóticas. Ele tenta contribuir para a "decifração do que somos", revelando-nos às voltas com um "excesso de tempo", um "excesso de espaço" e um excesso de retraimento do indivíduo.

Enfatizo aqui – como o título do livro sugere – o segundo desses aspectos e a injunção que nos é dirigida de "reaprender a pensar o espaço" levando em consideração nossas diferenças. O sistema de referência é aquele que Marc Augé designa com o termo "lugar antropológico", aquele que resulta de uma "construção concreta e simbólica do espaço", a partir da qual se formam as identidades pessoais, se organizam as relações e se mantém uma "estabilidade mínima", um apego aos logradouros e às referências materializadas que ainda permitem viver na história sem ser compelido a conhecê-la.

Com relação a esse estado do lugar, uma dupla oposição manifesta a irrupção da diferença. A sobremodernidade é "produtora de não lugares", esses espaços banalizados que são as novas estações ferroviárias, os aeroportos, os hipermercados, os hotéis e prédios padronizados e os espaços concedidos às aglomerações efêmeras e numerosas. São lugares de conteúdo simbólico, identitário e histórico pobre. A sobremodernidade é igualmente geradora de movimento, de circulação rápida: todas as máquinas utilizadas para reduzir o tempo dos deslocamentos e encurtar as distâncias a revelam sob esse aspecto.

A rede substitui então o espaço qualificado, o desvio para evitar o atulhamento das cidades as furta do olhar, e o viajante apressado torna-se o usuário de um espaço que poderia ser reconhecido como "o arquétipo do não lugar". Claro, devemos lembrar que os lugares e os não lugares emaranham-se na realidade concreta do mundo de hoje. Nem por isso devemos deixar de sublinhar que os segundos são aqueles onde "sentimos solitariamente a comunidade dos destinos humanos"; eles legitimam o projeto, a despeito do insólito da formulação, de uma "etnologia da solidão".

É a um reconhecimento das dissociações, relacionadas a uma história urbana de longa duração, que o sociólogo norte-americano Richard Sennett introduz: entre a cidade e a experiência da "vida" vista em todas as suas "complexidades", entre "si e o lugar", entre o interior – domínio da intimidade e da subjetividade – e o exterior, tornado cada vez mais insignificante, cada vez menos "legível". Com a exigência de responder a duas perguntas interligadas: por que as experiências que tínhamos antigamente dos lugares parecem agora ser "operações mentais completamente indistintas"? Por que esse medo de se expor, que multiplica em nossas cidades os espaços "neutralizantes", telas opostas à "ameaça do contato social"? O que se procura é o conjunto das condições que não fariam mais da cidade uma "gaiola de ferro" – imagem copiada de Max Weber – que aprisiona a vida moderna.

A busca é audaciosa, iluminada por uma cultura múltipla, realizada nas cidades do passado e nas da modernidade – sobretudo Nova York. Ela alia a travessia dos saberes à descoberta dos lugares da vida cotidiana permitida pelo percurso livre, atento e curioso de tudo nas ruas das grandes cidades. Ela organiza encontros de autores e textos, das pessoas que traduzem em palavras suas práticas da cidade. Permite acompanhar Le Corbusier e Fernand Léger por ocasião de suas temporadas nova-iorquinas; o primeiro sonha com a cidade como um "maravilhoso brinquedo mecânico", "um urbanismo suave", capaz de abolir o tempo histórico; o segundo envolve-se na vida da cidade, aceita seu "caráter fragmentado", encontra nela o mundo "humano-mecânico" que parece estar na origem de sua obra.

Uma caminhada em companhia de Hannah Arendt faz descobrir "o exilado obrigado a transcender seus sonhos de lar", obrigado a tornar-se "o citadino típico", porque precisa "levar sua vida em termos mais impessoais". O diálogo entabulado com James Baldwin mostra como a cidade lhe permitiu romper com raiva os muros de sua condição de negro norte-americano, "voltar-se para o exterior" e converter a diferença num estímulo criativo. Ele se expôs a fim de poder existir.

Estes são alguns encontros notáveis, entre muitos outros. Eles enriquecem uma argumentação cujos temas mais importantes são tratados mediante ampliações sucessivas. A oposição entre interior – centro da vida espiritual, refúgio, lar, espaço privado – e exterior – domínio das atividades, dos poderes, dos enfrentamentos e de todos os riscos – atravessou os séculos. Ela hoje transforma os espaços neutros, frequentados, utilizados mas não associados ao vivido, em separações protetoras; em suma, "lugares seguros" porque vazios, desprovidos de habitantes, propícios ao controle dos fazedores de ordem.

Paralelamente, Richard Sennett considera a oposição da unidade e da diversidade, da cidade organizada, centrada, e assim mais legível, e da cidade como espaço onde se concentram todas as diferenças, fragmentadas, "compartimentadas" e mal interpretadas porque temidas. A arquitetura unificante nascida da modernidade, das tecnologias e dos materiais propícios a maior transparência não resultou na supressão da oposição. Nova York, "cidade das diferenças por excelência", desenvolve-se mantendo-as em cenas separadas.

Com um talento servido pela erudição e sensibilidade de escritor, Richard Sennett liga a evolução de nossa cultura ao olhar que o homem lança sobre a cidade. O dos modernos de hoje está cego – ele não permite ver nem saber mais nada daqueles que povoam as cidades – e amedrontado – revela o temor obsessivo de "se expor". É preciso vencê-lo, voltar-se para o exterior, não fugir da diferença e recusar o conforto nefasto do apego ao que é permanente.

Le Monde, *24 de abril de 1992.*

Ficções de crise

Parece inútil tentar exprimir este tempo, este mundo, esta sociedade. As próprias teorias mal conseguem tratar o assunto sem recorrer a linguagens do passado. As fórmulas e metáforas se sucedem conforme a oportunidade imediata ou o curso dos entusiasmos. As prospectivas e antecipações respeitam mais a prudência, limitam o risco do rápido desmentido pelos fatos; a incerteza freia seus arroubos. Parece que a crise interminável tornou-se o modo de funcionamento das sociedades de hoje. E essa instabilidade crítica contraria as tentativas de representar o mundo em que vivemos. Os embaraços da fala competente incitam a dar atenção crescente à fala imaginativa, às ficções que poderiam propor outras versões das realidades atuais.

Foi a escolha feita por Sabine Chalvon-Demersay, que soube explorar ao máximo uma informação da qual não era a geradora. No âmbito de um concurso promovido pela France Télévision, sob o título "Cent premières œuvres" [Cem primeiras obras], ela teve acesso a roteiros sugeridos livremente por autores amadores. Mais de 1,1 mil projetos foram reunidos, enviados por concorrentes compondo um grupo heterogêneo, mas unido pelo "desejo de escrever roteiros para a televisão". Esse conjunto de textos é tratado como um *corpus* oferecido à análise sociológica. Apesar da diversidade das propostas, da desigualdade dos talentos, da concessão feita às supostas expectativas do público, as sinopses afiguram-se como os "fragmentos de uma cultura comum". Ligadas entre si, adquirem uma significação que excede amplamente a intenção de cada um dos redatores.

Sabine Chalvon-Demersay atribui a própria organização de seu livro a essa constatação. A crise generalizada é o motor dramático, cada texto é uma maneira particular de encená-la; trata-se então de "fazer os textos conversarem entre si": a socióloga produz *o* relato inscrito em *todos* os relatos e alcança progressivamente uma identificação da crise assim dramatizada. A finalidade reconhecida não leva nem a uma explicação de ficção tendo por referência seu autor, nem a uma procura do real cujo espelho seria a ficção, mas ao partido de assumir o "ponto de vista do espectador". Como os roteiros são instruções escritas para compor um filme, para desenvolver o relato por meio de jogos de atores e imagens, convém considerar o conjunto como uma grande representação do mundo atual e de seus dramas. A sociologia que daí resulta procede do espetacular, da exibição, e não da demonstração.

Os projetos significam tanto pelo que omitem como pelo que evidenciam. A temporalidade é a da atualidade imediata, o passado e a nostalgia, o futuro e as expectativas aparecem pouco. A duração, as referências cronológicas quase desapareceram. A proximidade espacial acompanha a proximidade temporal. O exotismo recua em prol de uma vida problemática em universos urbanos monótonos e feios, em campos desfigurados, sem aldeias encantadoras. O espaço é dividido em "territórios" específicos das categorias sociais, ou reduzido ao estado de moldura dentro da qual os personagens se movem. As coisas figuram sob o aspecto de objetos técnicos que ganharam autonomia, as máquinas possuem o homem e as imagens o engolem nos mundos virtuais, o imaginário torna as técnicas geradoras de catástrofes e manipulações, dominações e desigualdades inéditas. A sociedade não tem mais coesão, não passa de uma soma de ações individuais que se reduzem a transações comerciais.

As tramas narrativas são relacionadas a personagens reveladores, às cenas principais nas quais eles atuam. O que se revela então é "a impotência das instituições". Os policiais não se assemelham em nada àqueles apresentados nas grandes ficções policiais, não têm mais ordem a manter, significam o vazio de todas as funções de poder, a autoridade num mundo entregue ao "cinismo de indivíduos descontrolados", entregue à lei do mais forte. A figura mais escusa é a do "corretor imobiliário", ela representa o polo inteiramente negativo, atualiza a "onipotência maléfica", por essa razão é a única que provoca reações organizadas. Quanto ao médico, ao contrário do nível de estima que lhe é atribuído na vida real, simboliza o poder do especialista, a dominação da competência. Está colocado junto a todos aqueles que dispõem de um saber não partilhado, que fundam seu poder na capacidade de colocar as pessoas em sua dependência.

Nessa sociedade desfeita, desprovida de valores integradores, só as vítimas se apresentam como personagens positivos: os imigrantes, que dão a ver a exclusão, os inocentes, que não jogam o jogo, os velhos, que mantêm certa disposição para a vida relacional. E todos os que se acham presos nas margens, os enfermos que convertem a deficiência em força criadora, os artistas "estigmatizados" que procuram a salvação na arte, e os produtores da única linguagem válida – a música, propícia às experiências fusionais. A intimidade e os sentimentos não resistem aos efeitos da deterioração social. A família "raramente aparece no âmago das tramas", o casal é condenado à "morte simbólica", as mulheres doravante dominadoras "tomaram o poder", a sexualidade desenfreada e perigosa suprime o erotismo, a paixão amorosa torna-se rara e as amizades, improváveis.

Todos os roteiros levam a um mesmo plano, uma mesma moldura para a solidão. O personagem, privado de relações exteriores vivas, não tem mais crescimento interior, eu unitário. Carrega em si "múltiplas personalidades", e a dúvida sobre si mesmo se traduz em "suspeita sobre o outro". Vemos isso quando jovens novos autores – a maioria numa faixa etária entre 20 e 35 anos – concebem uma ficção imagética evocando o mundo presente e o fazem exprimindo um pessimismo radical. A ficção não propõe uma descrição da realidade, mas uma tradução reveladora dela e uma interpretação orientada. Mesmo assim, todos os relatos apresentam apenas a "vertente sombria do individualismo contemporâneo".

Os personagens não têm nenhuma margem de manobra, estão às voltas com uma impotência que tem a forma da fatalidade. É a visão de uma geração de futuro incerto que não se proporciona mais a consolação do hedonismo. Sabine Chalvon-Demersay vê além, entrando na "espiral do pessimismo". Questiona a insuficiência dos "recursos culturais" disponíveis, a defasagem entre as situações e os instrumentos que permitem pensá-las.

Constata o descrédito das propostas otimistas, aponta a urgência de examinar "em que condições o individualismo poderia ser um ideal". Isso é suficiente? A ficção tem função de alarme, é anunciadora. É o que importa em primeiro lugar.

Le Monde, *25 de fevereiro de 1994*.

A era dos aniversários

Temos paixão pelo passado, como se isso pudesse trazer remédio para nossas incertezas, dúvidas e inquietudes. Essa paixão introduz a continuidade num presente aberto às turbulências, às agressões do acontecimento, às mudanças acumuladas, ao efêmero deus da versatilidade e das modas. Ela nos arma em nossa luta contra o esquecimento, contra a amnésia coletiva propícia às manipulações da opinião pública. Acima de tudo, restitui-nos grandeza, em virtude de ancestrais gloriosos.

Adquirimos uma sofreguidão voraz por narrações históricas, aprendemos a reverenciar os lugares de memória, a zelar pelo patrimônio e nada perder do espetáculo e da suculência das celebrações. Temos os meios para isso, pois nosso passado é longo, acumulador de múltiplas riquezas. A situação pode parecer paradoxal, estimula o recurso à tradição ao mesmo tempo que concorre para sua extinção.

É justamente isso que mostra William Johnston ao considerar de maneira comparativa a prática da comemoração na Europa e nos Estados Unidos. Com a constatação de que ela se multiplica e constitui um verdadeiro culto ao longo dos anos 1980. É então um "passado embrulhado como um presente de aniversário" que nos oferecem. A mania comemorativa, fortemente enraizada nos países europeus, torna-se parte integrante da cultura, da definição identitária e do exercício da política.

O costume – estabelecido por volta do fim do século XVIII, com a celebração das figuras e acontecimentos fundadores – importa menos atualmente que o fato de sua abundância ter se tornado significativa. Entramos na "era dos aniversários", cujo apogeu é marcado pela chegada do ano 2000. Johnston pesquisa as origens e meandros desse culto, o faz com métodos da história cultural, da sociologia, da cultura e das ciências religiosas ligadas à decifração dos símbolos e ritos. Transforma-se de bom grado em provocador, com uma convicção: "Comemoramos o que não desejamos mais tomar como exemplo".

Paradoxo que encontra sua explicação numa espécie de conivência com o próprio espírito do pós-modernismo. O culto dos aniversários floresce quando o pensamento pós-moderno eclode. Mas este é definido, segundo as convenções agora banalizadas, pela fragmentação das ideologias e o desmembramento do saber, pela fusão das doutrinas e dos estilos "anteriormente incompatíveis", pela falta de concordância sobre os valores fundamentais.

Torna-se então ainda mais fácil fazer do "Grande Calendário" – guardião das celebrações possíveis – o árbitro anônimo das escolhas e, dos "administradores da cultura", os sacerdotes das comemorações que preenchem o vazio produzido pela "perda de autoridade das outras instituições de difusão cultural". A afirmação é clara: "Antigamente era raro encontrar tantos bons espíritos a dedicar tantos esforços para verificar a situação de uma cultura. [...] Nunca antes as riquezas do passado haviam sido exibidas em lugares tão diversos".

Isso não significa, contudo, que a necessidade de regularidade não tenha favorecido, muito antes dessa época, o recurso ao ciclo dos aniversários. Ele permite ritmar a vida coletiva, dar alívio aos anos ordinários, imprimir uma ordem à marcha dos séculos. Acompanha o movimento de secularização ao substituir os ritmos religiosos frouxos pelos ritmos laicos, exaltando as figuras fundadoras e os criadores, não mais os santos do calendário cristão. William Johnston distingue na Europa dois estilos de comemoração: o francês e o alemão.

O primeiro é marcado pelo corte de 1789 e a vontade de reforçar o sentimento de identidade nacional; disso resulta a religião civil, mesmo hoje, quando permite opor à fragmentação e à versatilidade pós-moderna os valores do enraizamento. O segundo nasce da tradição da corte num país cuja unidade nacional não está constituída, celebra as grandes figuras culturais a fim de dar "outro sentido ao significado de ser alemão" e contribuir para a inovação. Os dois estilos se casam sob a pressão dos burgueses conquistadores: as comemorações tornam-se fruto de uma adaptação burguesa das práticas aristocráticas e da escalada democrática; após 1945, esta incorpora a manutenção de "um aparelho de mecenato típico da corte".

O caso norte-americano demarca-se por contraste. Conduzidos por sua expansão continental, por seus amálgamas culturais, por seu economicismo empreendedor, os Estados Unidos não instituíram o culto das grandes personalidades e dos heróis da cultura. Lá, os intelectuais não têm a paixão de debater problemas contemporâneos referindo-se a figuras "canônicas", são mais os próprios Estados Unidos – a grande nação – que se tornam objeto de uma verdadeira devoção.

Compreende-se assim que Johnston seja mais atento às celebrações pelas quais a Europa é ávida, e tanto mais na medida em que ela se beneficia de uma superabundância de possibilidades. Entre elas, encontra os recursos que alimentam um humanismo que a distingue exaltando seus "Grandes Homens", os meios de promover as identidades nacionais e locais, as possibilidades de cultivar um mínimo de solidariedade quando o consenso sobre os valores fundamentais desapareceu. Mas o fascínio não exclui nem o vigor crítico nem a provocação devastadora.

William Johnston denuncia um culto que permite aos "empreendedores culturais" transformar os aniversários numa "técnica de venda das tradições". Ele questiona "a indústria da comemoração" e os benefícios econômicos produzidos, a conivência que alia na circunstância os funcionários da cultura, os agitadores culturais, os intelectuais e o grande público. É o Bicentenário da Revolução Francesa que sofre o ataque mais pesado. A comemoração, reconhecida como longamente preparada e "gigantesca", é ironicamente apresentada sob o aspecto de uma "exposição universal", com seus memoriais, seu mercado de suvenires, sua onipresença midiática. Num nível superior, é considerada sob o aspecto de uma "feira de interpretações", de modo que a Revolução de 1789 não se manifestaria mais senão numa iconografia "pós-modernizada".

Mas Johnston comporta-se um pouco à maneira do personagem perturbador nas mitologias arcaicas. Ele embaralha o jogo. Por um lado, mostra o triunfo dos celebradores sobre as ruínas da vanguarda; lança então um apelo aos inovadores, que seriam capazes de lhes opor "contracomemorações". Por outro lado, entra na antecipação alegre do ano 2000. Será, para os europeus, o "mega-aniversário", o tempo da "grande reavaliação". Num misto de "otimismo radioso" e "pessimismo furibundo", serão evidenciados os verdadeiros problemas do ano 2000. Ouçamos a profecia, guardemos sua primeira parte para um provisório reconforto.

Le Monde, *27 de novembro de 1992.*

Em torno do sagrado

A sombra de Deus?

É Hölderlin quem proclama a "fuga dos deuses". Prevê o advento dos titãs, cognominados "aqueles que são de ferro". A potência solapa o universo do divino. Coloca o mundo em algarismos, não em signos e palavras. Entrega-o a forças imensas, numa ordem técnica capaz de subordinar o espaço, o tempo e a matéria. Cada um de seus avanços muda a sociedade mais que qualquer revolução. É Nietzsche quem anuncia a morte de Deus, sem que ela tenha se consumado, sem que os homens tenham inteiramente o poder de pensá-la. "Deus está morto. Mas os homens são de tal maneira que durante milênios ainda haverá cavernas nas quais sua sombra será mostrada."

O belo livro organizado por Jean Delumeau revela a presença do divino na diversidade de suas formas. As crenças religiosas constituem um patrimônio espiritual, mas continuam vivas e não se deixam aprisionar no conservatório dos arquivos. E as práticas que as exprimem e as fortalecem não se reduzem ao estado de gestos vazios de sentido, de liturgias deserdadas. A debandada de Deus ou dos deuses não se manifesta em toda parte e jamais completamente; se há lugares abandonados, há outros mais numerosos onde o fervor se mantém e pode tornar-se excludente e intolerante de modo violento. Jean Delumeau não escolheu privilegiar a perspectiva historicista, reportar sistematicamente cada religião aos grandes períodos de sua história, a fim de "fazer compreender sua riqueza e espírito". Nesse sentido, o espaço concedido à atualização é reduzido, assim como a consideração das relações do sagrado com o poder.

O que se procura manifesta uma ambição bem diferente, a de chegar até "o homem religioso de todos os tempos e civilizações". O espaço do sagrado é o lugar onde ele "encontra o maior do que ele", onde ele toma consciência do que o supera e recebe a injunção de se realizar, seja *adaptando-se* (no mundo das sociedades não cristãs), seja *aperfeiçoando-se* (em especial no universo modelado pelo cristianismo). Essa relação o provê com linguagens, simbolismos, ritos, obrigações e maneiras de ser que se revelam "parentes", para além das diferenças pelas quais as religiões se especificam. As crenças e formas de vivê-las inscrevem-se na *mesma antropologia*, sejam quais forem os contextos religiosos que as diferenciam e separam.

Cada um dos autores dessa obra coletiva – que trata significativamente do "fato religioso" e não das religiões – dá sua contribuição segundo sua competência e convicção. Com toda a liberdade, sem que se vise um termo em que o ecumenismo estaria à espera. As ênfases são significativas. As religiões do livro, dos textos fundadores, ocupam o maior espaço; as outras, as que antes eram ditas características dos "povos sem escrita", não têm senão uma presença discreta. Ainda que toda religião se pretenda universal, porque propõe uma visão coerente do mundo, não consegue realizar essa vocação salvo num pequeno número de circunstâncias. O que leva a considerar sobretudo as religiões que o Ocidente recebeu do Oriente Médio (os cristianismos e o judaísmo), depois o islã e as grandes religiões da Ásia. Elas não são opostas, mas situadas na troca ao redescobrir uma "tradição humanista" mascarada ou apagada pela modernidade.

O quadro das espiritualidades se embaralha, contudo, em razão dos últimos dois artigos – de Henri Tincq e Françoise Champion –, que identificam as tendências fortes da conjuntura religiosa atual. De um lado, uma escalada dos extremismos religiosos, que são geradores de ruptura: eles fazem ressurgir as teologias excludentes e as ideologias de combate. De outro lado, a expansão de um "religioso flutuante", que se torna propício ao ecletismo e aos sincretismos: as religiões instituídas declinam, as bricolagens do sagrado e do esotérico se multiplicam. A morte de Deus e dos deuses pode consumar-se por excesso ou por falta. E pelo dilaceramento entre um agnosticismo que resume as incertezas atuais e uma certeza desesperada descoberta nas "cidadelas doutrinais".

Jean-Christophe Bailly, filósofo e escritor, após retraçar brevemente o longo percurso que conduz, no Ocidente, do tempo dos deuses ao tempo de Deus, depois aos tempos sem deuses nem Deus, mostra em que medida essa ausência é desorientadora. "A Deus, não se disse realmente adeus"; o trabalho do luto não pôde se consumar nem o pensamento do desaparecimento se formar, e o mundo "rebrilha divinamente nessa ausência". A lembrança indelével ocupa lugar de presença, o que permite à religião se prolongar ou se revigorar. A questão que surge é a da incapacidade de dissipar a sombra de Deus. A razão principal reside na "imagem religiosa fundamental", que é a da reverência, da tradição, do agrilhoamento aos nomes sagrados. Aquela que se opõe ao pavor de ser "lançado na existência" e da qual o cristianismo soube, mais que outras religiões, fazer um uso eficaz ao abrir o acesso ao divino pela mediação de Jesus e trazer a promessa da salvação.

A meditação de Jean-Christophe Bailly dedica-se igualmente a compreender politicamente essa morte interminável do divino. Deus desfez-se num outro terreno que não o da explicação racional do mundo. Este, depois de ser devolvido aos homens, foi imediatamente confiscado deles. É então o reino do capital que "substitui a administração de deus". O capital não se limita aqui ao capitalismo como tal, a modos de regulação econômica; ele designa a "totalidade do controle e da racionalização". O que está em ação é a conversão humana à produção generalizada. Nesse movimento, o homem ocidental moderno não quis realmente a morte de Deus, ele o perdeu no caminho, "e tão tolamente que sequer se deu conta disso". Ele vive sob a potência de uma sombra. A emancipação deve consumar-se e efetuar a "projeção no aberto". Mas com reverência e piedade. O abandono de todo culto ou substituto de culto só terá força se conseguir vencer a impotência do ateísmo.

Compreende-se que a sociologia religiosa esteja hoje desconcertada e desconcertante. Após enfatizar a perda da religião, a atenção voltou-se à disseminação do religioso no conjunto do espaço social. Danièle Hervieu-Léger, num livro de exploração inovador e necessário, traça os contornos de uma nebulosa em que o sagrado e o religioso inscrevem-se no interior de configurações teóricas flutuantes. De um lado, a extinção dos sistemas religiosos tradicionais, que deixa a "religião como memória", e a crise das igrejas estabelecidas, ancoradas na tradição, que faz delas o alvo de forças discordantes e de dogmáticas opostas. De outro lado, a extensão extrema do sagrado a fim de nele incorporar tudo o que liga como mistério, enunciação de sentido, invocação de transcendência ou "absolutização de valores". Esse "agregado compósito e não especializado" só se sustenta precariamente, ocupando o "espaço liberado pelas religiões institucionais". É difícil de identificar e de nomear.

Danièle Hervieu-Léger atribui-se como objetivo tornar novamente possível uma definição de religião. Tenta elucidar a modalidade particular do crer que caracteriza propriamente o fenômeno religioso. Ela o especifica com a referência a uma "memória autorizada", isto é, uma tradição. Mas esta é fala e, talvez, a única coisa que resta do divino quando os deuses partiram.

Le Monde, 24 de dezembro de 1993.

O preço da transcendência

Chega um momento em que o antropólogo deseja escapar do confinamento na cultura em que fez seu campo de observação. Procura então a superação do que é particularizado. Tenta apreender semelhanças com o que é próprio de outras culturas, das quais tem um conhecimento indireto pelos textos. Opera assim a partir de uma experiência concreta, e não à maneira dos acadêmicos que são sobretudo, ou apenas, exploradores da literatura especializada. Maurice Bloch, antropólogo britânico renomado, propõe um ensaio teórico cuja ideia nasceu de um trabalho anterior dedicado aos "rituais de circuncisão malgaxes".

A perspectiva dessa pesquisa direta é histórica. Apesar da turbulência dos acontecimentos ao longo do último século, apesar das mudanças político-econômicas, ela revela a permanência de alguns aspectos do processo ritual, seu "núcleo", de certa forma, qualificado de "estrutura mínima fundamental". O comparativismo levou a identificar sua presença em diversos outros rituais, isso a despeito das diferenças de época e meio cultural. Não se trata de detectar uma espécie de "mínimo denominador comum" definido a partir de uma série de exemplos, tampouco de deduzir um arquétipo no sentido de Mircea Eliade.

O que é visado responde a uma dupla exigência: apreender o que se mantém no curso das transformações e, sobretudo, apreender "as coerções humanas universais" que levam a conceber uma construção cultural que transcende a não permanência. É menos a instabilidade, cuja manifestação é a história, do que "o processo natural de transformação que vai do nascimento ao crescimento, à reprodução, à velhice e à morte" que está em xeque. É na necessidade de reproduzir ou manter as fontes da vida e as relações sociais que reside a razão de conceber "um quadro permanente que transcenda o processo natural".

À contingência que marca os limites e o fim de toda vida humana, individual e coletiva, Maurice Bloch opõe a transcendência, salvaguarda da permanência, o que o leva a identificar as tentativas de chegar a esse fim. O ritual não tem sua razão em si mesmo, mas na experiência, universalmente partilhada, de "crescimento, reprodução e decomposição". Para simplificar o procedimento interpretativo, podemos reduzir a operação a dois tempos: no primeiro, a vitalidade de origem (submetida ao deperecimento e ao desaparecimento aparente) é simbolicamente abandonada; no segundo, a vitalidade é conquistada fora do universo humano. Por essa substituição, cujo operador é o ritual, os humanos podem alcançar o transcendente, acessar a permanência institucional e reinjetar uma vitalidade nova na vida presente.

Ou, outra formulação, o transcendente proporciona-se "a energia necessária para substituir a vitalidade ordinária eliminada por uma nova vitalidade, uma tomada de força". Produz-se assim um efeito de "violência de rebote". Essa energética simbólica remete a uma espécie de violência constitutiva, que, pela transcendência, torna-se formadora dos universos religioso e político. Recorrendo a exemplos muito diversificados e manifestando uma excepcional sutileza em sua análise, Maurice Bloch procura as realizações dessa violência em ricochete, independente da especificidade cultural. Faz isso retomando estudos relativos à iniciação na Melanésia, ao sacrifício na África e na Ásia, à possessão pelos espíritos na África e nas Filipinas, aos cultos milenaristas de Madagascar e do Oriente Médio, aos rituais de casamento do Tibete e da Roma antiga e aos sistemas rituais totais da Índia e do Japão.

A violência, assim identificada em fenômenos que podem parecer díspares, é reconhecida ao revelar suas três questões principais na própria diversidade de suas manifestações. Ela contribui para a "afirmação da reprodução", opondo-a à obra da decomposição e da morte. Ela permite legitimar um "expansionismo" que se dirige para o interior, com efeitos de hierarquia e dominação, e para o exterior, engendrando as agressões e conquistas.

Ficamos ao mesmo tempo seduzidos e intrigados. A estrutura fundamental proposta não é um operador demasiado eficaz em tantas circunstâncias tão diversas? Essa estrutura, apesar da reserva formulada quanto à sua "coerência absoluta", não mascara a vulnerabilidade dos sistemas que ela rege? Maurice Bloch, é verdade, associa sua tentativa ao que apresenta como uma hipótese a ser verificada; lembra, com suas precauções de linguagem, as dificuldades encontradas. Sua conclusão termina como abertura. Se "as numerosas formas de violência de rebote" são a maneira de construir a imagem da sociedade "como ordem transcendente e legítima", essa legitimação da dominação e da violência não exclui a procura de soluções diferentes. O acontecimento pode conduzir à crítica do próprio fundamento dessa construção, e o histórico transformador realiza então seu trabalho.

Le Monde, *18 de julho de 1997*.

As Andaluzias de ontem e de amanhã

Não faz muito tempo, a Conferência de Barcelona cogitava a criação de um "espaço econômico euro-mediterrânico" e manifestava a esperança de convertê-lo num "espaço comum de paz e estabilidade". O Mediterrâneo, o "mar mediano", deveria novamente reunir, criar parceiros, não mais dividir no enfrentamento e na intolerância mútua. Ao globalismo imperial dos Estados Unidos, mais ancorado a leste desse mar outrora qualificado de "latino", tenta responder a iniciativa de uma Europa mais capacitada para fornecer uma base cultural às propostas econômicas. É significativo que a Espanha seja o local da reunião, como se o sonho das Andaluzias perdidas pudesse fortalecer a busca da partilha de uma modernidade.

Como pano de fundo, temos o mundo árabe e sua longa história, o islã e as formas de civilização dele provindes. É à exploração desse mundo, ao conhecimento da mensagem que lhe deu origem, da língua e do pensamento que o modelaram, à descoberta de um percurso histórico realizado ao longo de catorze séculos que o livro coletivo organizado por Dominique Chevallier e André Miquel introduz. Uma equipe de uma dúzia de pesquisadores, aliando o saber ocidental e a erudição islâmica, compôs o livro mais necessário à redução de um desconhecimento fatal. Nem que seja apenas corrigindo as simplificações nefastas que estabelecem a confusão entre mundo árabe e mundo muçulmano.

Nas origens, a revelação recebida pelo profeta Maomé, apresentada como "a última e definitiva mensagem divina"; o Livro, a Lei e a fé fundam a comunidade dos crentes. Nas origens também, uma "língua sacralizada", julgada "incomparável, reveladora de um destino único". O percurso da fé ao poder é efetuado com a criação de corpos políticos novos, os primeiros califados. A expansão conquistadora e proselitista alarga o domínio do islã do oriente ao ocidente do Mediterrâneo. É a inserção numa história geradora de alta cultura e turbulências, durante a qual poderes prestigiosos se constituem, e depois se desfazem, de Damasco e Bagdá até Córdoba e Granada. Uma história que, muitos séculos depois, muda de curso: a leste, impelida pela "onda turca"; a oeste, pela das reconquistas católicas. A segunda metade do livro trata desse período, que, do século xv até os dias de hoje, vê o fim de uma preeminência e a multiplicação das crises e dos dramas.

Essa parte é necessária à compreensão de uma atualidade definida segundo a geopolítica e a lógica dos interesses; invoca a história das hegemonias ocidentais, com as consequências da Primeira Guerra Mundial contribuindo para o "despertar dos povos" e dos nacionalismos e para o renascimento modernizante; descreve as recomposições territoriais e o surgimento do arabismo; orienta a leitura do atual "espaço de crise" – do Oriente Médio à Argélia dilacerada. A primeira parte, ainda mais necessária, ajuda a decifrar um passado, a reconhecer uma época de civilização partilhada, de encontro e troca para além dos conflitos. Uma leitura que permite descobrir mais que os testemunhos monumentais e artísticos prestigiosos, mais que os vestígios literários e musicais: as bases profundas de uma cultura aberta.

"A civilização muçulmana se abriu", esclarece André Miquel, "a culturas que ela encontrava estabelecidas por ocasião de sua expansão" e "restaurava tradições extintas". Nesse processo, os letrados árabes desempenharam um papel decisivo, reativando a vida intelectual das grandes cidades e alimentando o pensamento com fontes esquecidas. Foi por seu intermédio que a ciência e a filosofia gregas ressuscitaram. Ao traduzir suas obras, contribuem para sua difusão. O que a Europa moderna pôde apreender como uma Idade Média ainda obscura configura-se como o primeiro Renascimento. Há, iniciadas no século ix na Bagdá dos califas abássidas e levadas adiante no século xii na Córdoba dos almôadas, transmissão e renovação da filosofia e das ciências antigas. O pensamento judaico contribui para isso durante o período judeo-árabe, que termina com Maimônides, antes da hora da cristandade.

A questão central concerne à relação da filosofia com a religião, do conhecimento adquirido pela razão com o conhecimento recebido da profecia e da revelação; mais além, como tentou Al-Farabi no século x, a elaboração de uma filosofia política compatível com o islã. Aristóteles de um lado, Platão e neoplatônicos de outro inspiram as controvérsias. É preciso ler Avicena, Maimônides, Averróis, pois é pautado neste último que se define o "modelo andaluz", o qual se constitui em figura emblemática. Ele contribui para cultivar a nostalgia desse "paraíso perdido", as Andaluzias na época do convívio fecundo das três religiões monoteístas, das três tradições. Ajuda a arrancar do esquecimento os mundos judeu e muçulmano mantidos à margem do mundo cristão. Alain de Libera abre o livro coletivo dedicado à herança andaluz [*L'héritage andalou*] com uma apresentação notável da obra de Averróis e uma interpretação do *status* concedido ao filósofo. Atribui-lhe a posição filosófica mais importante da Idade Média: em razão de seus *Comentários* sobre a obra de Aristóteles, dessa relação mediante a qual ele encarna, com o mestre grego, durante quatro séculos, "a racionalidade filosófica no Ocidente cristão". Mostra como e em que medida Averróis "aborda com um olhar novo a questão da posição da filosofia como ciência num mundo [...] que a princípio não lhe confere plena legitimidade". A presença de Averróis na história da filosofia tem um caráter paradoxal. No Ocidente, ele permanece por muito tempo ausente da memória,

Renan atribui-lhe apenas "um pensamento comum". No universo árabe-muçulmano, ele não teve seguidor.

Mohamed Talbi, historiador e filósofo tunisiano, associa a interpretação desse paradoxo à avaliação crítica do "mito andaluz". Exprime a necessidade de "ver as Andaluzias reais em sua complexidade, riqueza e fecundidade, suas riquezas e sua violência". Adverte contra a nostalgia das origens, contra o recurso a um suposto passado, o abandono "à cegueira diante da história real". Se a Andaluzia foi uma boa solução em sua época, doravante pode ser apenas "um dos catalisadores do futuro e não seu modelo". A lição não se dirige somente ao mundo árabe, convida justamente a construir um futuro comum nas duas margens do Mediterrâneo. O que Jacques Berque estimulou: "Clamo por Andaluzias sempre recomeçadas...".

Le Monde, *9 de fevereiro de 1996.*

Os arredores do sagrado

O sagrado volta forte, como um retorno de chamas que eram julgadas extintas. Alimenta em alguns um fogo interior em virtude das novas religiosidades e místicas. Constitui-se chama devastadora – do direito, da tolerância, da liberdade – sob o sopro dos fundamentalismos redivivos e totalitários. É o fogo destruidor de uma ordem que se julgava civilizada por ocasião de conflitos que lembram as guerras de religião. Os próprios acontecimentos não raro vestem a roupagem do sagrado. Ele está presente, ainda que a princípio a modernidade e suas racionalidades tenham conduzido a seu esquecimento ou cultivado uma profunda indiferença a ele.

Um sagrado servido por outros meios, porém ainda governado pela ambiguidade. Por essa razão, ele permanece gerador de efeitos contrários, capaz de servir o homem ou de subjugá-lo. O sagrado não é o equivalente da religião, esta não se define somente pelo decreto das igrejas ou pela formulação das ciências religiosas. As categorias são vagas, as fronteiras, permeáveis. Carmen Bernand e Serge Gruzinski, ao aliar as antropologias históricas e religiosas, constituem-se, com grande saber e talento, arqueólogos de um conhecimento desses universos confusos, em que o teocentrismo por tanto tempo exerceu seu flagelo. É um desvio pelo passado e pelo alhures, tempo da conquista do Novo Mundo, da descoberta de civilizações espantosas que, inicialmente, não se veem reduzidas ao estado de selvagerias. Embora essa conquista assuma logo seus três rostos, militar, econômico e espiritual, associados a três formas da violência.

O que está em jogo é a irrupção do "outro" e os discursos que servem para identificá-lo e situá-lo. O código do "religioso" serve para marcar a diferença, mais do que a inferioridade justificada por uma hierarquia das culturas. A referência principal é o dominicano Las Casas, autor, por volta de 1550, de uma história apologética em que mostra que os índios da América alcançaram um grau de civilização comparável ao das sociedades de nossa Antiguidade. Isso o leva a fundar uma antropologia religiosa cujas ferramentas intelectuais são o tomismo, o aristotelismo e a confrontação com outros paradigmas antigos.

O problema central passa a ser o da idolatria, a questão da diferença limitando-se a "explicar a fronteira que separa a religião *verdadeira* da *falsa*". Afirmando a universalidade do "religioso", Las Casas utiliza os conceitos de idolatria de uma maneira que "permite pensar ao mesmo tempo o universal e a diversidade das culturas". Introduz uma diferenciação do conhecimento em natural, divino e demoníaco. A idolatria não é uma manifestação minoritária, mas aquela que revela a relação religiosa na ausência da fé e sob a ação de demônios que embaralham as três ordens do conhecimento.

Progressivamente, a idolatria interessará menos que o idólatra, então situado na população dos desviantes, excluídos e nefastos. Ele inquieta, assusta; seu "extirpador" reduz por meios rudes o mal de que é agente e propagador. A diferença tornou-se uma separação sancionada pela religião, o culto dos falsos deuses solapa uma unidade de pensamento na forma do monoteísmo cristão.

A possessão e o transe traduzem-se também em termos de corte e alteridade. O possuído e a possuída são primeiramente excluídos da comunidade, antes de serem nela ritualmente reintegrados; parecem estranhos e estrangeiros antes de serem repatriados. É o que Clara Gallini demonstra ao estudar uma variedade do tarantismo mediterrânico, aquela que surgiu na Sardenha. Aqui, um pequeno animal, aranha ou formiga, por sua picada real ou suposta, torna-se o deflagrador de um perigo, de uma crise individual ou coletiva. É a *argia*, a "sarapintada", cuja agressão provoca um estado tóxico e um transtorno psíquico. Ela segura sua vítima, habita-a, fala através dela, reduzindo-a a uma espécie de loucura.

Durante três dias, toda a vida se organiza em torno dessa intrusão num drama coletivo, cujo centro é a *argia* ("senhoria" de todos). A finalidade é o exorcismo, para o qual contribuem uma dança e temas musicais específicos. Para que tenha êxito, é preciso compelir o espírito possessor a revelar sua identidade: é a função do interrogatório ritual. Descoberta, a *argia* é vencida. Ela é uma das "almas ruins" que "projetam seu próprio tormento na pessoa que elas agridem". Ela faz do acidente um acontecimento que desperta outros dramas e envolve toda a coletividade.

Nessa ocasião, a comunidade luta, com os meios do simbólico e do rito, contra as desordens que ela carrega escondidas em seu seio. É um jogo em que a ordem ressuscitada surge da desordem mostrada pelo recurso aos procedimentos da inversão, da obscenidade, da provocação e da agressão. Um jogo que desemboca na festa, na *harmonia restabelecida* e na *reintegração* da vítima, que reencontra sua norma e seu lugar nas relações sociais.

Com os feitiços e a bruxaria, trata-se igualmente de desordem, vista sob os aspectos do inexplicável, do mal e do infortúnio. Dominique Camus torna-se, a partir de minuciosos estudos de caso, o decifrador dos "poderes feiticeiros". Revela os efeitos atuais da "obra em negro" num sossegado vilarejo bretão onde abundam os "curandeiros e cuidadores de segredos". Um combate incerto e arriscado contra as forças que atentam contra os bens, os animais e as pessoas, afetadas no que é sua própria vida. Um último recurso, depois que tudo foi testado, a fim de deter a irrupção das agressões insólitas e doenças em série.

Representa-se um drama no qual o segredo, o medo e a suspeita exercem a função de atores, despertam o diabo, as almas dos mortos e algumas criaturas sobrenaturais. Convém atribuir causas ao que não parece "normalmente" explicável. Uma vez efetuada a identificação, a guerra secreta torna-se possível, na qual agressores e agredidos fecham-se numa mesma lógica, abandonam-se a uma mesma crença. Então tudo impressiona, os olhares, as palavras, os artifícios maléficos e os ritos. Nessa luta, em que "um dos termos sempre cede", a vítima procura o retorno ao equilíbrio perdido, à ordem comum, a possibilidade de reencontrar suas relações sociais e ligar-se aos outros sem suspeição.

O idólatra, o possuído, o feiticeiro não são unicamente figuras do passado ou de alhures. Em tempos de transição e subversão dos códigos, eles voltam à vida por iniciativa dos manipuladores da incerteza e da ansiedade. A exclusão, o fanatismo e a violência totalitária dão-lhes nova roupagem.

Le Monde, *14 de abril de 1989.*

Os veiculadores do sobrenatural

Estava decidido, o "desencantamento do mundo" se realizara: o homem conseguira livrar-se das fábulas e conquistar sua autonomia, a ciência ampliava a uma velocidade crescente os espaços do verdadeiro saber, a técnica conduzia a um controle mais seguro da natureza e da vida. Atualmente, a convicção é menos firme: o tempo das grandes mudanças e das incertezas leva a isso. Ele turva os conhecimentos, mistura as referências e códigos, sacode as instituições e torna mais confusas as identidades. A razão e a fé têm bases instáveis, esse próprio movimento permite todo tipo de errância entre o ceticismo generalizado e a crença cega. É uma busca nômade e confusa do sentido, dos objetos nos quais crer e das razões para crer, uma busca de respostas. É forte a tentação de encontrar estas últimas alhures, num outro mundo, ter acesso a conhecimentos "melhores", mas ainda ocultos e, por conseguinte, não utilizados.

Os apresentadores das coisas ocultas ressurgem, voltam a apontar os caminhos que permitem acessá-las. Colin Wilson, propalado como uma das "estrelas" da literatura inglesa, lista as boas razões para nos interessarmos pelo sobrenatural, num livro já antigo e reeditado em francês. Intima-nos a não mais consentir em ser "pigmeus pensantes", a escapar ao domínio do banal e do insignificante, a pôr em prática nossa "faculdade X", que combate eficazmente "a estreiteza da consciência" e a não utilização de todos os nossos poderes. Em suma, trata-se de "reconhecer o oculto tal como à energia atômica", de recriar "a sensibilidade às forças invisíveis". Além da comodidade de relacionar a "X" todo um conjunto de fenômenos díspares, há uma incontestável habilidade em dar crédito à empreitada. Nosso guia na exploração dos caminhos interiores, das "fontes ocultas" do ser, traça os limites, denuncia os charlatães e os aventureiros, multiplica as referências positivas. Convida a uma busca da realidade em que a intuição se alia à inteligência, constitui-se defensor de um evolucionismo otimista.

Wilson escreve um livro estranho, volumoso, contraditório, anedótico, que é igualmente um *corpus* do estranho. Nele, há de tudo, desde "feiticeiros" da pré-história até "magos" contemporâneos. Todas as cauções desfilam, aquelas pinçadas em nosso passado e as recebidas das outras civilizações; e também os grandes escritores curiosos pelo oculto, os iniciados e os místicos, e as pessoas de ciências úteis à legitimação da empreitada. Encontramos aqui uma constante paradoxal própria desse tipo de procedimento: a busca da confirmação pelos saberes mais ordinários, a manifestação de provas. Não apenas os psicólogos das margens – principalmente Jung –, mas também os lógicos – Russell – e os cientistas são convocados. Entre estes, os cibernéticos, incluindo o controverso doutor Foster, que faz do universo (dotado de inteligência) o produto de uma informática que supera a inteligência humana, sem com isso reintroduzir Deus.

O livro-afresco pode seduzir, gerar repulsa também, em razão de seu sistema de referências e da leviandade de alguns argumentos selecionados. Ele permite avaliar os riscos incorridos, que fazem surgir uma espécie de luz negra eventualmente visível: quando se afirma, no texto, que "o cristianismo foi mais uma epidemia do que uma religião", que a civilização despojou o homem de um grande número de suas "faculdades mais profundas" e que a consciência racional "isola da plena potência da corrente de vida". Convém olhar duas vezes antes de proclamar que "o homem é positivamente um deus" que "sofre de preguiça, amnésia e pesadelos". Não faz tanto tempo assim que as fontes ocultas irrigavam as sociedades com pesadelos realizados.

Somos convidados a produzir uma nova ecologia do espírito, ao passo que se multiplicam os "saberes" e práticas paralelas, até nos bastidores políticos e nos serviços de recrutamento das empresas. A História designa os períodos e lugares propícios à revivescência dessas manifestações. As ciências sociais consideram o que se associa hoje às crenças ressurgidas e a um sagrado amplamente regredido ao estado difuso. Uma etnóloga e professora de filosofia, Christine Bergé, acaba de realizar a exploração de um mundo diferente: o do espiritismo, terra da viagem mental. Uma viagem que começa com um desvio pelo cemitério do Père-Lachaise, onde se encontra o túmulo de Allan Kardec, centro de peregrinação e referência do culto espírita tão popular no Brasil.

Em Kardec (filho de burgueses de Lyon), misturam-se diversas correntes de ideias do século XIX, contraditórias, antagônicas, lançadas na obra do avanço do progresso e da restauração de uma ordem. A teoria espírita, elaborada tardiamente, é um projeto de conciliação: um sincretismo, pois "é da esfera tanto da revelação divina quanto da revelação científica"; um meio de "aculturar" valores da época, exercer uma influência moral, ajudar a superar a miséria numa sociedade submetida à lei de ferro. Christine Bergé, com toda a razão, situa o espiritismo no contexto do mundo do trabalho: reconhece nele "um dos caminhos seguidos pelo movimento operário" em sua busca de solidariedades. E Guénon chegava a descobrir no fundador um "professor socialista".

A originalidade do estudo reside no que a autora designa "fascinação por esse outro nós mesmos, a máquina". O espiritismo pretende-se instrumento da comunicação com o passado, com os mortos, veículo capaz de transpor os limites do tempo e do espaço. É durante esse mesmo período que Charcot identifica alguns de seus doentes como "autômatos ambulantes". Cientistas e técnicos, na segunda metade do século XIX, fazem do fenômeno espírita um objeto de pesquisa, imaginam dispositivos técnicos de verificação dos efeitos, frequentam eventualmente as recentes sociedades de pesquisa psíquica. De seu lado, os espíritas recorrem às metáforas da ciência, da técnica, da ferramenta, do trabalho; os espíritos obedecem a uma espécie de física, o médium é uma máquina de "comunicação da fala", e seus próprios dispositivos, instrumentos destinados a transmitir as mensagens das "entidades desencarnadas". A máquina (o gravador e o monitor de vídeo atualmente) é julgada neutra e capaz de constituir prova.

Christine Bergé opõe limites ao seu envolvimento, não cede à comodidade das explicações e refutações simples. Mostra de fato o que a simbólica associa à máquina, o que o imaginário da doença e da morte deve a certa forma de sensibilidade, o que está em jogo na "consolidação do laço social". A ideia da transcomunicação, situada nos confins do espiritismo e da ciência, resulta num novo emprego do tecnoimaginário, no último avatar da figura do engenheiro – tornado um técnico do oculto e do impossível. Em outros lugares, ou épocas, o transe-comunicação basta ou bastava para exercer a função.

Os antropólogos são, de certa maneira, especialistas do inacreditável; não é uma simples questão de "crenças aparentemente irracionais", e sua arte consiste em sempre mantê-la em aberto. A revista *Terrain* dedica-lhe um notável número especial, no qual a avaliação e as proposições teóricas associam-se a estudos de caso, a "campos" que são vizinhos nossos, e não exóticos – a feitiçaria no *bocage* revisitado, a transcomunicação com Claude François, as práticas espíritas de um curandeiro romano, as aparições da Virgem na Itália e na Iugoslávia, os óvnis etc. Trata-se mais de avaliar do que estudar o modo do crer, de apreender "as boas razões que impelem a acreditar no inacreditável", de reconhecer na crença "um produto de sociedade e uma produção de laço social". Se as crenças são "monstros" para os lógicos, são pelo menos "monstros interessantes" para os sociólogos e antropólogos que recusam ceder à explicação pelo "irracional do outro".

Esses estudos evidenciam aspectos já evocados, em especial a obsessão pela prova, o recurso ao argumento de que os crentes copiam "o espírito (científico) da época". São importantes sobretudo pelo pressuposto: restituir crédito à compreensão, mostrar que todos os saberes ou discursos são dignos de ser estudados, compreendidos, explicados – antes de ser triados e hierarquizados. Da antropologia das crenças, efetua-se um deslizamento para uma antropologia da ciência. Não para demarcar estritamente os territórios, não para separar a ilusão e a obra da razão, mas para detectar esses locais de ambiguidade onde se misturam os desejos de conhecimento.

Le Monde, *25 de maio de 1990*.

Profetas como "antropólogos"

Levemos a sério a formulação de um distante observador árabe: "A África sempre traz um caso novo". Ela convida a ver o mundo negro não mais sob o aspecto de uma tradição que se repete e de males que continuam sem remédio. Manifesta um justo espanto diante da grande capacidade de inovação, de produção de inédito própria desse mundo; nele, a monótona repetição é menos presente ali do que a multiplicação das experiências, das procuras de respostas aos desafios da História e às vicissitudes da condição humana. A constatação ajuda a não nos equivocar quanto à apreciação do atual; permite compreender que o tempo da modernidade pode ser também o dos "profetas".

Jean-Pierre Dozon, num estudo completo dedicado aos profetas marfinenses, trata da "produção religiosa da modernidade"; seu movimento leva-o a mostrar que esses personagens fora do comum não são tão exóticos e pitorescos quanto parecem. Eles dirigem "um olhar agudo para a evolução e a modernidade"; nesse sentido, têm uma função reveladora que implica muito mais que o círculo de sua ação. São também, afirma o antropólogo, tratando-os de "colegas", "bons analistas das sociedades em vias de se construir". A Costa do Marfim lhes ofereceu, continua a lhes oferecer, um terreno fértil: suas realizações acompanham o "milagre marfinense", transfiguração modernista realizada em poucas décadas.

O momento inaugural reporta-se ao início deste século, com a irrupção de um estrangeiro procedente da vizinha Libéria: W. W. Harris. Ele considera a Bíblia o livro de todos os saberes, tem a luta contra os deuses do passado e contra a feitiçaria como princípio, a cura dos crentes pela confiança depositada num único Deus, fonte de toda potência, como objetivo. É reputado "profeta dos tempos modernos", capaz de alcançar o conhecimento do segredo que dá ao colonizador sua força e suas máquinas.

Harris está na origem, uma série de profetas segue sua palavra, construindo igrejas cujo modelo é a sua. Mas cada um deles impõe sua marca, rivaliza, contribui para a "livre produção" de cultos que jogam com a novidade. Há um que, tendo encontrado sua montanha sagrada, chega a criar uma escrita, "máquina" julgada propícia às revelações e geradora de onipotência.

Como é possível tornar-se profeta nesse universo concorrido? O processo "nada tem de muito original", repete o que sempre esteve no começo de toda inovação/ revolução religiosa. É preciso associar marcas distintivas e provas de eficácia simbólica e ritual. Os sinais de nascença e a ruptura com o mundo ordinário provocada por um chamado ou uma mensagem divina são as primeiras condições.

Mais além, impõe-se a demonstração por provações e provas: ações extraordinárias, curas milagrosas, paz social com a erradicação das práticas de feitiçaria. O sucesso atrai adesões, estas dão a possibilidade de converter um movimento de crentes numa instituição, numa igreja, com sua sé e seus templos. A demonstração suprema, excepcional, é trazida por uma espécie de "duelo" dos poderes que revela a impotência dos sacerdotes tradicionais ainda reverenciados e pela provocação dos grandes dignitários do catolicismo local.

Em último lugar, o que se torna constitutivo do profeta é seu próprio relato, o que é narrado de sua aventura espiritual e de seus atos, aquilo mediante o que ele persuade a si mesmo elaborando continuamente a própria imagem. É justamente o que Jean-Pierre Dozon aponta.

Em todo caso, convém lembrar, numa África atual herdeira das civilizações da oralidade, a potência da fala. Ali, mais que em outros lugares, "dizer é fazer". O domínio da fala e do rito que a acompanha ainda pode rivalizar com o domínio técnico e, depois, dar acesso a este. O dizer do profeta, as palavras do culto e das rezas, as confissões públicas dos adeptos que admitem suas condutas nefastas, as palavras aliadas à água que cura todos os males atestam tal supremacia.

Todos os profetas marfinenses afirmam travar um duplo combate: contra os fetiches e contra a bruxaria. É também uma questão de linguagem. É como eles designam o que toca à pessoa, sua salvaguarda, e o que, entregue a seu livre movimento, destrói as relações entre as pessoas. As igrejas novas são acima de tudo "comunidades terapêuticas"; o tratamento dos males individuais e o do infortúnio partilhado têm a mesma finalidade: "tratar o laço social".

É nesse sentido que os profetas marfinenses tornam-se "colegas" de seus antropólogos. Eles contribuem para a decifração do atual. São os reveladores das mudanças: escalada da reivindicação dos jovens e das mulheres, protestos dos esquecidos pelo progresso, formação de uma opinião pública e abertura às suas demandas. Eles indicam pontos críticos, em especial quando associam o signo "dinheiro" e os infortúnios sociais resultantes de sua extrema valorização e da competição.

Mas podemos nos perguntar se a qualidade de profeta é o que melhor designa esses inovadores religiosos que, em proporção variável, aliam a reciclagem de temas antigos ao recurso a temas tomados de empréstimo às igrejas cristãs. Não basta que sua organização e suas comunidades prefigurem "um mundo novo [...] sem fetiches nem bruxaria". Faltam a afirmação de ruptura histórica, o anúncio de uma destruição do mundo presente e a expectativa que caracterizaram outrora os messianismos da África Central.

Os profetas marfinenses são clarividentes e curandeiros: decifram mais o que está em vias de se fazer do que o que se realizará no futuro; afirmam poder enfrentar os males do presente. Nesse sentido, sua palavra e sua ação se inserem no contexto da história recente da Costa do Marfim; Jean-Pierre Dozon faz uma notável demonstração disso. Nesse sentido também, o que eles empreendem tem um alcance político imediato, e compreendemos assim por que o longo reinado do presidente Houphouët-Boigny foi cercado de uma aura profética. Os milagres dos profetas não podiam operar contra aquilo que o "fundador" realizava.

Quando Marc Augé, em complemento ao estudo de Dozon, examina "a lição dos profetas", ilumina com sua própria experiência um ensinamento compartilhado. O antropólogo que entra no círculo profético não cede à fascinação, mas à paixão intelectual de acompanhar os leitores do social que operam em vias diferentes. Espanta-se com a força das intuições, com a acuidade das observações, com o que dá vigor a uma espécie de utopia que a burocratização dessas novas igrejas não pode reduzir inteiramente. Descobre, segundo a fórmula de Marc Augé, que, num mundo conturbado onde todos os discursos tomam forma de "aposta no futuro", a observação minuciosa de alguns profetismos africanos constitui "uma boa propedêutica ao estudo do mundo contemporâneo em seu conjunto". É efetivamente esta a eficácia desse *desvio*[14] que nos remete a nós mesmos, a nossas incertezas e expectativas, e nos adverte contra os riscos de todas as proposições simplificadoras.

Le Monde, *24 de novembro de 1995.*

---

14 Georges Balandier, *Le Détour: pouvoir et modernité*, Paris: Fayard, 1997 [1985]. [Ed. bras.: *O contorno: poder e modernidade*, trad. Suzana Martins, Rio de Janeiro: Bertrand Brasil, 1997.]

Figurações do político

O pensamento político encadeado

São dois a dirigir esse percurso em 39 etapas, da Antiguidade grega ao agitado âmago do século xx. Cada um dos momentos do trajeto é oportunidade para um encontro – guiado, orientado – com um filósofo político pertencente à tradição ocidental, exceção feita a dois pensadores da Idade Média, o muçulmano Al-Farabi e o judeu Maimônides. Poderia ser um itinerário conhecido, convencional; não é. Por um lado, porque todos os guias – à exceção de Pierre Hassner, que leva à descoberta "política" de Kant e Hegel – pertencem à constelação da filosofia anglo-americana. Por outro lado, porque são todos membros de uma mesma "família": a de Leo Strauss, figura importante e perturbadora da paisagem filosófica norte-americana que a França descobre tardiamente, após Raymond Aron erigi-lo em teórico de uma posição mediana entre o existencialismo radicalmente individualista de Sartre e o marxismo dogmático.

Historiador da filosofia política após estabelecer seu diagnóstico da crise do Ocidente e da modernidade, Leo Strauss exerceu uma influência considerável sobre os "liberais" norte-americanos e contribuiu para o renascimento de um pensamento liberal na França, como mostra a obra de Pierre Manent e sua afirmação: o liberalismo não é um produto da História, mas um projeto consciente elaborado pelos primeiros filósofos modernos, Maquiavel, Bacon e Hobbes. É justamente a esse momento da ruptura e do começo que Strauss dedica uma de suas contribuições, além de sua orientação geral do percurso. Trata de Maquiavel, que efetuou "o corte moderno", separou o pensamento político "do ato de fé", reconheceu a pouca probabilidade de realizar o melhor regime e preparou, com seu realismo, o advento de Hobbes, o iconoclasta.

No empreendimento familiar que é a realização dessa *História da filosofia política*, Leo Strauss dirige e inspira, auxiliado por Joseph Cropsey, seu colega na Universidade de Chicago e executor literário após 1973, ano de sua morte. Seus colaboradores são quase todos ex-alunos ou próximos por afinidade. Logo, não surpreende que o espírito do mestre domine o livro. É, por conseguinte, a inversão da pretensão moderna, erroneamente aceita, de que as obras do presente completam as obras do passado e lhes são superiores. É também a exigência de apreender primeiramente como cada filósofo compreendia sua própria obra, de subverter as interpretações de textos normalmente aceitos e não reduzir o aporte de cada autor a um momento da história intelectual ou social. Trata-se de realizar o percurso revelando quanto "as questões suscitadas pelos filósofos políticos do passado ainda estão vivas em nossa própria sociedade". É essa a forma de acessar o "tratamento filosófico de questões permanentes".

O livro resultante da demonstração tem como objetivo despertar o interesse pela filosofia política naqueles que se dedicam à ciência política. Ciência prefigurada por Aristóteles, ao lhe atribuir três "ramos" – a ética, a economia e a arte de governar –, e que se forma a partir da grande revolução intelectual do século XVII, revolução que dissocia a ciência da filosofia. Mas é à ciência política de nossa época que Leo Strauss visa. Ele a deseja diferente, "inspirada na política de Aristóteles", cívica e empírica ao mesmo tempo, moderadora de nossas expectativas e esperanças políticas.

Originalmente, no âmbito de uma vida política particular, a da Grécia antiga, Platão e Aristóteles "inauguram a filosofia política clássica", na esteira de Sócrates, que cultivou a preocupação com as coisas justas, boas e nobres para o homem como tal. Como epílogo, ao fim do longo itinerário do pensamento moderno, durante o qual continuidade e ruptura se misturam e opõem, o grande estudo final de Leo Strauss revela o momento de uma reversão, o abalo de todas as tradições e a crise de nosso tempo, que abre a "possibilidade de uma redescoberta autêntica da filosofia clássica". Sem a nostalgia da cidade antiga, que Maquiavel, Rousseau e Nietzsche cultivaram.

Os dois organizadores do livro justificam sua escolha dos autores "revisitados", ao mesmo tempo sabendo que devem dar espaço àqueles que ocupam uma posição cardeal na história da filosofia sem serem, primordialmente, filósofos políticos. Por exemplo, Descartes, cuja filosofia política oculta é explicitada, procurando-se as razões dessa imposição de uma máscara. Por exemplo, Heidegger, que afirma seu pouco interesse pela ética e pela política, mas descreve "três formas de vida política do fim da modernidade: o americanismo, o marxismo e o nazismo", três variantes da subjetividade e do niilismo julgadas "metafisicamente idênticas". Heidegger, que solapa, assim, o alicerce de qualquer diferenciação entre regimes decentes e regimes monstruosos, que jamais critica explicitamente a abominação nazista.

Há diversas maneiras de acessar o percurso filosófico e político de que Leo Strauss é o inspirador. Uma incita a respeitar a ordem cronológica, seguir as filiações, descobrir as rupturas, refutações e retomadas, identificar momentos privilegiados. A outra convida a uma espécie de deambulação, a uma consulta mais da ordem do acaso, mediante um abandono à atração desigual dos textos reunidos. Encontramos então Marsílio de Pádua, aristotélico cristão do século xiv, crítico do poder da Igreja, que já faz da lei humana "a única lei propriamente dita". Podemos nos deter na apresentação diferente de Rousseau proposta por Allan Bloom. Ou nos espantarmos, mais uma vez, com a virulência conservadora de Burke ao denunciar "o mal moral e político que decorre da intrusão da teoria na vida política"; esse observador da Revolução Francesa recém-terminada apresenta o processo democrático como oposto à ordem natural das coisas. Ou, inversamente, demorarmo-nos na descoberta desse autor coletivo, o Federalista, que auxilia o estabelecimento constitucional do republicanismo norte-americano.

Todos os encontros despertam curiosidade e todos os cruzamentos temáticos tornam-se possíveis.

Apontemos dois destes últimos, que não deixam de se relacionar. A maioria dos filósofos escolhidos, cada qual segundo seu modo de desvelamento do político, suscita a questão de seu uso quando assim desvelado. Montesquieu, que jogou com certa obscuridade, opta pela reserva; a natureza das coisas políticas não deve ser revelada sem necessidade. Locke, "o filósofo da América", inversamente, quer tornar visível o verdadeiro fundamento do governo, fornecer os meios de libertação com relação a toda forma de poder arbitrário absoluto. Essa questão da evidenciação ou conservação na obscuridade permanece uma das mais atuais no universo midiático-democrático propício às falsas transparências.

Os segundos temas cruzados são aqueles referentes à natureza dos regimes e, de maneira recorrente, a validade da opção democrática. Spinoza é "o primeiro filósofo a ter escrito uma defesa sistemática da democracia", a partir de seu repúdio explícito da filosofia política tradicional. Foi também um dos que melhor mostraram a dificuldade de preservar a liberdade. Em seguida, à medida que se anuncia e se materializa a era das revoluções, as paixões entram mais em jogo, exprimem o desejo de democracia ou de sua erradicação. Leo Strauss faz da democracia liberal uma forma de republicanismo. Mas imprime-lhe cores antigas, com a esperança de que daí nascerá um corpo de cidadãos "ativos e orgulhosos". É para sua educação vindoura, e para a nossa, que ele faz o inventário das riquezas do pensamento político.

Le Monde, *25 de novembro de 1994*.

O incômodo sr. Strauss

Leo Strauss, falecido há vinte anos, não era um pensador estadunidense muito tranquilo. Escolheu perturbar, situando-se na contracorrente das modas intelectuais, envolvendo-se na polêmica, embaralhando as pistas que permitiriam situá-lo, atribuir-lhe uma posição precisa na história do pensamento. É um professor universitário – cujos arquivos acham-se conservados na Universidade de Chicago – que não dedica grande estima às disciplinas acadêmicas. É um filósofo que se reconhece igualmente sociólogo e se atribui o projeto de colaborar na fundação de uma "sociologia da filosofia". É um defensor do racionalismo político clássico, que propõe uma crítica radical da modernidade a fim de melhor revigorar a cidadania.

Embora tenha exercido uma influência considerável sobre os "liberais" norte-americanos, nem por isso Leo Strauss deixou de ser maltratado em consequência de interpretações equivocadas e paixões contrárias. Como filósofo, é sucessivamente qualificado de neokantiano (sua formação inicial é a da escola neokantiana de Marburgo), heideggeriano (sua análise das consequências políticas do pensamento de Heidegger permanece uma das melhores), platônico e aristotélico (sua definição da filosofia política caracteriza-se por um retorno resoluto à tradição dos "antigos" contra os "modernos").

Sua exigência o impele a um percurso singular, o que levou a duvidarem da coerência de sua obra. Como pensador da "crise contemporânea da civilização ocidental", é considerado ora um niilista, ora um conservador assombrado pela "ameaça comunista" que receita um "moralismo dogmático". Incontestavelmente, esse autor perturba, terminando por impor sua originalidade a despeito dos obstáculos que lhe são opostos.

Na França, o reconhecimento é tardio: as publicações de suas obras mais importantes multiplicam-se em tradução francesa nestes últimos anos. Como se Leo Strauss, embora falecido, se tornasse uma espécie de autor socorrista numa época de "pensamento fraco" e incerteza. Não obstante, é em 1954, num contexto de Guerra Fria e intensos embates intelectuais, que são publicadas em francês suas considerações sobre a tirania e seu livro *Direito natural e história*. Na época, Raymond Aron viu nesse livro a expressão de um meio-termo entre o existencialismo radicalmente individualista de Sartre, de um lado, e o marxismo dogmático e o moralismo da lei natural, de outro. Depois, vem um longo período de quase esquecimento. Convém, além disso, voltar a atenção, agora que o retorno se efetua, para a coletânea de ensaios e conferências organizada e apresentada com clareza por Thomas Pangle. É uma introdução necessária ao pensamento de Leo Strauss e à sua maneira de responder ao que ele considera a "crise espiritual" de nossa época.

É igualmente importante o esclarecimento desse conjunto pelo notável posfácio de Pierre Guglielmina. Ele faz da obra inteira, que permanece amplamente ignorada, um "desafio à censura". Esta se funda principalmente no livro, publicado primeiramente no fim de 1941, que mais contribuiu para a celebridade do pensador: *Perseguição e a arte de escrever*. Ali é mostrado que a biografia não explica o pensamento – Leo Strauss não sofreu pessoalmente as perseguições nazistas, deixara a Alemanha em 1932 e nunca tratou explicitamente do fenômeno totalitário. Mas sua reflexão sobre a experiência da perseguição, associada ao abandono da "língua da filosofia" em favor do inglês, coloca-o num "caminho original". Este o conduz a condensar seu pensamento sobre o fenômeno, suscitando a questão da arte de escrever e, mais além, da leitura, que, afirma, "precede a escrita". Leva-o também a considerar de outra forma as implicações recíprocas da filosofia e da política: o que é visto, em outros textos, como uma efetivação desta última só pode realizar-se na "vida filosófica".

Leo Strauss dedica-se então a uma leitura inédita, ou heterodoxa, das obras mais importantes dos filósofos ou teólogos do passado. Quer abordá-los "livre dos antolhos dos preconceitos", dialogando com esses pensadores, mantendo uma exigência de crítica interna que é levada até o ponto em que se torna possível "compreender um autor tal como este compreendeu a si próprio". Procedimento cuja força inovadora podemos avaliar nos ensaios da presente coletânea dedicados a Sócrates (iniciador da filosofia política), a Tucídides (acesso à significação da história política), aos pensadores medievais (ocasião do diálogo entre o racionalismo clássico e a revolução) e a Heidegger, que subverte a filosofia e obriga a questionar uma "democracia liberal incerta de si mesma e de seu futuro", preocupada com o risco de "barbarização".

Os repúdios são apontados com firmeza: ao historicismo, contrário a uma filosofia política clássica que permanece "diretamente ligada à vida política" e não toma sua distância senão após ter instaurado essa relação; ao relativismo, que está na origem do "mal-estar de hoje"; a filosofia constituída após a modernidade, porque se autodestruiu em razão de sua visão historicista da história moderna; ao positivismo, que postula neutralidade com respeito aos valores, funda suas distinções no abstrato e legitima-se pelo método. As escolhas são igualmente designadas com firmeza: a de um racionalismo clássico, que não ignora seus próprios problemas e se vê, de certa forma, "tensionado"; a de um retorno ao passado, que se afasta da orientação pelos "sinais modernos" e dá meios para uma libertação; a que visa à "liberdade de espírito mais perfeita possível".

Uma vez que Leo Strauss situa-se igualmente entre os "sociólogos ocidentais", convém esclarecer sua concepção da ciência social e indicar como, ao longo de todos os seus comentários, ele fala para o presente e para o futuro. Sobre a ciência moderna em geral, julga que ela "não cumpriu sua promessa"; ela não cessa de expandir seu poder, incapaz de "dizer em que sentido a ciência é boa". Quanto à ciência social, vê-a desviada pela submissão à exigência de cientificidade imitativa e à especialização. Ela se acha impossibilitada de estudar a "sociedade como um todo, o homem social como uma totalidade". Deve contrabalançar os perigos, operando "conscientemente um retorno ao modo de pensar do senso comum", deve efetuar suas escolhas "com relação aos objetivos globais da sociedade inteira", compreender a realidade social "tal como é compreendida na vida social pelos homens ponderados e tolerantes". Não deve dissociar-se dos valores a fim de se ater exclusivamente aos fatos, mas, ao contrário, compartilhá-los a fim de "compreender desde o interior", de praticar a "compreensão benevolente". De certa maneira, Leo Strauss pratica a leitura do social, bem como a leitura dos grandes pensadores, tendo a política como horizonte.

Desvelar o envolvimento e as crenças dos outros requer a profundidade de seu "próprio envolvimento" – com a reserva de uma capacidade crítica que não se prende à distância estabelecida para garantir objetividade, e sim ao uso da crítica racional que revela a falsidade do que é compreendido com benevolência. Esta dá lugar a uma espécie de paixão raivosa quando Leo Strauss considera a herança ocidental "em perigo". Questiona a irrupção incessante do novo, a especialização cada vez maior, o universalismo postulado sem paixão verdadeira, o pluralismo cultural banalizando o conformismo. Vai contra a corrente para descobrir certezas e virtudes mais antigas.

Leo Strauss convida à redescoberta da civilização ocidental "em sua integridade pré-moderna". Conclama a um humanismo revigorado, a uma exigência de ética – "rainha das ciências sociais" – e de moralidade capaz de fazer prevalecer a justiça sobre a força. O uso reacionário de sua obra é possível, acusaram-no de ser o fundador de uma espécie de culto fundamentalista que corrige a ausência da crença em Deus e na lei natural. A esse risco real é preciso opor o incontestável apreço à democracia, manifestado com a recusa em lisonjeá-la; motivo pelo qual Leo Strauss contribui para a defesa do espírito democrático e o despertar das paixões cívicas. Essa lição ameniza as discordâncias.

Le Monde, *24 de setembro de 1993*.

O Estado esclarecido pela Razão

A filosofia política encontra um novo ardor; em sua esteira, é publicado – finalmente – em tradução francesa o último livro de Ernst Cassirer, escrito ao longo dos meses de agonia do nazismo. E, uma vez que o filósofo avança para a morte, deixa essa publicação póstuma a cargo dos amigos. *O mito do Estado* é conhecido primeiramente na versão abreviada publicada pela revista estadunidense *Fortune* em 1944, mesmo ano em que Cassirer apresenta, em seu *Ensaio sobre o homem*, uma recapitulação de toda a sua filosofia, um resumo de sua antropologia filosófica. A guerra, sinistro revelador, impele-o a dar sua resposta à terrível pergunta: o que é, então, o homem? Retraça em seguida seu trajeto, o de uma busca do autoconhecimento através da História, a fim de alcançar uma compreensão melhor do homem moderno. 1944, 1946, dois momentos na última etapa da carreira de um dos grandes pensadores do século, dois livros complementares compostos na época da grande tragédia. Aquele a quem alcunharam "Olímpico" foi acima de tudo uma testemunha sem ilusões, mas não desesperada, do que tornou o século XX particularmente trágico.

De certa maneira, *O mito do Estado*, fecho da obra, pode ser considerado o testamento filosófico de Cassirer. É uma apresentação do pensamento político e, por meio dele, dos avanços e retrocessos fatais da Razão. O itinerário pessoal está presente: a posição central atribuída ao problema do conhecimento e da relação estabelecida com Kant, sem com isso aceitar ser classificado sob a bandeira do neokantismo; o apego à história da filosofia, denotando uma preferência pelo Renascimento e pelo século XVIII. Cassirer é o fiel herdeiro do pensamento da era iluminista. Em linhas gerais, seu procedimento é firme: ligar todo sujeito à totalidade da experiência humana – ciência, história, religião, literatura, arte; mostrar que todos os meios de expressão cultural contribuem *igualmente* para o conhecimento que a humanidade pode ter de si mesma, de seu mundo e sua época.

Foi sobretudo por sua exploração das "formas simbólicas", considerando-as sucessivamente na linguagem, no pensamento mítico e na fenomenologia do conhecimento, que o filósofo alcançou a celebridade. Contudo, a partir do momento em que se volta à história da teoria política, o mito torna-se o inimigo, o agente nefasto gerador das perversões do poder e dos extravios coletivos. *O mito do Estado* é também uma epopeia filosófica, o relato das "lutas" travadas contra o pensamento mítico e seus efeitos no movimento do pensamento político. Ernst Cassirer dá o tom desde a abertura do livro. Parte de uma constatação e uma questão: o mito exerce uma "dominação manifesta" sobre a racionalidade em vários sistemas políticos então contemporâneos; como essa "vitória" foi possível? Ele vê nessa "derrota total e irrevogável" a fonte das incitações e coerções que conduziriam o homem moderno "a regredir ao estágio mais primitivo da cultura humana". As manifestações dessa descivilização multiplicavam-se, anunciavam outras, compunham o horizonte trágico do pensador.

Ele se empenha em compreender a origem, o caráter e a influência dos mitos políticos modernos, sua relação com as violências que ensanguentaram a primeira parte do século xx. O que o leva, previamente, a recensear e avaliar as interpretações concorrentes e contraditórias do mito, a invocar a teoria filosófica que propôs para este último. O debate aberto com os antropólogos "ficou datado", como se diz, porque as informações acessíveis eram então pouco renovadas (Frazer, Tylor, Lévy-Bruhl e Muller no caso da mitologia comparada); da mesma forma, a relação estabelecida entre o universo mítico e o universo teórico, científico, não poderia evidentemente dar conta das conturbações recentes do segundo – por exemplo, da relação "intercrítica" entre ciência e mito, cujo artífice foi Henri Atlan.

Segundo Cassirer, o que importa no mito é a forma – perfeitamente lógica – e não o conteúdo; é a capacidade de "aplicar-se a qualquer objeto" e confundir o trabalho da

Razão em seu próprio terreno. Ele não surge unicamente de um processo intelectual, "ele mergulha no mais profundo da emoção humana", é "a própria expressão da emoção". O simbolismo mítico "leva à objetivação das emoções". É nisso que ele se torna politicamente nefasto. Ele impede a Razão de ser o "soberano do mundo", segundo a formulação de Hegel.

Não compreendemos a escolha de discorrer sobre todas as etapas da luta ocidental contra o pensamento mítico desde os tempos em que os gregos excluem o "maravilhoso" (Tucídides) e tornam-se os pioneiros do pensamento racional e os primeiros teóricos do Estado – especialmente com Platão, que "opta por uma teoria da política e não por uma simples rotina de prescrição empírica". Na esteira grega, a teoria medieval define o Estado de direito, governado pela lei, fiador da justiça, mas faz o Bem depender de uma autoridade supra-humana, da vontade de Deus. O que se expõe em seguida é uma espécie de alforria que rompe essa dependência, com seus momentos fortes e fracos. Durante o Renascimento, "o espírito moderno começa a encontrar seu caminho". Maquiavel elabora uma nova ciência política, produz uma teoria do Estado secular, abre caminho para os políticos realistas e com racionalidade calculista. No século XVIII, durante o período do Iluminismo, a filosofia política é vista como "o verdadeiro centro de todas as atividades intelectuais", mas o interesse prende-se menos à renovação teórica do que à "grande luta política" e à afirmação dos direitos de todo homem.

O primeiro desencanto pós-revolucionário acarreta um questionamento. Enquanto "o mito é uma coisa bárbara" para o pensamento do século XVIII, ele se torna a principal fonte da cultura humana para o romantismo alemão. Schelling vê nele, mais que o aliado da filosofia, seu "acabamento". A estrada está aberta para todas as "glorificações do mito" na época moderna. Cassirer aponta dois culpados principais. Carlyle, que exalta o culto do herói e do heroísmo na História, constitui-se teórico de uma espécie de "heroiarquia". Gobineau, que alia o culto da raça ao culto do herói, afirma que as "melhores qualidades dos grandes homens" são as de sua raça e dá uma aparência de fundamento científico a esta afirmação: a História só existe nas nações brancas. Hegel é singular, tem outra envergadura: nenhum sistema filosófico "exerceu influência tão forte na vida política" como o seu. Mas sua concepção da História e do Estado faz deste "a própria essência da vida histórica", "a realidade suprema e perfeita"; e sobretudo, quando seu pensamento parecia ser o triunfo da Razão, contribuiu para "deflagrar inconscientemente os poderes mais irracionais".

Às "situações desesperadas", ele respondeu com "meios desesperados", que transformaram o mito num instrumento de "rearmamento mental" e contribuíram para que a força do desejo coletivo pudesse encarnar-se num chefe. Cassirer tira uma lição para todas as épocas: quando as forças intelectuais, éticas e artísticas enfraquecem, "o caos retorna". A ameaça reaparece aqui e ali e, nesse sentido, esse ensinamento encontra todo o seu vigor; ainda que duvidemos de que o governo da Razão possa dissipar todas as ilusões nefastas e que a política se mantenha sem uma parcela de contribuição do mito, do imaginário e das paixões.

Le Monde, *29 de janeiro de 1993.*

A democracia, precisamente

No pandemônio de nosso tempo, a democracia está à volta com todas as confusões. Os que se beneficiam disso julgam-na deficitária, debilitada ou pervertida. Os que sonhavam com ela sob a opressão a descobrem com dificuldades de existir, mesmo que a sujeição totalitária tenha sido abolida. Os que a esperavam como o fecho das descolonizações estão, em sua maioria, cada vez mais impacientes sob o regime do clientelismo de Estado.

A confusão também afeta as noções e teorias, bem como os discursos que as validam: por exemplo, quando a democracia direta é oposta à democracia por delegação, a democracia decretada popular à democracia postulada formal, a democracia representativa à democracia de massas, fundada na mídia e nas avaliações da opinião pública. Parece que o regime democrático se identifica mais claramente por diferença, pelo que não é, pelo que lhe próprio na diversidade de suas realizações históricas e atuais. A democracia, aliás, é muito mais que um regime político, que um sistema de instituições: a pluralidade dos pontos de vista de que ela deriva manifesta isso suficientemente. A ambição de Jean Baechler o leva a situar-se num nível tal que possibilite propor "uma verdadeira análise da natureza da democracia em geral", alimentando a teoria "das experiências democráticas da humanidade" – em suma, dar forma a uma "ciência da democracia" da qual esse compêndio é a primeira figuração.

Trata-se aqui de redescobrir uma tradição, predominante até o século XVIII inclusive, que reconhecia a "centralidade do político" nos assuntos humanos. Para Baechler, não há nenhuma dúvida: o político é a ordem que torna possíveis todas as outras. O estado político opõe-se ao estado de natureza, abre a possibilidade de atualizar as virtualidades humanas sob forma de culturas. Desde a origem, a condição do homem "é antes de tudo política". Os especialistas em antropologia política concordarão amplamente quanto a esse ponto inicial. O autor vai muito além: a natureza do político é de caráter democrático; nesse sentido, "a democracia não é uma descoberta moderna nem uma invenção grega", "ela foi descoberta por ninguém e por todo mundo". Ela está presente desde o começo: o bando e a horda propõem "uma transcrição excepcionalmente pura dos princípios democráticos"; são instituições sem relação com as produzidas pela modernidade, mas nem por isso deixam de ser democráticas. A forma ideal, depurada, da democracia se encontraria então nos estados primordiais do político.

Toda a empreitada de Jean Baechler o leva a construir um modelo ideal da democracia e confrontá-lo com as realizações que são suas atualizações mais ou menos aproximadas, mais ou menos falseadas ou pervertidas. Ele procede por evidenciação "de princípios", por definições e deduções, excluindo tudo que estiver ligado às opiniões, paixões e ideologias, recusando demarcar os saberes particulares que multiplicam os pontos de vista sobre a democracia, rejeitando parte do vocabulário especializado e substituindo-o por neologismos. É o caso de *politie* – que não é o simples substituto de "unidade política" – ou *agorie* – que designa os espaços sociais em que se confrontam os interesses particulares. Mas é possível tratar do político, e não somente da política com suas ambiguidades e astúcias, sem levar em conta as simbolizações, as dramatizações, os efeitos de influência e controle que são igualmente seus constitutivos? Em outros termos, uma apreensão, uma ideia primeira do político e, logo, da democracia pode ser puramente racional?

O edifício teórico construído por Jean Baechler aprisiona por seu rigor, não conseguimos nos libertar dele facilmente. Na base, uma definição do homem que reúne liberdade, racionalidade e finalidade. A primeira está ligada à "natureza problemática da espécie", cujas virtualidades atualizam-se numa cultura. A segunda faz do homem um calculador, inventando "boas soluções" para os problemas que se lhe apresentam. Ambas lhe permitem perseguir fins determinados. Ele deve ser "social" para realizá-los, por conseguinte não pode escapar à "coerção implacável dos conflitos". É a obrigação vital de não deixar que estes se transformem em luta mortal que faz aparecer esse grupo específico, a *politie*, que apazigua em seu âmbito e orienta a violência para os perigos externos. A paz interior procurada "pela justiça e pela justeza", é este o objetivo.

A instauração dessa paz não acontece sem poder. Três formas – ou modos – são discernidos: a força, que implica ameaça e capacidade de recorrer à violência; a autoridade, que repousa num "carisma", superioridade recebida de um princípio transcendente; a direção, que põe em ação a competência servindo o interesse dos que obedecem. Essas modalidades combinam-se de maneira específica, conforme os regimes políticos, com um modo dominante e valorizado que as caracteriza: a autocracia, pela força; a hierocracia, pelo carisma; a democracia, pela direção; cada um desses tipos se diversificando em suas realizações e corrupções históricas. O regime democrático é aquele "cuja natureza é a mais apropriada à solução dos problemas suscitados aos homens por sua natureza". É todo o sentido da demonstração realizada em função do "modelo da democracia pura e perfeita" e não do estudo das democracias reais.

Três momentos principais balizam a argumentação.

Antes de mais nada, a diferenciação do privado e do público, dos interesses particulares e dos comuns: os primeiros só podem coexistir na medida em que se formam equilíbrios ou "interesses medianos"; os segundos estão presentes em cada interesse particular e prevalecem sobre ele, não se reduzem a um "interesse geral", que é qualificado de fictício. Por serem a condição de realização dos interesses particulares, os interesses comuns devem ser "realizados em comum", o que requer um espaço social onde todas as interpretações do interesse, ou do bem comum, possam confrontar-se e orientar as escolhas. Nessa dupla acepção, a democracia penetra progressivamente todas as ordens de atividades.

Segundo momento: o estatuto do poder e dos dirigentes em democracia. Todo poder é aí uma delegação "circunscrita, temporária, reversível", atribuída pelos "obedientes" como "atores concretos singulares" e não como coletivo fictício. É a partir dessas exigências que se avaliam as instituições democráticas, seu grau de autenticidade.

O terceiro momento considera as virtudes que a democracia exige e as condições que a tornam possível. À frente das primeiras, situa-se a disposição permanente de fazer prevalecer o interesse comum sobre o interesse particular. Em seguida, vêm as virtudes cívicas, que regulam o exercício da liberdade, e as virtudes políticas, em que figuram os "espíritos" de concórdia, tolerância, compromisso e justiça. É saudável, oportuno nessa época de complacências, lembrar as coerções impostas pela democracia. As condições que a fazem existir e manter-se são a pluralidade dos centros autônomos de decisão, a capacidade de opor contrapoderes ao poder, a possibilidade de manter-se num sistema de relações exteriores que não engendre a concentração do poder, a "imperialização".

A democracia é bela, ideal, exposta à luz da pura razão. Jean Baechler não ignora suas desvantagens nem suas corrupções, sabe que as democracias, como as civilizações, são mortais. Mas agarra-se firmemente às suas certezas. A do historiador: o movimento de democratização é "a causa última da modernidade", convicção que oculta as potências que a sobremodernidade opõe ao exercício da democracia. E sobretudo a do filósofo: a democracia é o regime "mais apropriado aos fins do político". Em período de dúvida e ceticismo, a afirmação destoa, mas pode despertar o interesse pela coisa pública.

Le Monde, *23 de setembro de 1994*.

O uso político das paixões

As emoções e paixões nunca deixaram de acompanhar a vida política. Sabemos disso, mas não raro há reticência em lhes reconhecer o lugar que ocupam. Elas põem forças obscuras em movimento, embaralham o jogo dos interesses, perturbam os cálculos e as estratégias, irrompem durante os períodos críticos ou estão a serviço de regimes funestos que as utilizam a fim de melhor subjugar. Não gozam de boa fama junto às políticas que se pretendem e se dizem racionais, competentes e imparciais. Parecem, ao irromper no espaço político, derivar mais da consideração clínica que das preocupações com o bom poder...

A permanência das paixões políticas é desconcertante, ou melhor, enigmática. Resistem a tudo, ao movimento histórico que lhes dá outras formas ao conservá-las, ao progresso e aos avanços da razão que visa debilitá-las, às mutações dos regimes políticos que as canalizam paulatinamente pelas coerções do direito e dos dirigentes. Nas sociedades da tradição, os grandes dispositivos simbólicos e rituais as continham ao controlar seus transbordamentos e orientar suas manifestações. Hoje, elas são repelidas para os bastidores dos poderes, que procuram torná-las discretas. O passado recente – a lembrança dos totalitarismos que as utilizaram para fins funestos – condenou-as, aliando-as aos fanatismos criminosos. O lugar crescente atribuído ao especialista, aos meios técnicos do governo, à gestão burocrática e à vigilância da opinião pública reduziu-as aparentemente a uma espécie de existência residual.

Pierre Ansart, sociólogo das ideologias e do imaginário social, acaba de fechar o percurso erudito por dez autores que descreveram as paixões em períodos e sociedades bem diferentes. Para começar, justifica esse "grande percurso" iniciado com o encontro de Confúcio e concluído pela releitura dos textos políticos de Raymond Aron. Cumpria revelar, e é este o tema insistente, que toda abordagem é a do clínico. As paixões políticas não permitem a neutralidade indiferente dos observadores e analistas: uns procuram os meios de ponderá-las, domesticá-las, outros as tratam como instrumentos do poder. E nenhum consegue desligar-se de seu próprio investimento passional.

Cada um dos autores selecionados, situado com rigor em relação à sua obra, sua época, seu engajamento na sociedade e na vida política, permite manifestar um aspecto do regime das paixões e seu uso para fins políticos. Pierre

Corneille serve ao amor do rei, faz do poder monárquico o "lugar decisivo da paixão", o lugar da tragédia. Karl Marx incita a "repensar as paixões políticas pelo viés dos períodos revolucionários". Alexis de Tocqueville identifica as "paixões gerais e dominantes" e procura em quais sentimentos se enraíza a paixão da liberdade política. Se Freud serve para decifrar o inconsciente político, Charles de Gaulle aparece logo depois para mostrar como as provações da nação conduzem a fortalecer a paixão nacional, tornando-se o teórico da nação e da legitimidade política arrastadas pelas tormentas.

As primeiras etapas do percurso efetuam o desvio pelas obras fundadoras, aquelas que revelam ao mesmo tempo a antiguidade do problema e a desconfiança com respeito às paixões políticas. Confúcio procura a conformidade emocional pelo formalismo dos ritos. Platão considera as paixões relacionando-as ao ciclo dos regimes políticos, liga-as à insatisfação dos desejos e à imperfeição da cidade, procura as condições "capazes de evitar os distúrbios destruidores" que elas engendram. Santo Agostinho, opondo a cidade terrena à cidade celeste, afirma a impossibilidade da primeira de alcançar a conciliação das paixões; admite que pode realizar finalidades que entram no desígnio divino, mas a pacificação verdadeira reside "no coração de cada um". Pierre Ansart demora-se mais na companhia de dois clínicos que se pretendem isentos de preconceitos.

Maquiavel faz de Florença o observatório das paixões políticas, e do Príncipe, o beneficiário das lições que ele tira da experiência e da referência à história da Roma antiga. Constata que as paixões estão sempre em jogo na ação política, ao mesmo tempo permanecendo submetidas às condições históricas e às conjunturas. Ele lhes restitui a dinâmica estudando o exercício do poder, "as relações entre atores apaixonados", os momentos críticos – guerras e revoltas – que exasperam as paixões. Prende-se a duas questões: o poder joga com as paixões, mas quais são aquelas que ele traz em si? Todos os sistemas políticos defrontam as paixões, mas qual é aquele que proporciona o melhor equilíbrio? A resposta é: a república.

É em Raymond Aron, "espectador engajado", que Pierre Ansart reconhece aquele que, inspirador de uma "política arrazoada e racional", mais contribui para uma possível "clínica das paixões". Aquele que considera estas últimas não em si mesmas, mas em seus efeitos aceitáveis ou nefastos, com a distância crítica que liberta das ilusões. Duas "situações exemplares" são enfatizadas: o totalitarismo nazista e o regime soviético em sua relação com os comunistas nacionais. A primeira estuda a gênese de um fanatismo, de uma patologia política. A segunda volta-se sobretudo para o fascínio exercido pelo comunismo sobre os intelectuais em período de Guerra Fria e ideologização extrema. Pierre Ansart expõe sem paixão o que foi o momento passional de embates intelectuais quase esquecidos.

Ao fim dessas dez lições, ficamos ao mesmo tempo convencidos por tantos argumentos reunidos durante o percurso e perplexos. Continuamos a duvidar de que as paixões possam ser duradouramente subjugadas ou de que não haja nenhum risco em querer aplacá-las, e que o clínico possa ser dignificado como eficiente "conselheiro do Príncipe".

Le Monde, *25 de abril de 1997*.

As recomposições da memória

Do passado, ninguém faz tábula rasa, em tempo algum. Ele está sempre presente, sempre ativo. Tudo forma memória, em nosso entorno e em nós, não só nos conservatórios que são os diversos patrimônios. Memória múltipla, difusa, mascarada também, não raro mutilada, que as circunstâncias levam a utilizar, a "programar" à maneira de uma memória informática. Nenhum povo, nenhuma sociedade, nenhum indivíduo poderia existir e definir sua identidade em estado de amnésia; a memória encontra refúgios quando os poderes querem torná-la cativa ou aboli-la. Contudo, nos ensinam as ciências sociais e a história, a relação dos homens com a memória é sempre complexa, ambígua, afetada pelos cálculos e as emoções. Ela não acontece sem esquecimento, recalcamento, triagem seletiva. Ela se inscreve no espaço do imaginário e do simbólico, alimentando-os. Sobretudo, é constantemente uma questão política; encontra-se sob a vigilância do poder estabelecido, e os adversários deste último usam algumas de suas armas.

A queda dos totalitarismos do Leste Europeu restitui à memória coletiva o mais vasto e prolífico campo de manifestação. A grande distensão a faz surgir de todas as fraturas de um mundo que o comunismo stalinista unificara e congelara utilizando todos os meios da violência. É a esses países dos renascimentos e combates da memória que é dedicada uma série de estudos, trabalho de um grupo que alia testemunhas do acontecimento e especialistas das ciências humanas.

A memória coletiva – da qual a Europa Oriental torna-se a "terra eleita" – é o centro dessas pesquisas, não a análise política das situações. Uma vez "abatidos" os senhores do esquecimento e abertas as prisões onde estava encarcerada, ela invade um mundo em fusão e subitamente "possuído pelo passado". É a relação da memória com o poder totalitário e o acontecimento libertador, a relação da memória com a história imediata que está em causa aqui. E, nesse movimento, o conhecimento se efetua de certa forma no calor da hora, nas turbulências, nas ambiguidades, nas incertezas identitárias, nas rivalidades e nos conflitos. É preciso, nas palavras dos apresentadores do livro, transformar-se em "caçador de memória".

Nessa caçada, a memória é capturada sob três aspectos principais: "apagada, manipulada e disputada". O apagamento afeta mais que as fontes de informação que alimentam a consciência histórica; ele atinge os lugares, sua denominação, sua dramatização ritualizada. Os topônimos passam a ser uma questão política. As celebrações do novo regime transformam-se numa liturgia quanto mais deficitária for sua legitimidade, quanto mais fraco for seu enraizamento histórico. Alguns dos lugares – como o solar polonês, o *dwor*, objeto de um dos artigos – estão fadados à destruição porque evocam uma "tradição nefasta". Os mitos antigos contrários devem perecer com seus suportes.

A memória manipulada mostra-se plenamente na organização do culto dos fundadores. Porém, se a libertação acarreta uma dessacralização e uma paixão iconoclasta, nem por isso deixa de subsistir uma relação ambígua. As estátuas de Stálin são derrubadas, mas a prática popular ainda cultiva a "religião leninista", uma espécie de devoção ao ícone. A rejeição atual não pode abolir tudo, assim como a revolução foi incapaz de impor uma ruptura total com o passado. Da mesma forma, a comemoração ajusta-se às circunstâncias, encarrega-se de contribuições oportunas, a ponto de ser paradoxal. Por exemplo, na Alemanha Oriental, onde a capitulação alemã torna-se a referência fundadora, o signo das resistências heroicas ao regime nazista, o momento originário de uma comunidade de homens "vítimas do fascismo e do militarismo". Um dos estudos desse belo conjunto narra e interpreta histórias de vida: as dos que sofreram duplamente, antes do advento do comunismo e após serem expulsos do poder pelo stalinismo. Nele, vemos um embate entre memória pessoal e memória "oficial", uma inibição em que tudo se anula a fim de calar o servilismo, o medo, a repressão sofrida. O fechamento da memória traduz-se em regra do silêncio.

Os acontecimentos do ano passado impuseram, entre outras reivindicações, a do "direito à memória". No fim dos anos 1970, na União Soviética, escritores, criadores, e não mais apenas os dissidentes, começavam a usá-lo como tema de suas obras. Ousavam "explorar as manchas brancas de sua história". É agora, e para todos, que é hora da memória – esse "oceano sem margens". O passado volta por sucessivos alargamentos, ondas que se contrapõem e misturam, que provocam recomposições cambiantes. Apesar de tudo, percebemos o que está em jogo. E, em primeiro lugar, uma terapia, ou melhor, uma *catarse* pela qual a sociedade se liberta de um passado opressivo, marca o fim dos tempos da submissão e do esquecimento. Em seguida, uma reconquista colocada a serviço do restabelecimento de uma identidade e uma genealogia coletivas alteradas pelo stalinismo, uma empreitada necessária à remodelação do laço social. A memória aparece assim como a retomada de uma "conquista" e a condição da ação.

Mas, convém sublinhar, o singular é enganador. O renascimento é o de memórias em luta, envolvidas em verdadeiras batalhas, "vingativas" porque ligadas a questões diferentes ou contrárias. A memória é sempre plural, fragmentada; na URSS, os movimentos Memorial e Pamiat, nesse aspecto, são reveladores. O primeiro luta contra o esquecimento das vítimas do período stalinista, tenta restituir um vigor ao civismo, contribuir para uma transformação democrática; donde se conclui que a democracia não existe sem memória livre. O segundo visa à salvaguarda da herança, provoca o retorno das tradições, reativa as diferentes correntes do nacionalismo russo – e mesmo as exclusões de que estas eram artífices. De um lado, uma memória antistalinista, de outro, uma memória nacionalista, que obedecem a lógicas radicalmente distintas. Nas turbulências e incertezas do presente, as recomposições da memória também podem exacerbar as divisões, os particularismos e os conflitos, ressuscitando paixões nefastas.

Os responsáveis por essa obra coletiva – essencial para a compreensão dos acontecimentos do Leste – não deixam de nos lembrar que a questão da memória é igualmente nossa. Por outras razões, evidentemente menos trágicas, a modernidade nos colocou em desvantagem. Alguns não hesitam nem em proclamar a desorientação de nossa memória, nem em denunciar a substituição da memória viva por múltiplas memórias artificiais. A "obsessão comemorativa" manifesta um sentimento de extirpação do passado, um enfraquecimento da legitimação pela tradição, uma inquietude diante de uma história imediata esfacelada e de orientação incerta. Os distribuidores de certeza podem assim estender melhor *suas* armadilhas à memória a fim de impor *sua* ordem.

Le Monde, *22 de junho de 1990*.

Visões dos desfavorecidos

Começa a ficar para trás a época em que os vencedores ocupavam a cena, em que a narrativa do desempenho impunha-se à maneira de uma epopeia contemporânea. A miséria – e as pequenas misérias que corroem as existências – parecia então em vias de extinção; pelo menos nos países considerados ricos e capazes de se tornar cada vez mais ricos. A paisagem social mudou, os infortúnios e males não podem mais ser mascarados pelas aparências. Eles ainda são aplacáveis, mas o esforço do Estado-providência e as solidariedades privadas aproximam-se do limite. A nova pobreza, a exclusão e a marginalização, a ejeção do trabalho e o desconforto não são mais redutíveis a uma fórmula geral que os transforma em abstrações, em problemas: "mal-estares sociais".

Os políticos sabem disso, criticados que são por estarem muito longe das preocupações e dificuldades de vida cotidiana das pessoas comuns, de conhecê-las sobretudo por mediações – dados estatísticos, relatórios de comissões e especialistas, informações burocráticas. Só o acontecimento os coloca em relação direta, em situação de conhecimento imediato e de urgência. Eles são regularmente convidados a estar presentes em "campo", a acolher a "palavra" daqueles que representam, a ser atentos ao que se vê de baixo.

Os sociólogos não podem ignorar esse apelo, que também lhes concerne por incitá-los a romper o cercado da profissão e reduzir a distância que a exigência científica lhes impõe. Devem ser não o impotente remédio das falhas, mas fatores de compreensão e interpretação, ao mesmo tempo preservando o rigor do método. Eles contribuem para fazer vir à tona, tornar manifestos, multiplicar os pontos de vista ocultados pela submissão à ordem das coisas e à máscara dos interesses.

Atualmente, em consequência da proliferação das situações críticas, a sociologia reproduz os procedimentos que a caracterizavam na época das grandes crises sociais. No século XIX, quando o sociólogo se constituía – nas palavras de Gérando, observador da condição indigente – o "visitador do pobre". Durante os anos 1920 e 1930 nos Estados Unidos, quando a "grande depressão" espalhava por contágio as misérias individuais e as violências coletivas. Nessa época, Chicago tornava-se o centro de uma escola sociológica influente. Era o local de nascimento da ecologia urbana e de uma prática que alia o procedimento sociológico à "observação participante" dos antropólogos, que recolhe os depoimentos pessoais e reconstitui as "histórias de vida".

Trata-se de reunir diretamente, mediante reiterados contatos e conversas, observações múltiplas e, em seguida, organizá-las com a ajuda de uma progressão teórica que abrace o movimento. Em circunstâncias diferentes, mas contra o mesmo fundo de miséria social, por um recurso a métodos semelhantes, mas com meios novos e um equipamento teórico elaborado por ocasião dos estudos anteriores, a equipe da qual Pierre Bourdieu foi ao mesmo tempo idealizador e principal ator operou por trás dos "tapumes que escondem as verdadeiras razões do sofrimento". Dessa pesquisa coletiva, que abre um leque de perspectivas, resulta um livro imponente, feito para ser lido e visto. É uma coletânea de histórias individuais, expostas como situações, construídas a partir do "discurso natural" de cada interlocutor, esclarecidas pelos comentários que democratizam a "postura hermenêutica" ao assumi-la a respeito das "narrativas comuns de aventuras comuns". Essas histórias ajudam a compreender por que as pessoas são o que são e fazem o que fazem. Cada uma delas pode ser lida como um pequeno conto; Bourdieu tem razão ao apontar isso, evocando nessa ocasião Faulkner, Virginia Woolf e Flaubert, que ensinava a dirigir a Yvetot o olhar atribuído mais comumente a Constantinopla.

O livro é igualmente feito para ser visto, adaptado a uma cultura em que o visual prevalece. Não por razões iconográficas, e sim tipográficas. A diagramação se transforma em encenação; os relatos se ligam como num filme com múltiplos personagens ilustrando os múltiplos rostos das misérias atuais; o ritmo é dado pelas mudanças da fonte escolhida para a impressão, segundo a natureza do texto, e pelas citações em corpo grande, que assinalam encadeamentos de sequências.

Para estas, quatro títulos principais: *o espaço dos pontos de vista, efeitos de lugar, a abdicação do Estado, declínios*, concluídos por um epílogo ao mesmo tempo científico e político. A abertura se dá pelos espaços que se aproximam, obrigam a coabitar, difíceis de viver porque impõem o enfrentamento de "visões do mundo" e costumes pouco compatíveis – onde a interação social revela cotidianamente a "miséria de posição". É aí que as "misérias da coexistência" fortalecem as "misérias de cada um". Os estrangeiros, os jovens, os desempregados e os remediados, os zeladores de conjuntos habitacionais, os trabalhadores sociais e a comerciante "saqueada", líder de um comitê de defesa, são figuras ilustrativas. Como são suas contradições: eles têm o desejo de ser ouvidos, mas não escutam; a vontade de serem integrados, mas o racismo exclui as tentativas de suprimir a imagem do gueto, mas as pessoas que estão "mais ou menos bem de vida" vão embora ou sonham viver em outro lugar; a tentação de agir, de recuperar a iniciativa, mas uns estão na expectativa de um populismo vigoroso, enquanto outros estão convencidos de que isso é apenas uma maneira de "disfarçar a pobreza".

Os lugares ditos "difíceis" são a princípio difíceis de descrever e pensar. Numa comparação esboçada entre as situações norte-americana e francesa, adverte-se contra o efeito das fantasias, imagens e emoções, que levam a assemelhar umas às outras. É um convite a rechaçar "o espectro da síndrome americana", a ver antes nos Estados Unidos – como numa "utopia negativa" – o que poderia produzir-se. Compreender o que se observa em "campo" requer o desvio pelo Estado, o reconhecimento dos encadeamentos que vão desse centro "até as regiões mais deserdadas do mundo social".

Devemos partir do que compõe a "visão de Estado" e de sua construção pela mídia segundo sua própria lógica, do que contribui para transformar os problemas pessoais em problemas de sociedade, da alçada de uma responsabilidade pouco localizável. Em seguida, a sociologia de proximidade inverte o percurso: ela descobre o fracasso escolar e as gafes da instituição pedagógica, o mal-estar dos juízes e o jogo duplo institucional, a "desordem nos agentes da ordem" e a miséria da "polícia dos pobres", a "dupla restrição" sofrida pelos trabalhadores sociais e a instituição colocada sob o efeito do medo das pessoas na rua.

As "imagens" da última sequência, os relatos de vida que lhes são associados são aqueles que balizam as etapas das decadências engendradas pelas grandes transformações em curso nas décadas recentes. Ilustrações do alto custo social das mutações. Agricultores que se veem em dificuldade de viver ou garantir sua sucessão em razão das deserções da descendência. Operários siderúrgicos que o fim de seu mundo arrasta em sua extinção, e todos aqueles cujo trabalho se desqualifica, reduzindo-se a atividades intermitentes, cujo trabalho não alimenta mais a consciência operária nem a militância. Demitidos por motivos econômicos, inclusive os executivos, que têm as carreiras interrompidas e sofrem o "desdém de seu círculo". Pessoas cujas profissões se extinguem, como os pequenos comerciantes, ou declinam quando as dificuldades de exercê-las aumentam, como os professores confrontados com a violência escolar. E todos os que exprimem sua certeza de que "nem tudo vai bem".

Não é um inventário das queixas, mas formas de um mesmo apelo: ser visto, ouvido, compreendido; não ser abandonado e anônimo no caos dos mal-estares sociais. Com efeito, Pierre Bourdieu esclarece que não se trata de considerar "casos clínicos", mas de compreender e interpretar num mesmo movimento. É preciso poder colocar--se em pensamento no lugar do outro, ter o "olhar abrangente". Bourdieu chega até a transformar o método no que qualifica de "exercício espiritual por esquecimento de si". O que é também um convite a fazer política de outra forma, escapando da "alternativa da arrogância tecnocrática" e da "abdicação demagógica".

Le Monde, *26 de fevereiro de 1993.*

Desafios e riscos

O poder domesticado

Um casal ambíguo lidera as encenações do trágico nos palcos destes tempos: o da potência casada com a impotência. Nunca antes o poder-fazer humano alcançou o nível que agora o caracteriza. Empurra cada vez mais depressa e para mais longe as fronteiras do impossível. Multiplica as redes que religam e ligam, os autômatos que operam, as organizações que racionalizam e definem para cada um funções profissionais, as coisas e imagens que seduzem – e os instrumentos de que se armam os enfrentamentos nascidos do desejo de potência, dos interesses e das paixões. A capacidade do saber e a capacidade do poder desenvolvem-se em conjunto; valorizam o êxito, o desempenho, até em seus excessos; impõem a crença de que estes serão eliminados por novos avanços, por mais ciência, técnica, lei e razão corrigindo-os e reduzindo seus efeitos nefastos. É a visão otimista que faz do homem o senhor de suas obras e destas, suas servas.

Inversamente, é a impotência diante das desordens, da complexidade, dos riscos por falta de controle, das dominações insidiosas, da potência desenfreada e das violências multiformes que se encontra destacada. Numa efusão oposta, a sobremodernidade se descobre sob o aspecto de seus estragos, nas formas da arrogância tecnicista e do cálculo cínico com o qual ela faz suas justificações. O mundo tende a transformar-se numa espécie de megamáquina, o homem contemporâneo, a tornar-se um ser mal identificado, e o laço social, a distender-se, quase sempre até o ponto de ruptura, que significa a ignorância ou a rejeição do outro. As imagens que ilustram essa visão são reveladoras: mostram a desnaturação do meio, a escalada dos perigos, a brutalidade das desigualdades, os avanços da exclusão, o mal-estar individual diante das incertezas e da precariedade, as regressões – por passividade ou violência – causadas por uma fatalidade imputada a tipos de entidade fora do alcance das pessoas comuns. Os demônios da potência dispõem de meios incrementados, o sentimento de incapacidade aumenta na mesma proporção.

Essa tensão nunca esteve ausente, embora tenha ganhado em intensidade e seja hoje vivida como uma defasagem quase insuportável entre o poder-fazer e a multiplicação dos problemas sem solução imediata, que se traduzem em inúmeras vidas destruídas. É, mais uma vez, a descoberta, após a queda das ilusões – a do crescimento econômico contínuo e cada vez mais bem distribuído, a da grande transformação realizada pelo voluntarismo revolucionário –, de que nenhuma sociedade dá trégua aos homens que a compõem. Ela está sempre por ser feita, em progresso, sem que haja fim. Denis Duclos, em seu livro, parte justamente desta constatação: os seres humanos têm capacidade de "retroagir em sua história". Está plenamente convencido de que nossa potência, sozinha, é incapaz de "responder aos malefícios da potência".

Procura outras saídas, passagens mais discretas, lugares onde é possível jogar com "a tensão entre as representações globais (identidade, Estado, ciência, mercado...) e o que insiste em revolvê-las". Isso é, segundo seu próprio conceito, constitutivo de uma *civilidade* que as grandes instituições e a mídia fazem esquecer. Não se trata mais de recensear e ordenar tudo, de gerir tudo com a ajuda de controles remotos e autômatos cada vez mais eficazes, de regulamentar tudo para corrigir os abusos e conter os riscos. Não se trata mais, inversamente, de restaurar a esperança em uma ruptura radical e uma história totalmente diferente. As conquistas não são negadas e os entusiasmos, que engendram a "histerização da potência", tampouco. Denis Duclos empreende a exploração aventurosa daquilo que permite "permanecer humano em sociedades complexas". Ele aponta as possibilidades de "jogar com os interstícios entre as instituições, as leis, as ordens sociais, as tradições ou as identidades", de escapar ao confinamento e às armadilhas do "consentimento oculto". Pede que seja "moderado todo entusiasmo por um *ícone*; identidade étnica, utopia técnica, Estado de direito ou sociedade pré-regulada". Às técnicas da potência, ele opõe as da civilidade.

Esta não substitui a crítica social moderada ou radicalizada. Ela é de outro tipo, que se revela indefinível e, não obstante, impõe sua presença, sua força, a fim de que haja social e que ele "resista". Ela resulta da constatação de que "sempre temos algo a ver" com o que acontece. Ela é uma aptidão, uma vigilância, uma capacidade moderadora, uma faculdade de "civilizar" tudo o que está vinculado à ordem. A civilidade é o que alimenta as "resistências múltiplas" do corpo social, o que conduz ao reconhecimento dos limites e, assim, a não deixar as "instâncias de toda cultura" desviarem sua própria força. Denis Duclos identifica armadilhas e estratégias possíveis, considerando a civilidade em suas relações com a identidade e as imagens que ela opera, com a lei e a ordem que ela define, com a ciência, as técnicas e as formas de organização que ela dota de novos meios.

A identidade manifesta-se no que tem de paradoxal: responde a uma carência, a uma "necessidade", mas pode gerar um reforço simplificador e "desencadear as agressões da potência". O trabalho da civilidade, sem negar nem ocultar a afirmação identitária, consiste em reinscrever esta última "nos limites de um uso negociado, sem sofrer suas distorções espontâneas". Após a identidade, a lei, entendida em sua acepção ampla como o que, por "convenção", "organiza os homens estabelecendo suas implicações mútuas" – nos domínios do político, do jurídico e do econômico. A regra convencional exprime-se por coerções "ao mesmo tempo necessárias e fontes de distorções que a civilidade deve moderar". Esta pode fazê-lo jogando com o que a "convenção" implica de arbitrário, ambiguidade e contradição, e com a incapacidade de regular tudo que concede espaços à transgressão, à iniciativa e ao direito de ficar do lado de fora.

A ciência contribui para cultivar a ilusão do domínio, a imagem de um mundo que é possível manipular, simular, transformar, negligenciando o que o real comporta "de oculto e irredutível". Constituiu-se um "campo sociotécnico *maquinizado* que repele as práticas fora do cardápio": uma "sociologia do controle" está agora a seu serviço e faz esquecer a parte de incerteza presente em toda ação. A consequência tem a forma de um duplo paradoxo: a empreitada humana torna-se "incontrolável em sua vontade de controle", o mundo inteiramente imputável ao homem é confrontado com o "risco de reversão para o inumano". A resposta a esses dois desafios não deve ser buscada numa cultura do retraimento, da renúncia ao saber. Ela é de ordem cultural, a fim "de se proteger da potência" e não ser engolida nas "miragens de controle".

Ao longo de sua argumentação, Denis Duclos afirma que a civilidade é uma "vigília cultural". Nem sempre é fácil acompanhá-lo em seus múltiplos trajetos, nos quais busca as razões e os meios dessa vigília. Suas rejeições, contudo, são manifestas: o pensamento do global e seus compartimentos, a concepção maquinal da sociedade, o fascínio exercido por um mundo cada vez mais "coisificado", a interpretação equivocada da relação com a natureza e os delírios dos "ecocratas", a "alucinação" imputável aos "grandes ídolos", a crispação em relação ao poder, e "as arrogâncias disfarçadas em pseudoconhecimentos". O que é proposto: um racionalismo moderado que não mate a aptidão para jogar com os saberes e as regras; uma "presença" que permita ao menos "tratar nossas questões" pela "delegação ou pela máquina"; uma moderação e uma reserva capazes de transformar-se em "contrapotência efetiva". Mas a civilidade e suas manhas, diante da rudeza contagiosa dos males atuais, arriscam-se a não passar de um remédio suave...

Le Monde, *23 de abril de 1993*.

Pensar a aids

Foi em 1975. Numa entrevista, Malraux expressava o medo de "ver acontecer alguma coisa como as epidemias de antigamente". A "coisa" está aí, estabelecida, conquistadora. Cada uma de suas progressões multiplica os medos, os que ela faz nascer ao atacar, os que ela desperta. Identificada, provida de uma imagem, ela é posta em observação e manipulada nos laboratórios que buscam os meios de vencê-la. Denominada cientificamente aids, tem como agente um vírus que podemos considerar perverso, dispondo de uma extraordinária capacidade de camuflagem e espera, matando por delegação e minando as defesas do organismo. Um vírus tanto mais perverso na medida em que emprega o que produz a vida, o amor e o gozo para causar a morte.

A ciência permitiu detectar sua presença, mas ainda não logrou os meios de anular seu dano fatal. A medicina freia seus efeitos, mas não consegue reduzir a impotência terapêutica. O mal resistente, transmitido, multiplicado, torna-se inominável. Tergiversamos primeiro com expressões: "besta imunda", "nova peste", "epidemia do século". Mas o medo do contágio desperta todas as inquietudes, corrói as relações sociais ao marcá-las com os sinais da dúvida e da suspeita, ao abrir caminho para os rumores.

O outro pode ser suspeito, e convém então se proteger de seu contato: a socialidade se degrada em relações de evitação. Os efeitos da doença não se limitam a um desafio com que apenas a ciência e a medicina se veem confrontadas; numa urgência cada vez mais premente, eles impõem uma interrogação total. Tudo está em jogo, o biológico e o sexual, o social e o cultural, o político e o moral. A doença opera, põe à prova, golpeia e também atua como revelador.

Objeto científico reconhecido, não é controlado pelos saberes atuais. Objeto sociológico incipientemente definido, a aids dá pouca margem ao "distanciamento acadêmico" e leva a encontrar constantemente as angústias e a morte. A pesquisa a ela ligada difere de todas as outras, ela engaja, arrasta para os limites. Michaël Pollak, recém-falecido, trabalhou como pioneiro nesse domínio[15]. Ousou e foi o primeiro a observar os movimentos da deriva social do mal biológico. Viveu-os por envolvimento pessoal. Efetuou a partir deles uma decifração científica, e sua contribuição agora alimenta a reflexão sobre a doença. É à celebração de sua memória que Bernard Paillard, igualmente sociólogo, dedica seu mais recente livro, L'Épidémie [A epidemia].

Ao cabo de três anos de estudos, realizados na região de Marselha, que apreendem a aids em suas múltiplas manifestações e efeitos, ele confessa ter a "impressão de desertar". Entra num "longo período de crise", duvida de sua profissão, mal suporta esse fracasso repetido que cada morte significa. Tem a sensação de ter topado com duas linhas intransponíveis, a que impede de alcançar a plena clareza do conhecimento, a que fecha o acesso à ação rapidamente salvadora. Julga insuficiente ter contribuído para "humanizar a doença". Evoca essa "busca alucinante" que o obrigou a defrontar "realidades muito distantes de seu próprio universo". Seu livro nos arrasta para a exploração de outros mundos, onde o medo, o infortúnio e a morte irrompem, mas onde se formam solidariedades desconhecidas e onde determinados seres se transfiguram antes de expirar. Não saímos dessa leitura iguais a como entramos. O avanço se consuma por experiências sucessivas e iniciatórias.

Bernard Paillard não optou pela forma científica canônica, organizou seu livro numa série de "depoimentos" que fazem caminhar do exterior – espaço dos rumores e falsos saberes – para o interior, ali onde a morte é assumida e onde se trava a luta contra o esquecimento. É uma exploração dos lugares onde a aids impõe sua presença real ou fantasmática, onde o risco se torna obsessivo e alimenta a desconfiança, onde a prevenção organiza suas

---

15 Michael Pollak, que morreu de aids em 1992, publicou *Os homossexuais e a aids* (São Paulo: Estação Liberdade, 1990).

campanhas de informação e alerta, e também daqueles onde os vendedores de ilusões estabelecem seu comércio, onde a doença conduz a viver de outra forma a sexualidade, que se integra em formas culturais inéditas, bem como numa outra codificação das relações e dos costumes.

A doença afeta muito mais que as pessoas de que ela se apodera com sua agressividade implacável e expansão, não deixa nada como está. Choca. Provoca o afloramento do arcaico. Engendra um medo que resume todos os outros, uma angústia que amplifica todas aquelas resultantes das crises atuais. Vários historiadores observam isso, os tempos das "grandes transformações" são frequentemente associados aos "tempos da peste", das desordens e do contágio.

A doença reativa uma culpa soterrada; para alguns, torna-se uma advertência, o anúncio do castigo; converte a liberação sexual numa desordem amorosa que se deve represar por razões de salvaguarda; reativa o processo do bode expiatório, a designação enlouquecida ou louca daqueles por meio de quem o infortúnio aconteceu e continua sua progressão. É de certa forma o escândalo resultante do fracasso de uma sociedade na qual o poder-fazer e o poder-proteger pareciam imunizados contra as principais falhas.

O que Bernard Paillard mostra com força e emoção é a ambiguidade das situações. As campanhas de prevenção devem "alertar sem dramatizar muito", situar-se entre "informação e pânico", dar eficiência às mensagens preventivas. Mas não é fácil lidar com o que é primeiramente um "assunto pessoal" e é da esfera de uma intimidade passível de se conjugar a uma marginalidade. Tampouco o é reduzir as interferências. E, em primeiro lugar, aquelas que resultam das disputas políticas, da competição entre as instituições especializadas e as associações, das rivalidades entre pessoas e do confronto dos poderes ou das competências.

Le Monde, *8 de abril de 1994.*

O explorador de rostos

O rosto é uma "terra que nunca cansamos de explorar", afirma Carl Dreyer com a competência profissional e a força da paixão; terra que também é uma matéria cuja vida vem das profundezas. A dupla metáfora exprime os dois aspectos do rosto, aquele que lhe impõe a relação social e aquele que lhe confere a expressão dos sentimentos, das emoções e das paixões. David Le Breton, em busca das significações, dos valores e dos imaginários associados ao rosto, também o transforma num lugar considerado "o mais humano do homem". Vê-o então como um "palco", no qual a vida íntima da pessoa se revela, com suas ambiguidades e astúcias.

Explorador de rostos, ele nos guia no mais fascinante dos percursos. E em primeiro lugar no movimento de uma história que leva à "invenção do rosto". É preciso que o indivíduo se diferencie do coletivo, que o corpo tenha seu valor próprio reconhecido – e não mais apenas abrigo precário da alma – para que o rosto adquira igualmente todo seu valor. Ele se singulariza; indica as diferenças, as que são de ordem física e as que se devem às circunstâncias. O retrato, a partir do momento em que é uma representação dissociada de qualquer referência religiosa, assegura de certa forma sua "celebração social", após ter sido o memorial pelo qual os poderosos inscrevem sua presença na duração. Bem mais tarde, a fotografia permite o advento de uma "democracia do rosto"; dá a cada um acesso à sua própria imagem e à sua história pessoal balizada por lembranças, contribui para o reconhecimento de sua identidade.

A paixão de ler o rosto é antiga, muito anterior à descoberta das múltiplas particularidades individuais que ele revela. Os gregos – Aristóteles, Pitágoras, Hipócrates – tentaram associar a definição dos caracteres humanos, a primeira elaboração de uma caracterologia, à observação das feições do rosto. Na Idade Média, a fisiognomonia alia-se à busca dos sinais e das analogias pelos quais se revela a correspondência entre a ordem do mundo e o ser mesmo do homem.

A partir dos séculos XVII e XVIII, a leitura atribui-se uma aura científica: apresenta-se como uma decifração das aparências, e o rosto se reduz a uma *figura decifrável*. O suíço Lavater teve sucesso na empreitada, obteve a adesão de numerosos contemporâneos e escritores, que dele recebem as chaves de seus personagens – em especial Balzac, que faz do rosto dos protagonistas o anunciador do drama romanesco.

Cada época científica modela a leitura, impõe-lhe a própria grade. Darwin, em seu estudo intitulado *A expressão das emoções no homem e no animal*, prefigura o procedimento dos etnólogos. O gestual torna-se específico, e o rosto aparece então como o "espelho da espécie".

Mais tarde, é a interpretação experimental que prevalece, conduzindo a uma fisiologia das paixões ou a uma explicação mecanicista das expressões. Agora que a ciência da língua e a análise estrutural dominaram a cientificidade e que a comunicação é a referência, a simbólica do corpo – logo, a do rosto – coloca-se sob essa dupla perspectiva. Diz-se que ela revela o estudo apto a acrescentar um novo capítulo à linguística e à semiologia, mas negligencia-se o fato de que a analogia é por um lado enganadora: as expressões corporais e os jogos fisionômicos não se reduzem a uma combinatória de elementos.

David Le Breton é antropólogo, recusa as simplificações. Restitui a ambiguidade ao rosto humano. Mostra a dificuldade que todo homem sente de "apreender-se", "assemelhar-se a si mesmo", "reconhecer-se numa só figura" à qual possa vincular sua identidade. Evidencia "a confrontação do eu com sua imagem", com essas "projeções do rosto" que são as percepções que os outros têm dele. É nas múltiplas interações sociais que o rosto se converte em "face", por sua aparência segundo o olhar do outro e pela maneira como este o modela, quando se procura a semelhança com uma figura prestigiosa ou, mais banalmente, a conformidade com o visual do momento.

No cara a cara, o olhar torna-se o principal meio da relação; confere-lhe sua intensidade e seu valor; nunca é neutro, age diretamente segundo sua qualidade (sua beleza) e segundo o que ele exprime; tem uma força própria que contribui para a fusão amorosa ou, ao contrário, para o sentido da submissão ou do pavor impostos ao outro. Compreendemos então toda a importância atribuída aos olhos, a cujo respeito se disse que "fazem" o rosto – permitindo-lhe "falar" melhor.

O rosto só adquire sua capacidade expressiva na relação com o outro, com quem se trocam significações, com quem se estabelece o recurso ao simbólico e ao imaginário. Quando essa relação não existe, ou não se constitui, a modelagem do rosto não consegue se realizar. A criança selvagem, privada da companhia humana, permanece "sem sorriso, sem riso, sem lágrimas"; só o ingresso na sociedade é capaz de lhe dar os meios de se exprimir. A criança autista tem "um rosto socialmente inacabado", seu "idioma corporal" só faz sentido para ela. David Le Breton repete isso com insistência: "o rosto nunca é uma natureza, mas uma composição". A maquiagem – cujo elogio Baudelaire formulou – transforma-o num palco; o véu o subtrai à cobiça, ao mesmo tempo que excita o desejo; a máscara o transforma no ritual ou o liberta da servidão do eu na festa.

A perda do rosto, a desfiguração acidental, é um drama, o equivalente a uma semimorte social. O que o escritor japonês Abe Kobo exprime com veemência: "sentimo-nos como se metade do mundo tivesse sido arrancada". A feiura pode ser um estigma, faz atribuir qualidades negativas, até provocar, a exemplo do criminologista Lombroso, a assimilação do feio ao delinquente potencial. Mas a degradação do rosto expõe a violências insidiosas. Tal deformação engendra uma contínua curiosidade, um mal-estar que se renova a cada encontro, e a pessoa cujas feições foram devastadas tem o sentimento de que sua própria identidade foi mutilada. Tudo se passa como se as relações só se efetuassem por "atitudes compostas".

O ódio ao outro leva à sua desfiguração, a negação do homem "passa pela de seu rosto", é o que o arranca para fora do universo humano, aquilo mediante o que se justifica a coerção que o submete a humilhações, sevícias e servidão fatal. Os campos da morte, que promoveram uma destruição sistemática do homem, "começam por lhe extirpar toda figura humana", por lhe apagar das feições toda marca identitária. O carrasco quer impor sua dominação a um povo "sem rosto". Ao contrário dessa negação bárbara, o amor leva ao arrebatamento pelo rosto do outro, a uma relação em que o corpo inteiramente desejante e o rosto se confundem.

Le Monde, *23 de outubro de 1992.*

Palavras de disputa e palavras de amor

Esta é uma época difícil para os sociólogos, eles se descobrem mais desarmados, mais acossados pelo acontecimento, mais solicitados. O desgaste dos dispositivos teóricos herdados obriga-os à inovação, à recomposição de sua disciplina. O curso das coisas mexe com os objetos aos quais se vinculavam suas pesquisas: os grupos sociais, as classes, as instituições e os aparelhos de poder, as ideologias e as maquinarias do imaginário. As ilusões perdidas e incertezas multiplicadas levam a interrogações mais fundamentais, à descoberta do que pode constituir laço social sob o reinado do movimento generalizado, a despeito das desconstruções. Sob a superfície das transformações, trata-se de encontrar o que permanece fundador, o que liga as pessoas, o que lhes permite comunicar-se e dar sentido às suas relações. Nesse trabalho de análise e recomposição do social, o saber sociológico procura remodelar-se.

É isso que constitui a força do último livro de Luc Boltanski. Um estudo ambicioso, múltiplo, recheado dos conhecimentos mais atuais, informado pelos resultados de um estudo empírico exigente. Seu pretexto pode parecer trivial, menor: a consideração das brigas, dos "casos" em que pessoas se julgam vítimas de um tratamento anormal, de uma negação de justiça, e discutem isso publicamente. O material principal é formado por notícias de jornal – cartas acompanhadas de documentos, depoimentos, "provas", com os quais os autores buscam vincular os jornalistas à sua argumentação e lhe dar uma repercussão.

O objetivo principal da pesquisa: uma "análise da maneira como as pessoas confeccionam causas, boas causas, causas coletivas". Mas, além disso, trata-se de superar os casos particulares, alcançar o geral, mostrar o caso como uma "forma social" e a justiça "como uma maneira entre outras de sustentar o laço social". E, por um deslocamento lógico, de progredir do exame das situações de litígio para a análise das situações em que as relações são pacificadas pela amizade e, mais ainda, transformadas por um "deslizamento para o amor", no qual "nada pode ser calculado, nem imposto, nem produzido por imitação".

Um discurso do método várias vezes repetido acompanha o percurso. Ele se demarca das sociologias tornadas (demasiado) clássicas, da filosofia política igualmente clássica fascinada pelo horizonte da "sociedade justa", bem como da sociologia crítica denunciadora das aparências, a qual é substituída por uma "sociologia da sociedade crítica". O sociólogo coloca-se em posição de extrema exterioridade, menos atento aos atores que aos discursos e à "roteirização" [*mise en intrigue*] (segundo a expressão de Paul Ricœur) que estes produzem; ele efetua um trabalho de clarificação, de tradução, inscrito "no âmbito de uma hermenêutica"; elabora os meios que dão um rigor distante a essa decifração e revela o que está em jogo nas situações observadas.

Simplifiquemos mais um pouco o relato de um procedimento complexo, com referências às vezes debilmente compatíveis: sociologias da interação, sociologias fenomenológicas, correntes estruturalistas, semântica do social. Trata-se de construir os modelos aplicáveis a "pessoas em ato", em situações submetidas a coerções, modelos capazes de explicitar as "operações às quais esses atores se entregam".

A aplicação às "pretensões à justiça na vida cotidiana" não se reporta nem à justiça como instituição nem a uma teoria da justiça à maneira de John Rawls. O que é considerado acima de tudo é o ideal de justiça das pessoas, as justificações que elas apresentam e os dispositivos sobre os quais se apoiam; em suma, a "competência" com que eles operam. O que é mostrado é a necessidade de recorrer a "alguma coisa que supere as pessoas" e situações. É preciso ter uma referência comum, um "princípio de equivalência", que estabeleça com rigor (mais do que justiça) suas respectivas posições: certa ideia da cidade, um ideal que o curso da vida coletiva põe à prova. Então, o "rigor do mundo" torna-se objeto de crítica, surge a disputa, a qual não pode ser abandonada exclusivamente à força, uma vez que o laço social deve ser mantido por consensos passíveis de revisão. Boltanski não frequenta a utopia, sabe que um mundo todo em justiça é tão impossível quanto um mundo todo em violência.

Aos estados de disputa, ele opõe os "estados de paz". A questão é a da alternativa à violência. A justiça ou o abandono passivo à paz das coisas. A resposta considerada é a do amor; excluindo os lugares-comuns do discurso amoroso, rejeitando com certo desprezo a "exibição literária", marcando a diferença com relação aos trabalhos sociológicos anteriores (Simmel, Rougemont, Barthes etc.). Na oposição entre *eros* e *agapé*, é o segundo termo que é preservado, despojado de sua roupagem filosófica e teológica.

O desejo não está no centro da análise, tampouco o altruísmo oriundo da moralização da sociedade à maneira de Durkheim. Tampouco os resultados de uma pesquisa empírica que teria decifrado as condutas amorosas. Há aqui, pela releitura dos grandes textos da tradição, pelo recurso a um procedimento analítico, a tentativa de construir um "modelo de *agapé* puro", de confrontá-lo com o modelo explicativo das reivindicações de justiça, de apreender a dupla passagem do amor à justiça – e vice-versa. É a possibilidade das relações sem busca de equivalência, sem cálculo, e compatíveis com a despreocupação, que é submetida a exame.

Boltanski faz isso sem muitas ilusões, porém com a certeza de que o amor depurado só encontra sua expressão na tensão mantida com a justiça.

Seu procedimento afastou-o da consideração do amor como paixão. Niklas Luhmann, sociólogo alemão em voga, escolheu a posição inversa alguns anos atrás, no livro que tem por título *O amor como paixão*. Com a mesma intenção: contribuir para a construção de outra sociologia. Ele põe à prova uma teorização inspirada na teoria dos sistemas e numa teoria da comunicação "generalizada no plano simbólico", orientada pela abordagem da evolução em longa duração dos códigos, ideias e formas sociais, dos modos de relações pessoais e impessoais. No caso, está em pauta o surgimento de uma semântica do amor e de suas transformações pela passagem das sociedades hierarquizadas, estratificadas, às sociedades modernas, constituídas por uma diferenciação funcional cada vez mais extrema. A atenção voltada para o amor como meio de comunicação, para essa comunicação "extremamente pessoal", resulta em outros frutíferos debates: sobre a constituição da individualidade, sobre a definição da intimidade, que implica as representações do corpo e da sexualidade, sobre as formas paradoxais do amor – em especial sua relação com o casamento.

Luhmann baseia-se na literatura romanesca do século XVII ao XIX, submetendo-a à luz de sua teoria e de uma cultura quase enciclopédica, explorando correlações, variações complexas e efeitos das transformações históricas. Seu percurso não pode ser exposto num resumo, mas o fio condutor é dado no princípio. O amor é tratado menos como sentimento (somente de maneira oblíqua) do que como código simbólico "que incentiva a formar sentimentos que lhe são conformes" e "se reflete há muito tempo na semântica amorosa". Desde o século

XVII, apesar da ênfase no amor-paixão, "temos consciência de que se trata de um modelo de comportamento [...] que temos sob os olhos antes de nos lançarmos em busca do amor", um modelo disponível "como orientação e como saber", como linguagem também, antes mesmo de ter encontrado o(a) parceiro(a).

É à constituição dessa codificação, à semântica que a exprime, aos deslocamentos históricos de seu "centro de gravidade" que o estudo é dedicado; mostrando a progressiva incorporação de mais individualização, intimidade, sexualidade. É preciso corrigir a simplificação, assinalando a riqueza das análises dedicadas, entre outros assuntos, à "liberdade no amor", à galanteria, à relação do prazer com o amor e às investidas contra a razão. Convém ler esse livro, sem desânimo ao longo das passagens de alta abstração, para saber melhor o que é a comunicação pelo amor.

Le Monde, *28 de setembro de 1990*.

Um drama sociológico com múltiplos personagens

Alguém tinha de pensar nisto, a ideia é sedutora e pedagogicamente útil: dar uma forma dramática à reflexão e à controvérsia sociológicas. O que equivale a decompor seu movimento em atos e cenas, até um desfecho que permite ao autor ter a vantagem das palavras do fim. O procedimento de exposição parece ainda mais justificado na medida em que o sociólogo estuda os "atores" sociais, as lógicas que regem sua "ação", e algumas das teorias sociológicas consideram o social sob o aspecto do drama ou do texto. Bernard Lahire foi o primeiro a assumir o risco de construir seu último livro – no qual, partindo de sua própria experiência, abre para os sociólogos um caminho deserto – segundo esse modo de argumentação. Após o "prólogo", a ação demonstrativa e crítica se desenrola em quatro atos e onze cenas. O título da peça: *Homem plural*. Nela, é mostrado que os atores sociais são o que suas múltiplas experiências fazem deles; encontram-se continuamente em vias de se "produzir" sob o efeito das situações.

A encenação exige "iluminações". Elas são solicitadas sobretudo aos sociólogos reconhecidos, ou ao menos a alguns deles: Durkheim, que aponta o lugar do psicológico na leitura do social; Halbwachs, que trata da memória coletiva; Goffman, que revela "um eu flutuante conforme as situações"; e, incidentalmente, alguns outros. Elas são igualmente tomadas de empréstimo dos filósofos, a fim de melhor manifestar o implícito das teorias e assinalar o percurso "de um retorno à sociologia psicológica". O que permite mencionar Bachelard, em epígrafe, com a injunção de "reconstruir todo o seu saber", seguido por Bergson, Bouveresse, Deleuze, Foucault, Merleau-Ponty, Piaget, Wittgenstein e especialistas nas ciências do espírito. A iluminação é igualmente literária, proporcionada por úteis referências, das quais a principal é aquela que preserva "o modelo proustiano do ator social", reconhecendo em cada homem "várias pessoas superpostas". Como vemos, o método também é plural. O que se revela necessário quando o ator social não se reduz à soma dos papéis assumidos ou ao estado de prisioneiro das estruturas sociais que o constrangem.

A peça põe em cena diversos personagens. Alguns efetuam apenas uma entrada discreta; a maioria dos atores que propuseram uma teoria da ação tem, de certa maneira, uma presença indireta; não são parceiros importantes na confrontação. Outros já foram evocados, aqueles que sustentam os posicionamentos do personagem principal – o autor – e armam a crítica dele. Este último é aquele que fala, diante daquele que ele faz falar constantemente, Pierre Bourdieu. Toda a tensão dramática deve-se a essa oposição. Ela não se dá sem "alfinetadas", querendo evitar as armadilhas da execração ou da veneração, permitir "pensar ao mesmo tempo com e contra" o parceiro principal. Bourdieu, que o autor conhece bem, cuja obra ele situa na "grande corrente das sociologias críticas", recebe o crédito por ter proposto "uma das orientações teóricas mais estimulantes e complexas em ciências sociais". O elogio contribui para preparar melhor os ásperos ataques.

Para Bernard Lahire, cada "cena" é oportunidade de expor suas próprias proposições e desmontar peça a peça a construção teórica edificada por seu parceiro suposto e constantemente citado. Nada, ou quase nada, é poupado. Nem os estudos mais empíricos, aqueles em que Bourdieu trata da reprodução social em relação com os sistemas de ensino, da produção e do consumo culturais, dos mecanismos que determinam as avaliações sociais e os critérios da distinção etc. Nem os conceitos e noções que são as marcas distintivas dessa sociologia: esquemas, campos, transferência, *illusio*, ou as metáforas utilizadas, principalmente a do jogo. É a teoria do *habitus* que se apresenta como o objetivo principal a ser desmantelado: ela unifica por meio de um pretenso "programa de socialização incorporado" o que os atores sociais vivem na dispersão de suas práticas, ignora os desajustes engendrados pelas crises que estes são chamados a viver. O que se denuncia brutalmente são o "gozo teórico" sentido "ao sulcar com o mesmo arado" terrenos diferentes e a obsessão de considerar apenas os "bons objetos" sociais. Conviria, naturalmente, avaliar em detalhe a crítica. Devemos lembrar que o percurso científico de Pierre Bourdieu não se efetuou sem desvios e variações entre o momento em que ele trata do *Déracinement* [Desenraizamento] (1977) e aquele em que ele interpreta *A miséria do mundo* (1993).

A polêmica move o percurso, por trás dos excessos revela a rejeição das teorias com pretensão universal, recorre à estrita delimitação dos "campos de pertinência das teorias". O que não é efetivamente novo se não for inteiramente respeitado. Em seu próprio ensaio, acompanhando o movimento imposto pela construção dramática do livro, Bernard Lahire expõe as sucessivas figuras de sua argumentação. Assim se sucedem: a falsa unidade (do ator social), a pluralidade (dos contextos sociais, dos hábitos, das lógicas de ação), a analogia prática (entre situações), a incorporação (dos hábitos), os graus de consciência (dos tipos de ação), a objetividade (do subjetivo), a ambiguidade (da prática).

Entre as diversas cenas, o autor insere o que resulta de suas pesquisas pessoais. Com intervalos, de certa forma. Um, dedicado à escola, permite insistir nas "condições concretas da construção social de uma relação com a linguagem". Questão retomada em seguida numa convincente demonstração do fato de que a linguagem não pode ser isolada, de que ela está presente no âmago de toda prática e não poderia estar ligada exclusivamente aos "hábitos reflexivos". O outro trata das práticas comuns de escrita, do sentido do escrito banal como meio de aliviar a memória, de calcular e organizar as atividades.

Não nos entediamos ao ler esse drama sociológico; às vezes nos irritamos, mas o autor, com indubitável talento polêmico, escolheu atacar as devoções e filiações, "robustecer a sociologia". Aderimos quando ele apresenta o indivíduo não como o "átomo", impondo-se a toda análise sociológica, mas como o produto complexo de múltiplos processos sociais, de múltiplos determinismos, e faz desse estado a condição de sua liberdade. Em todo caso, convém lembrar a Bernard Lahire que, se o homem é plural, a sociedade o é na mesma medida, e que sua iniciativa de refundação do saber sociológico poderia igualmente inspirar-se nessa constatação.

Le Monde, *24 de julho de 1998.*

O indivíduo como produto social

Mais um esforço para ser livre. De um lado, temos o discurso da globalização, que incide sobre os grandes conjuntos materiais e imateriais oriundos da atual modernidade, sobre os efeitos de coerção e dominação dela resultantes. De outro lado, temos o discurso que incide sobre o indivíduo e sua ação, sobre a produção do social, de que este é ao mesmo tempo meio e produto. Entre os dois, a representação da sociedade como totalidade já constituída e dispondo da capacidade de se "reproduzir" está em vias de extinção. Desde o momento em que estudou o fracasso escolar, Bernard Lahire não parou de estender suas pesquisas relativas à socialização do indivíduo, à evidenciação do fato de que, se o mundo social está fora de nós, está igualmente em nós. Logo, ele é parte interessada no debate, no trabalho de redefiniçao da ciência social que o manifesta.

Dois livros, em especial, marcam o percurso: *Homem plural* (1998), baseado sobretudo na crítica das elaborações teóricas de Pierre Bourdieu, e, hoje, esses *Retratos sociológicos*, que propõem uma ampla demonstração empírica. Bernard Lahire cultiva uma exigência de rigor servida por um talento polêmico incontestável. Ridiculariza os sociólogos que só têm ideias e denunciam a debilidade da pesquisa empírica. Ataca igualmente as práticas sociológicas que, *in fine*, delegam aos pesquisados "a tarefa de separar as 'boas' e as 'más' interpretações". Investe contra as certezas da academia – as das teorias do *habitus* e da reprodução social, do individualismo metodológico, da etnometodologia e outras – afirmando não existir uma única verdade possível sobre o mundo social. Reivindica essa atitude de curiosidade que o qualificativo "experimental" pode sugerir. Isso é arte ao lado da pesquisa de rigor, que fomenta, constantemente reiterada, a questão de saber "o que é um conhecimento sociológico".

Nessas condições, as ideologias do individualismo, atualmente em voga, não são aceitáveis, tampouco as representações do indivíduo como "realidade empírica complexa", que levam à definição unificante e ilusória das pessoas singulares. O indivíduo é um "objeto construído". E essa construção exige uma sociologia qualificada com um termo recente: ela é *disposicional*. Ela não postula coerência, unidade da ação individual, da pessoa. A imagem do homem plural ressurge, revelando os limites opostos às instituições sociais que contribuem para forçar a unidade da pessoa. Os indivíduos, singularizados por suas "disposições", agem em contextos que materializam estas últimas numa pluralidade de cenas. As disposições, de que os atores individuais são portadores em função de seu percurso biológico, de suas experiências socializadoras, de suas representações, de suas práticas, impõem a exposição dos princípios pelos quais elas agem e regem os comportamentos.

Não existe "programa" interiorizado pelo indivíduo que lhe dê unidade e continuidade; os múltiplos contextos da ação solicitam diferentemente suas disposições. Poderíamos dizer, desse ponto de vista, que a economia das disposições e a economia dos contextos estão em contínua interação. Nesse sentido, o indivíduo nunca é o mesmo, não existe uma "fórmula única" que determina seus comportamentos, suas escolhas, decisões e crenças. O que leva a imbricar leitura psicológica e leitura sociológica. Mas Bernard Lahire deve demonstrar empiricamente o que propõe em teoria. À maneira dos etnólogos, ele se proporciona um *campo* no qual efetua sua pesquisa com uma equipe de colaboradores.

O *campo* é constituído por oito "entrevistados" sem vínculos entre si, cinco mulheres e três homens, mais privilegiados que pobres, mais jovens que de meia-idade. Eles passam por seis entrevistas separadas, de maneira a expor seus comportamentos, maneiras de ver, sentir, agir, em "domínios de práticas ou microcontextos diferentes". Obtém-se assim "uma série de informações sobre esses indivíduos, suscetíveis de ser comparadas". O método lembra o dos etnólogos, recorrendo a um guia, a grades de orientação de entrevistas, desviando a elaboração de histórias de vida a fim de produzir retratos sociológicos de pessoas com histórias singulares. Retratos comparáveis às obras da arte cinética, uma vez que cada um deles tem como função o estudo da "variação intraindividual" de comportamentos, atitudes, inclinações etc.

Os estudos de caso representam três quartos do texto, sem que nenhum ganhe a forma de uma narração linear. Não se trata de narrar percursos de vida revelando uma continuidade, e sim de trazer à tona princípios de comportamento a partir de temas reveladores – escola, família, trabalho, amizades, saúde, lazer etc. Embora seja capaz de descrever o que faz, o indivíduo raramente é consciente das determinações internas e externas que o levaram a agir como fez. O objetivo das entrevistas, repetidas e diversificadas, é, portanto, provocar esse surgimento, manifestar a variação dos comportamentos segundo os indivíduos e os modos de sua socialização, suas relações interindividuais respectivas, os contextos e problemas suscitados pela adaptação ou defasagem das disposições requeridas.

Cada um dos casos tratados proporciona, além do acesso às interpretações orientadas pelo método, a intrusão em vidas que se desvelam por fragmentos, como no esboço de uma obra literária. Esse aspecto seduz, mais que o quadro recapitulativo que conclui cada caso à maneira de um *profiler*. O procedimento em seu conjunto privilegia a socialização, a constatação de que o social marca sua presença nos aspectos mais singulares de cada indivíduo e de que as disposições individuais comportam uma parte de herança. Mas essa abordagem mantém necessariamente a distância o que deriva dos fenômenos sociais constituídos em grande escala e igualmente o que resulta dos efeitos de poder e dominação. A lição principal é de outra natureza. Para ela devem voltar-se as atenções. O indivíduo, quando tomado num jogo de forças e contraforças internas (as disposições) e externas (os contextos), está continuamente *em vias de se fazer*. É nesse estado que reside sua liberdade, com a condição de poder usá-la e querer usá-la.

Le Monde, *26 de abril de 2002.*

Bibliografia dos textos da parte II

GABRIEL TARDE, O SOCIÓLOGO REDESCOBERTO
Gabriel Tarde, *Monadologie et sociologie*, Paris: Institut Synthélabo, 1999. [Ed. bras.: *Monadologia e sociologia*, trad. Paulo Neves, São Paulo: Cosac Naify, 2007.]
Gabriel Tarde, *Les Lois sociales*, Paris: Institut Synthélabo, 1999. [Ed. bras.: *As leis sociais*, trad. Francisco Fuchs, Rio de Janeiro: Editora da UFF, 2012.]

DURA, DURA, A CRÍTICA SOCIAL
Michael Walzer, *La Critique sociale au xxe siècle*, Paris: Métailié, 1996.

MAX WEBER OU O DESENCANTAMENTO EM AÇÃO
Dirk Kaesler, *Max Weber, sa vie, son oeuvre, son influence*, Paris: Fayard, 1996.
Max Weber, *Sociologie des religions*, Paris: Gallimard, 1996.

MAX WEBER FAZ O CONTORNO PELA CHINA
Max Weber, *Confucianisme et Taoïsme*, Paris: Gallimard, Bibliothèque des sciences humaines, 2000. [Ed. bras.: *Ética econômica das religiões mundiais*, "Confucionismo e taoismo", v. 1, Petrópolis: Vozes, 2016.]

A SOCIOLOGIA SUBVERSIVA DE GEORG SIMMEL
François Léger, *La Pensée de Georg Simmel*, Paris: Kimé, 1989.
René Marineau, J. L. *Moreno et la troisième révolution psychiatrique*, Paris: Métailié, 1990.

A RENOVAÇÃO SOCIOLÓGICA
Frédéric Le Play, *La Méthode sociale*, Paris: Méridiens-Klincksieck, 1989.
Gabriel Tarde, *L'Opinion et la foule*, Paris: PUF, 1989. [Ed. bras.: *A opinião e as massas*, trad. Eduardo Brandão, São Paulo: Martins Fontes, 2005.]
Patrick Champagne *et al.*, *Initiation à la pratique sociologique*, Paris: Dunod, 1989. [Ed. bras.: *Iniciação à prática sociológica*, trad. João de Freitas Teixeira, Petrópolis: Vozes, 1996.]
René Lourau, *Le Journal de recherche*, Paris : Méridiens-Klinkcsieck, 1988.
Richard Brown, *Clefs pour une poétique de la sociologie*, Paris: Actes Sud, 1989.

PERITOS DO SOCIAL
Pierre-Jean Simon, *Historie de la sociologie*, Paris: PUF, 2008.
Mattei Dogan, Robert Pahre, *L'Innovation dans les sciences sociales. La marginalité créatrice*, Paris: PUF, 1991.
Vincent Descombes, "Sciences humaines: sens social", *Critique*, jun.-jul. 1991.

O DESAFIO DE BOURDIEU
Pierre Bourdieu, Loïc Wacquant, *Réponses*, Paris: Seuil, 1992.

NORBERT ELIAS CAÇADOR DE MITOS
Norbert Elias, *Par Lui-même*, trad. Jean-Claude Capèle, Paris: Fayard, 1992. [Ed. bras.: *Norbert Elias por ele mesmo*, trad. André Telles, Rio de Janeiro: Zahar, 2001.]
Norbert Elias, *La Société des individus*, trad. Jeanne Étoré, Paris, Fayard, 1992. [Ed. bras.: *A sociedade dos indivíduos*, trad. Vera Ribeiro, Rio de Janeiro: Zahar, 1994.]

O TESTAMENTO DE NORBERT ELIAS
Norbert Elias, *Engagement et distanciation*, trad. Michèle Hulin, Paris: Fayard, 1991.

A OBRA REVISITADA
Albert O. Hirschman, *Un Certain penchant à l'autosubversion*, Paris: Fayard, 1995.

A VISÃO PARADOXAL DE YVES BAREL
Yves Barel, *Le Paradoxe et le système: essai sur le fantastique social*, Grenoble: Presses Universitaires de Grenoble, 1979.
Yves Barel, *Le Héros et le politique, le sens d'avant le sens*, Grenoble: Presses Universitaires de Grenoble, 1989.
Luciano Canfora, *La Démocratie comme violence*, Paris: Desjonquères, 1989.

O SOBRINHO DE DURKHEIM
Marcel Fournier, *Marcel Mauss*, Paris: Fayard, 1994.
Philippe Laburthe-Tolra (org.), *Roger Bastide ou le réjouissement de l'abîme*, Paris: L'Harmattan, 1994.

MARGARET MEAD E GREGORY BATESON: A ANTROPOLOGIA COMO PAIXÃO
Mary Catherine Bateson, *Regard sur mes parents. Une évocation de Margaret Mead et Gregory Bateson*, trad. Jean-Pierre Simon e Yves Coleman, Paris: Seuil, 1989.
Gregory Bateson, Mary Catherine Bateson, *La Peur des anges*, trad. Christian Cler e Jean-Luc Giribone, Paris: Seuil, 1989.

BASTIDE E DEVEREUX, NA FRONTEIRA DOS SABERES
Roger Bastide, *Anthropologie appliquée*, Paris: Stock, rééd. 1998. [Ed. bras.: *Antropologia aplicada*, São Paulo: Perspectiva, 2. ed., 2009.]
Georges Devereux, *Psychothérapie d'un indien des plaines. Réalité et rêve*, Paris: Fayard, rééd. 1998.

O ANTROPÓLOGO CONFESSO
Jack Goody, *L'Homme, l'écriture et la mort. Entretiens avec Pierre-Emmanuel Dauzat*, Paris: Les Belles Lettres, 1996.

À FLOR DAS PALAVRAS
Jack Goody, *Entre l'oralité et l'écriture*, trad. Denise Paulme, Paris: PUF, 1994.
Jack Goody, *La Culture des fleurs*, trad. Pierre-Antoine Fabre, Paris: Seuil, 1994.

O RITO E A FESTA SEGUNDO TURNER
Victor W. Turner, *Le Phénomène rituel. Structure et contre-structure*, trad. Gérard Guillet, Paris: PUF, 1990. [Ed. bras.: *O fenômeno ritual. Estrutura e antiestrutura*, Petrópolis: Vozes, 2013.]
Claude Fischler, *L'Homnivore*, Paris: Odile Jacob, 1990.]

A PROVOCAÇÃO DO BARROCO
Piero Camporesi, *L'Officine des sens. Une anthropologie baroque*, trad. Myriem Bouzaher, Paris: Hachette, 1989.
Piero Camporesi, *L'Enfer et le fantasme de l'hostie. Une théologie baroque*, trad. Monique Aymard, Paris: Hachette, 1989.

ALHURES, LONGE DA MODERNIDADE
Nigel Barley, *Un Anthropologue en déroute*, trad. Marc Duchamp, Paris: Payot, 1992.
Kenneth Good, *Yarima, mon enfant ma soeur*, avec la collaboration de David Chanoff, trad. Élisabeth Chaussin, Paris: Seuil, 1992. [Ed. bras.: *Dentro do coração*, com a colaboração de David Chanoff, São Paulo: Best Seller, 1991.]

A ANTROPOLOGIA COMO GAIO SABER
Nigel Barley, *L'Anthropologie n'est pas un sport dangereux*, trad. Bernard Blanc, Paris: Payot, 1997.

A NATUREZA EM TODOS OS SEUS ESTADOS
Dominique Bourg (dir.), *Les Sentiments de la nature*, Paris: La Découverte, 1993. [Ed. bras.: *Os sentimentos da natureza*, Lisboa: Instituto Piaget Editora, 1997.]
Dominique Bourg (org.), *La Nature en politique ou l'enjeu philosophique de l'écologie*, Paris: L'Harmattan, 1993.

O IMAGINÁRIO EXTRAMUROS
Robert Harrison, *Forêts: essai sur l'imaginaire occidental*, trad. Florence Naugrette, Paris: Flammarion, 1992.
Michel Louis, *La Bête du Gévaudan. L'innocence des loups*, Paris: Perrin, 1992.

UM ANTROPÓLOGO EM BUSCA DO TEMPO PERDIDO
Nicholas Thomas, *Hors du temps. Histoire et évolutionnisme dans le discours anthropologique*, trad. Michel Naepels, Paris: Belin, 1998.

ERNESTO DE MARTINO, UM DECIFRADOR DE CRISES
Ernesto de Martino, *Le Monde magique*, trad. Marc Baudoux, Paris: Institut d'Édition Sanofi-Synthélabo, 1999.
Ernesto de Martino, *Italie du Sud et magie*, trad. Claude Poncet, Paris: Institut d'Édition Sanofi-Synthélabo, 1999.
Ernesto de Martino, *La Terre du remords*, trad. Claude Poncet, Paris: Institut d'Édition Sanofi-Synthélabo, 1999.

A ÚLTIMA AVENTURA DO CAPITÃO COOK
Marshall Sahlins, *Des Îles dans l'histoire*, trad. dirigé par Jacques Revel, Paris: Gallimard/Seuil, 1989. [Ed bras.: *Ilhas de história*, trad. Barbara Sette, Rio de Janeiro: Zahar, 1997.]

FALAS INDÍGENAS, NARRATIVAS DE VIDA
David Brumble, *Les Autobiographies d'Indiens d'Amérique*, trad. Pascal Ferroli, Paris: PUF, 1993.

A LENTIDÃO PERDIDA
Christophe Studeny, *L'Invention de la vitesse. France, XVIIIe-XXe siècle*, Paris: Gallimard, 1995.

SENSUAL E SONHADORA SOCIOLOGIA
Pierre Sansot, *Jardins publics*, Paris: Payot, 1993.

O ROMANCE NOIR DE LOS ANGELES
Mike Davis, *City of Quartz. Los Angeles, capitale du futur*, trad. Michel Dartevelle et Marc Saint-Upéry, Paris: La Découverte, 1997. [Ed. bras.: *Cidade de quartzo: escavando o futuro em Los Angeles*, São Paulo: Boitempo, 2009.]

LUGARES E NÃO LUGARES
Marc Augé, *Non-lieux. Introduction à une anthropologie de la surmodernité*, Paris: Seuil, 1992. [Ed. bras.: *Não lugares. Introdução a uma antropologia da supermodernidade*, São Paulo: Papirus, 2004.]
Richard Sennett, *La Ville à vue d'oeil*, trad. Dominique Dill, Paris: Plon, 1992. [Ed. bras.: *Carne e pedra. O corpo e a cidade na civilização ocidental*, Rio de Janeiro: Record, 3. ed. 2003.]

FICÇÕES DE CRISE
Sabine Chalvon-Demersay, *Mille scénarios. Une enquête sur l'imagination en temps de crise*, Paris: Métailié, 1994.

A ERA DOS ANIVERSÁRIOS
William M. Johnston, *Postmodernisme et bimillénaire. Le culte des anniversaires dans la culture contemporaine*, trad. Pierre-Emmanuel Dauzat, Paris: PUF, 1992.

A SOMBRA DE DEUS?
Jean Delumeau (org.), *Le Fait religieux*, Paris: Fayard, 1993.
Jean-Christophe Bailly, *Adieu: essai sur la mort des dieux*, Paris: L'Aube, 1993.
Danièle Hervieu-Léger, *La Religion pour mémoire*, Paris: Cerf, 1993.

O PREÇO DA TRANSCENDÊNCIA
Maurice Bloch, *La Violence du religieux*, trad. Catherine Cullen, Paris: Odile Jacob, 1997.

AS ANDALUZIAS DE ONTEM E DE AMANHÃ
Dominique Chevallier, André Miquel (org.), *Les Arabes, du message à l'histoire*, Paris: Fayard, 1996.
Thierry Fabre (org.), *L'Héritage andalou*, Paris: L'Aube, 1995.

OS ARREDORES DO SAGRADO
Carmen Bernand, Serge Gruzinski, *De l'Idolâtrie*, Paris: Seuil, 1988.
Clara Gallini, *La Danse de l'argia*, trad. Michel Valensi et Giordana Charity, Paris: Verdier, 1988.
Dominique Camus, *Pouvoirs sorciers*, Paris: Imago, 1988.

OS VEICULADORES DO SOBRENATURAL
Colin Wilson, *L'Occulte*, trad. Robert Gemin, Paris: Philippe Lebaud, 1990.
Christine Bergé, *La Voix des esprits*, Paris: Métailié, 1990.
"L'Incroyable et ses preuves", *Terrain*, n. 14, Paris, 1990.

PROFETAS COMO "ANTROPÓLOGOS"
Jean-Pierre Dozon, *La Cause des prophètes. Politique et religion en Afrique contemporaine*, seguido de "La Leçon des prophètes", de Marc Augé, Paris: Seuil, 1995.

O PENSAMENTO POLÍTICO ENCADEADO
Leo Strauss, Joseph Cropsey (org.), *Histoire de la philosophie politique*, Paris: PUF, 1994. [Ed. bras.: *História da filosofia política*, São Paulo: Forense Universitária, 2013.]

O INCÔMODO SR. STRAUSS
Leo Strauss, *La Renaissance du rationalisme politique classique*, trad. Pierre Guglielmina, Paris: Gallimard, 1989.

O ESTADO ESCLARECIDO PELA RAZÃO
Ernst Cassirer, *Le Mythe de l'État*, Paris, Gallimard, 1993. [Ed. bras.: *O mito do Estado*, São Paulo, Codex, 2003.]

A DEMOCRACIA, PRECISAMENTE
Jean Baechler, *Précis de démocratie*, Paris: Calmann-Lévy/Unesco, 1994.

O USO POLÍTICO DAS PAIXÕES
Pierre Ansart, *Les Cliniciens des passions politiques*, Paris: Seuil, 1997.

AS RECOMPOSIÇÕES DA MEMÓRIA
Alain Brossat *et al.* (org.), *À l'Est, la mémoire retrouvée*, Paris: La Découverte, 1990.

VISÕES DOS DESFAVORECIDOS
Pierre Bourdieu, *La Misère du monde*, Paris: Seuil, 1993. [Ed. bras.: *A miséria do mundo*, Petrópolis: Vozes, 1993.]

O PODER DOMESTICADO
Denis Duclos, *De la Civilité. Comment les sociétés apprivoisent la puissance*, Paris: La Découverte, 1993.

PENSAR A AIDS
Bernard Paillard, *L'Épidémie, carnets d'un sociologue*, Paris: Stock, 1994.

O EXPLORADOR DE ROSTOS
David Le Breton, *Des Visages. Essai d'anthropologie*, Paris: Métailié, 1992.

PALAVRAS DE DISPUTA E PALAVRAS DE AMOR
Luc Boltanski, *L'Amour et la justice comme compétences. Trois essais de sociologie de l'action*, Paris: Métailié, 1990.
Niklas Luhmann, *L'Amour comme passion. De la codification de l'intimité*, trad. Anne-Marie Lionnet, Paris: Aubier, 1990 [1986]. [Ed. bras.: *O amor como paixão: para a codificação da intimidade*, São Paulo: Difel, 1991.]

UM DRAMA SOCIOLÓGICO COM MÚLTIPLOS PERSONAGENS
Bernard Lahire, *L'Homme pluriel, les ressorts de l'action*, Paris: Nathan, 1998.

O INDIVÍDUO COMO PRODUTO SOCIAL
Bernard Lahire, *Portraits sociologiques. Dispositions et variations individuelles*, Paris: Nathan, 2002. [Ed. bras.: *Homem plural: os determinantes da ação*, trad. Jaime A. Clasen, Petrópolis: Vozes, 2002.]

Índice onomástico

A

Adorno, Theodor, 256
Agostinho, santo, 108, 246, 309
Al-Farabi, 98, 278, 292
Althusser, Louis, 21
Ansart, Pierre, 107-109, 308-310, 344
Arendt, Hannah, 260
Aristóteles, 11, 88, 99, 278, 293, 327
Aron, Raymond, 26, 32, 100, 107, 108, 150, 169, 292, 297, 308, 310
Atlan, Henri, 301
Augé, Marc, 76, 258, 259, 290, 343, 344
Averróis, 88, 278
Avicena, 88, 278

B

Bachelard, Gaston, 133, 252, 335
Baechler, Jean, 104-106, 304, 305, 307, 344
Bailly, Jean-Christophe, 85, 272, 344
Baldwin, James, 260,
Barel, Yves, 38, 39, 40, 186-190, 342
Barley, Nigel, 55-57, 218, 219, 221-223, 342
Bastide, Roger, 47-50, 195, 200, 201, 342
Bataille, Georges, 42
Bateson, Gregory, 45, 46, 181, 196, 197, 199, 200, 342
Bateson, Mary Catherine, 46, 196, 197, 342
Beauvoir, Simone de, 146
Benda, Julien, 22, 145
Benedict, Ruth, 197, 199, 205
Bergé, Christine, 93, 284, 285, 344
Bergson, Henri, 27, 133, 143, 158, 335
Bernand, Carmen, 89, 280, 344
Bernard, Claude, 20
Berque, Augustin, 226
Berque, Jacques, 88, 279
Bloch, Marc, 205
Bloch, Maurice, 85, 86, 273-275, 344
Bloom, Allan, 294
Blum, Léon, 194
Boas, Franz, 197
Boltanski, Luc, 130, 131, 330, 332, 333, 345
Bouglé, Célestin, 192
Bourdieu, Pierre, 32-34, 101, 113, 114, 133, 134, 153, 171-174, 315, 316, 318, 335, 336, 338, 341, 345

Bourg, Dominique, 59, 225, 227, 228, 343
Bourne, Randolphe, 145
Bouveresse, Jacques, 335
Breytenbach, Breyten, 145
Brossat, Alain, 110, 344
Brown, Richard, 31, 166, 167, 204, 251, 341
Brumble, David, 66, 67, 244, 245, 246, 343
Buber, Martin, 146

C

Caillois, Roger, 42
Cameron, James, 121
Camporesi, Pietro, 53, 54, 213-216, 342
Camus, Albert, 146
Camus, Dominique, 281, 344
Canfora, Luciano, 190, 342
Carlyle, Thomas, 103, 312
Cassirer, Ernst, 101-103, 237, 300-303, 344
Chalvon-Demersay, Sabine, 77, 262, 264, 344
Champagne, Patrick, 30, 341
Champion, Françoise, 271
Chartier, Roger, 177
Chateaubriand, François-René, 72, 249
Chevallier, Dominique, 276, 344
Claudel, Paul, 250
Comte, Auguste, 168
Conan, Michel, 227
Condillac, Étienne, Bonnot de, 15
Confúcio, 107, 108, 154, 156, 308, 309, 341
Corneille, Pierre, 309
Crítias, 190
Croce, Benedetto, 63, 237
Cropsey, Joseph, 292, 344

D

Darwin, Charles, 328
Davis, Mike, 75, 255-257, 343
De Gaulle, Charles, 108
De Libera, Alain, 88, 278
De Martino, Ernesto, 63, 64, 237-239
Deleuze, Gilles, 143, 335
Descartes, René, 60, 200, 230, 294
Descombes, Vincent, 170, 341

Devereux, Georges, 49, 200-202, 342
Diderot, Denis, 12, 14, 15, 44
Dogan, Mattei, 169, 170, 341
Douglas, Mary, 60, 228
Dozon, Jean-Pierre, 94, 95, 287-290, 344
Dreyer, Carl, 127, 327
Dreyfus, Alfred, 194
Duclos, Denis, 118, 119, 321-323, 345
Duhamel, Georges, 250
Dumézil, Georges, 241
Dumont, Louis, 42
Durkheim, Émile, 7, 12, 19-21, 24-27, 31, 34, 42, 44, 49, 133, 141-144, 149, 152, 157, 159, 163, 168, 192-194, 332, 335

E

Eastman, Charles Alex, 246
Eliade, Mircea, 274
Elias, Norbert, 34-36, 175-182, 341
Éluard, Paul, 232
Erikson, Erik, 197
Evans-Pritchard, Edward, 50, 203, 234

F

Faulkner, William, 246, 316
Fischler, Claude, 212, 342
Flaubert, Gustave, 174, 316
Fortes, Meyer, 50, 203
Foster, Georg, 92, 284
Foucault, Michel, 22, 145, 335
Fournier, Marcel, 43, 44, 144, 192-194, 342
Frazer, James George, 102, 203, 301
Freeman, Derek, 197
Freud, Sigmund, 34, 108, 113, 160, 204, 309

G

Galey, Jean-Claude, 226
Gallini, Clara, 281, 344
Geertz, Clifford, 36, 234
Gérando, Jospeh-Marie de, 113, 315
Gluckman, Max, 50
Gobineau, Arthur, 103, 303
Goffman, Erving, 133, 335
Good, Kenneth, 218-220, 342
Goody, Jack, 50, 51, 202-208, 342
Gramsci, Antonio, 63, 146, 147, 237
Granet, Marcel, 153

Grossein, Jean-Pierre, 151, 152
Gruzinski, Serge, 90, 280, 344
Guglielmina, Pierre, 297, 344
Gurvitch, Georges, 24, 43, 192

H

Halbwachs, Maurice, 133, 335
Harris, WW, 94, 287,
Harrison, Robert, 60, 61, 229-231, 343
Hassner, Pierre, 292
Hegel, George Wilhelm Friedrich, 103, 292, 302, 303
Heidegger, Martin, 100, 237, 294, 296, 298
Heráclito, 11
Hervieu-Léger, Danièle, 83, 84, 273, 344
Hipócrates, 327
Hirschman, Albert, 37, 38, 183-185, 342
Hobbes, Thomas, 11, 292
Hobsbawn, Eric, 204
Hölderlin, Friedrich, 82, 270
Homero, 51, 189, 206
Hume, David, 11

J

Jaurès, Jean, 194
Johnston, William, 79, 80, 265-268, 344
Joyce, James, 246
Jung, Carl Gustav, 284

K

Kaesler, Dirk, 150, 341
Kant, Immanuel, 170, 292, 300
Karady, Victor, 43, 192
Kardec, Allan, 93, 284, 285
Ki-Zerbo, Joseph, 226
Kobo, Abe, 329
Kroeber, Alfred, Louis, 201
Kuhn, Thomas, 169

L

Laburthe-Tolra, Philippe, 195, 342
Lahire, Bernard, 132-134, 334, 336-339, 345
Las Casas, Bartolomeu de, 90, 221, 280
Lawrence, D H, 246
Le Breton, David, 127, 128, 327-329, 345

Leach, Edmund, 50
Leibniz, Gottfried Wilhelm, 143
Leiris, Michel, 42
Lejeune, Philippe, 243
Lévi-Strauss, Claude, 12, 34, 42-44, 47, 192, 234
Lévy-Bruhl, Lucien, 102, 301, 344
Le Play, Frédéric, 30, 163, 341
Locke, John, 11, 16, 99, 295
Louis, Michel, 231, 232, 343
Luís XVI, 72
Lourau, René, 165, 166, 341
Luhmann, Niklas 39, 40, 130, 333, 345
Lukács, György, 27, 158

M

Maquiavel, Nicolau 11, 97, 99, 108, 131, 292, 293, 302, 309
Maomé, 277
Maimônides, 88, 98, 278, 292
Malinowski, Bronislaw, 50, 203
Malraux, André, 324
Mancini, Silva, 237
Manent, Pierre, 292
Mannheim, Karl, 175, 176
Marcuse, Herbert, 146
Marineau, René, 160, 341
Marsílio de Pádua, 294
Marx, Karl, 7, 25, 34, 108, 113, 149, 152, 168, 204, 309
Mauss, Marcel, 25, 42-45, 47, 49, 50, 63, 101, 126, 142, 144, 149, 153, 163, 192-195, 201, 342
Mead, Margaret, 45, 46, 196, 198, 205, 342
Merleau-Ponty, Maurice, 133, 335
Métraux, Alfred, 42
Miquel, André, 88, 276, 277, 344
Momaday, Scott, 246
Montaigne, Michel, 11
Montesquieu, 11, 12, 21, 99, 295
Moreno, J. L., 160, 341
Morin, Edgar, 33

N

Napoleão III, 30, 164
Nietzsche, Friedrich, 25, 74, 82, 84, 143, 149, 253, 270, 293

O

Orwell, George, 145

P

Pahre, Robert, 169, 170, 341
Paillard, Bernard, 122, 123, 325, 326, 345
Pangle, Thomas, 297
Parsons, Talcott, 39, 150, 204
Passeron, Jean-Claude, 151, 152
Paulme, Denise, 42, 342
Péguy, Charles, 42, 193
Petrarca, 230
Piaget, Jean, 335, 343
Platão, 11, 88, 99, 108, 278, 293, 302, 309
Pollak, Mickaël, 325
Pons, Philippe, 226
Proudhon, Pierre-Joseph, 168
Pitágoras, 327

R

Rawls, John, 21, 332
Renoir, Auguste, 250
Richthofen, Else von, 149
Ricoeur, Paul, 131, 331
Rist, Charles, 194
Roudinesco, Élisabeth, 201
Rousseau, Jean-Jacques, 7, 11-16, 44, 97, 104, 231, 293, 294
Russell, Bertrand, 92, 284

S

Sahlins, Marshall, 65, 66, 235, 240-242, 343
Saint-Simon, Jean-Baptiste, 168
Sansot, Pierre, 73, 74, 251-254, 343
Sartre, Jean-Paul, 146, 174, 292, 297
Schelling, Friedrich Wilhelm Joseph von, 302
Sennett, Richard, 74, 75, 259, 261, 343
Silone, Ignazio, 145
Simmel, George, 24, 26-28, 157-160, 332, 341
Simmons, Leo, 67, 245
Simon, Pierre-Jean, 167, 168, 341, 342
Sócrates, 11, 100, 145, 293, 298
Spinoza, 99, 143, 295
Stálin, Josef, 110, 312
Strauss, Leo, 98-101, 292-299, 344
Studeny, Christophe, 71, 72, 248, 249, 343

T

Talayesva, Don, 67, 244, 245
Talbi, Mohamed, 279
Tarde, Gabriel, 20, 30, 141-144, 164, 341
Thomas, Nicholas, 62, 63, 233-235, 343
Tucídides, 100, 298, 302
Tincq, Henri, 271
Tocqueville, Alexis de, 21, 108, 309
Turner, Victor, 52, 53, 210, 211, 342
Tylor, Edward Burnett, 102, 301

V

Veyne, Paul, 167
Voltaire, 15, 16

W

Wacquant, Loïc, 171, 341
Walzer, Michael, 22, 145-147, 341
Weber, Max, 7, 21, 24-27, 34, 149-155, 157, 167, 169, 175, 260, 341
Wiener, Norbert, 197
Wilson, Colin, 91, 92, 283, 344
Wittgenstein, Ludwig, 133, 335
Woolf, Virginia, 316

X

Xenofonte, 190

Z

Zola, Émile, 72, 194, 249

Fontes Stanley, BC Falster Grotesk
Papel Papel Fcard ouro 240 g/m², Pólen soft 70 g/m²
Impressão Hawaii Gráfica e Editora Ltda
Data   dezembro de 2019

MISTO
Papel produzido a partir
de fontes responsáveis
FSC
www.fsc.org   FSC® C100700